제4판

The Craft of Research

학술 논문 작성법

| 웨인 부스 | 그레고리 컬럼 | 조셉 윌리엄스 |
| 조셉 비접 | 윌리엄 피츠제럴드 | 저

| 양기석 | 신순옥 | 공역

Human Science
휴먼싸이언스

정가 20,000원

학술논문작성법

2017년 5월 25일 초판 인쇄
2019년 2월 20일 1판2쇄 발행

저 자 : 부스 · 컬럼 · 윌리엄스 · 비접 · 피츠제럴드
역 자 : 양 기 석 · 신 순 옥
표지디자인 : 신 윤 경
발 행 자 : 박 주 옥
발 행 처 : 휴먼싸이언스
주 소 : 서울시 도봉구 시루봉로 291 B1
(도봉동 613-14 숙진빌딩)
등 록 번 호 : 제2008-20호
등 록 일 : 2008. 10. 13
전 화 : (02) 955-0244
팩 스 : (02) 955-0245

역자와의
협의하에
인지생략

e-mail : humansci@naver.com
I S B N : 978-89-93712-88-9 93300

이 도서의 국립중앙도서관 출판시도서목록(CIP)은 서지정보유통지원시스템 홈페이지 (http://seoji.nl.go.kr)와 국가자료공동목록시스템(http://www.nl.go.kr/kolisnet)에서 이용하실 수 있습니다. (CIP제어번호 : 2017013035)

제4판

학술논문작성법

부스 · 컬럼 · 윌리엄스 · 비접 · 피츠제럴드 저

양기석 · 신순옥 공역

Human Science
휴먼싸이언스

역자 서문

본서는 1995년에 처음 출간된 이후 75만부 이상 팔려온 세계적인 스테디셀러이다. 한국어뿐만 아니라 러시아어, 스페인어, 포르투갈어, 일본어 그리고 중국어로 번역되어 다양하고 폭넓은 전문 분야의 독자들에게 효과적인 연구를 수행하고 보고하는 기술을 가르쳐 주는 책이다.

4판은 원 저자들 세 명이 모두 작고하여 2016년에 조셉 비접과 윌리엄 피츠제럴드에 의해 수정되어 출판되었지만 예전 저자들의 관점과 논의 구조를 충실히 유지하였다. 동시에 각 장마다 최근 연구의 동향을 반영하였다. 예를 들면, 최근의 인문 사회나 과학 분야의 연구 성과를 예로 들면서 설명하려고 노력하였다.

이 책은 학술 연구자뿐만 아니라 논리적인 글을 쓰는 모든 사람에게도 크게 도움이 되는 책이다. 저자들이 모두 영어 영문학과 교수들이어서인지 그동안 문예창작이나 논리학 등 분야에서 강의 교재로 많이 사용되었다. 또 역자가 속해 있는 사회과학 분야에서도 연구방법론의 교재로 많이 사용되고 있다. 본서를 읽으면 현재의 연구를 성공적으로 끝내는 데 실질적으로 도움이 될 뿐만 아니라 학술 연구자들 사이에서 넓게 수용되고 있는 관습과 정신을 이해할 수가 있을 것이다. 특히 연구의 윤리나 학문 규범의 설명이 아주 잘 되어 있는 책이다. 예를 들어, 연구자는 논문을 읽는 독자를 어떤 공통의 목표나 문제를 풀어가는 동반자로 생각하고 대화를 해야 한다는 점을 강조한다. 아마도 그동안 과학 분야의 방법론이 지나치게 형식주의적이고 독자의 욕구를 고려하지 않는 일방적 논의에 빠져있기 때문이라고 생각된다.

본서를 알게 되어 번역하는 것은 역자들에게 큰 행운이고 도전이라고 느낀다. 힘들었지만 우리의 작업이 한국 독자들의 연구 작업 수행과 과학적 지식의 발전에 작은 도움이라도 되기를 소원한다. 혹시 처음 읽을 때 모든 내용이 쉽게 이해되고 오래 기억되지 않는다면, 저자들이 제안하듯이 본서를 전체적으로 한 번 읽은 후에, 실제로 연구 과제를 수행하면서 관련 부분을 정독하기를 제안한다. 우리들로서는 원문에 충실하면서 의미를 잘 전달하려고 노력했지만 역자들의 능력의 한계와 번역의 특성상 독자들은 쉽게 파악이 안 되는 부분이 많을 것이라고 예상한다. 따라서 어느 정도의 영어 능력을 갖추신 분들은 원전을 직접 읽으면서 번역서를 참조하기를 제안하고 싶다.

끝으로 4판의 출판을 맡아 주신 휴먼싸이언스의 무궁한 발전을 기원하며 이번에 편집과 교정을 해주신 편집부에게 깊은 감사를 드린다.

2017년 5월

양기석 · 신순옥

머리말

제4판의 목표들

《학술논문작성법》 제4판은 원래의 저자들인 웨인 부스, 그레고리 컬럼과 조셉 윌리엄스가 세상을 떠난 이래 처음으로 나타난 책이다. 이 수정 작업을 떠맡으면서 우리—조셉 비접과 윌리엄 피츠제럴드—는 우리 두 사람이 오랜 동안 감탄하던 책을 다시 작업하면서 즐거움과 도전을 직면했다. 우리의 목표는 원래 저자들로부터 책을 손상시키지 않으면서 경신하고 다듬는 것이었다.

제4판의 주요 목표는 처음 3판과 같다. 즉 모든 연구자들의 필요를 채우는 것으로 학부 일학년생들과 상급 대학원생들뿐만 아니라 민간이나 정부 부문에서 학술적, 상업적 혹은 정책적 연구목적으로 연구를 수행하는 모든 사람에게 필요한 지식을 제공하는 것이다. 이 책이 쓰여진 목표는 다음과 같다.

- 관심 소재나 궁금증을 연구문제로 전환시키는 복잡한 작업을 자세히 안내한다. 연구문제의 중요성은 당신이 해결하려고 투입하는 노력과 비례한다.
- 연구보고서의 구성과 작성에 대해 소개한다.
- 독자가 당신의 연구 보고서를 읽을 때 마땅한 이해와 존중을 받도록 당신의 보고서를 수정하는 과정을 안내한다.

이러한 주제들을 다루는 안내서는 많이 출판되었으나, 이 책은 차별성이 있다고 생각한다. 가장 최근 안내서들이 인정하는 것은 연구자들은 거의 직선적으로 작업하지는 않는다는 것이다. 소재의 선택, 주장의 제시, 증거 자료의 수집, 보고서의 초고 작성, 그리고 수정이 이루어지는 과정은 절대 순차적 과정이 아니라는 점을 강조한다. 경험이 많은 연구자는 이들 과정을 순차적으로 진행하다 다시 처음으로 되돌아가고, 한두 발짝 전진하다가 다시 후진을 하여 방향을 수정하며 다시 앞으로 나가는 것임을 알고 있다. 전진과 후진의 과정을 거치면서 처음에 예상하지 못했던 방향으로 나아갈 수도 있다는 것이다. 그러나 우리가 알기로는, 다른 안내서는 이러한 연구의 각 단계가 서로 어떤 유기적 관련성이 있는가를 설명하지 않는다. 다시 말해 연구 소재를 검토하면서 생각해봐야 할 일련의 사항이 보고서 초안의 방향 설정에 어떻게 도움이 되는지, 초안 작성의 단계에서 논문의 논증구조의 문제점을 어떻게 발견하는지, 또 서문을 쓰면서 자료의 부족함을 어떻게 발견해내는지, 즉, 연구의 각 단계가 서로 맺고 있는 상호연관성을 충분히 설명하지 못하고 있다.

특히 우리는 다른 논문 작성 안내서에서 분석하고 설명하는 것이 불가능하다고 한 신비스러운 창조적 과정을 분명하게 설명하려고 한다. 예를 들면, 다음과 같은 것을 포함한다.

- 연구자가 가지고 있는 막연한 관심사를 독자가 연구해 볼 가치가 있는 중요한 연구문제로 인식하도록 전환하는 방법
- 연구자의 주장이 중요하다는 것을 독자가 수용하게 만드는 방법
- 사려 깊고 비판적인 독자가 제시할 수 있는 반론을 예측하여 그에 대한 합리적 대책을 세우는 방법

- 독자가 묻는 질문 중에서 연구자가 답하기 가장 어려운 질문, '그래서 어쨌다는 것인가?'라는 질문에 대해 적절한 답을 줄 수 있도록 서론과 결론의 장을 쓰는 방법
- 당신이 쓴 초고를 독자의 입장에서 읽는 방법을 터득하여 언제, 어떻게 수정해야 할 것인가를 아는 방법

이 책의 모든 장에서 제시되는 가장 중요한 충고는 독자들의 입장에 서서, 그들이 당신의 글을 어떻게 평가할지를 생각하라는 것이다.

연구보고서를 잘 쓰는 요령을 습득하는 것은 단지 독자로부터 인정을 받기 위한 것뿐만은 아니다. 보고서 작성 요령을 공부하는 것은 그것이 한층 더 좋은 연구를 수행하고 논문을 쓰는데 크게 기여하기 때문이며 따라서 단순히 그 형식적 요소를 이해하는 데 그쳐서는 안 된다. 연구 논문의 구조, 문체, 그리고 논증 방법 등에 대해서 배우는 것은 연구 과제의 기획, 평가, 보고서 작성 등의 절차가 제대로 이루어지는 데 도움이 되기 때문이다. 그리고 이러한 절차는 연구자가 내세우고자 하는 주장을 독자에게 수용시키기 좋은 공식이지만 보다 더 중요한 것은 자신의 성과를 평가하는 데 도움이 되고 연구의 전반에 대해 새로운 각도에서 사고하도록 도움을 주기 때문이다.

본서는 또 하나의 다른 확신을 전한다. 그것은 연구의 수행과 논문 작성은 고매한 지식인들만이 하는 것이 아니라 누구든지 배워서 터득할 수 있는 기술이라는 것이다. 아주 어려운 문제에 대한 연구는 특정 연구자 사회에서만 수행된다. 따라서 일부 기술은 그러한 집단에 소속되어야 배울 수 있는 측면도 있다. 그러나 당신이 그러한 집단에 소속되지 않았다면, 당신 자신도 필요에 따라 스스로 집단을 설정하여 얼마든지 연구하고

글을 쓸 수가 있다. 우리의 "교사를 위한 제안"에서는 여러분(그리고 당신의 교사들도)도 그렇게 할 수 있음을 주장한다.

이번 판에서 다루지 않는 내용

《학술논문작성법》 제1, 2, 3판들처럼 제4판도 연구를 개략적으로 다루고 있다. 이 책은 이야기들, 즉 두터운 묘사들(thick descriptions)이나 시각자료로 된 증거들을 논증으로 통합시키는 방법에 대해서는 언급하지 않는다. 이들 모두 중요한 주제이기는 하지만 이곳에서 충분히 소화하기에는 너무 방대한 내용이다. 특정 분야에서 사용되는 독특한 연구의 방법도 논의하지 않는다. 인터넷 검색을 체계적으로 실시할 수 있는 기술이나 다른 방법을 통한 자료의 수집 절차에 대한 논의도 이 책에서는 지면 관계로 생략하였다. 이러한 내용은 참고문헌 목록에 관련 문헌을 수록하였다.

이번 판에 새롭게 추가된 내용

제4판을 준비하면서 우리는 이전 판들이 받은 긍정적 반응과 다양한 독자들의 반응을 기억했다. 이 책을 읽은 독자들로는 작문 수업을 듣는 대학교 신입생부터 대학원생, 다른 상급 연구자들과 상업, 의학, 법률 부문에 종사하는 전문가들까지 다양하다. 정말로 이 책의 독자들은 세계 도처에 퍼져있어 국제적이다. 왜냐하면 이 책은 러시아어, 스페인어, 포르투갈어, 한국어, 일본어와 중국어로 번역되었기 때문이다.

우리가 가장 유의한 점은 《학술논문작성법》이 재능 있는 교사이며 학자인 세 명의 저자들의 뛰어난 공동 작업이라는 것이다. 그리고 우리가 이들의 발자취를 따른다는 것이 매우 자랑스럽다. 우리는 이 책이 새로운 세대의 연구자들에게 전달되는데 도움이 되도록 노력했으며, 또 《학술논문작성법》을 뛰어난 고전으로 우뚝 서게 만든 이 책의 관점, 내용과 목소리를 존중하고 유지하려고 노력했다. 이전 판들에 익숙한 독자들은 이번 4판이 본서의 비전과 전체적 구조를 충실하게 따랐다는 점을 발견할 것이다. 또 동시에 각 장마다 현대 연구의 동향을 반향하기 위해 철저하게 업데이트 되었다.

다음이 우리가 4판에서 한 것들이다.

- 5장과 6장이 수정되었는데 최근 도서관과 인터넷 연구와 흥미로운 자료들이 발전된 것을 통합하기 위한 시도에서이다. 특별히, 우리가 강조한 새로운 연구 방법들은 온라인 데이터베이스와 탐색 기계들과 소중한 온라인 자료들에 의해 가능해진 것인데, 이 자료들의 신빙성도 철저하게 평가되었다.
- 11장에 있는 보장(warrants)도 다시 수정되었는데, 이 주제는 이전 판들에서 설명하기가 어려운 내용이었다.
- 13장에 있는 처음 두 섹션을 12장으로 옮겼으며, 12장은 "초안의 기획과 쓰기"라는 제목을 붙였다. 그리고 13장과 14장의 순서를 바꾸어서 "논증체계의 정리"와 "문헌자료의 사용"라는 제목을 달았다.
- 전체적으로, 필요하다고 생각하면, 개념들을 명확히 설명하고 새로운 예들을 제시했다.
- 연구, 주장, 그리고 글쓰기가 서로 관련이 있지만 분명히 다른 활동들로 구분 지었다.
- 가능하다면, 연구의 결과로서 학문적이고 전문적인 장르의 범위를 반영하기 위해 용어들을 통일했다(예를 들어 report보다는 paper를 사용했다).

우리는 이 모든 작업들을 하면서, 부스, 컬럼과 윌리엄스가 이전 판에서 하던 것처럼, 많은 사람들이 이 책의 성공에 매우 중요하게 생각했던 친절한 목소리, 방향 감각, 그리고 함께 일하는 동료들의 입장을 유지하려고 애썼다.

이 책을 내면서 빚진 분들

조셉 비접과 윌리엄 피츠제럴드: 우리의 편집인, 데이빗 모로우(David Morrow)와 시카고 대학교 출판사에서 일하는 그의 동료들에게 그들의 통찰력과 지도, 그리고 특히 그들이 우리로 하여금 책을 수정하게 허락한 신뢰감에 대해 감사드리고 싶다. 이 책은 이 분야에서 견줄 수가 없는 것으로 사랑의 노동으로 이루어진 것이다.

우리는 다시 부스, 컬럼과 윌리엄스가 많은 사람들에게 한 감사에 함께 한다. 그들의 도움이 없었다면 예전 판들은 절대로 불가능했을 것이다. 특히 스티브 비글(Steve Biegel), 제인 앤드루(Jane Andrew), 그리고 도널드 프리먼(Donald Freeman)에게 감사하고 싶다. 또한 다른 많은 분들이 도움을 주었다. 제인 블락(Jane Block), 새라 브라이언트(Sarah Bryant), 다이엔 커로더즈(Diane Carothers), 티나 크자토우스키(Tina Chrzastowski), 제임스 드내토(James Donato), 크리스틴 파울러(Kristine Fowler), 클래라 로베스(Clara Lopez), 빌 맥클러랜(Bill McClellan), 낸시 오브라언(Nancy O'Brien), 킴 스틸(Kim Steele), 데이브드 스턴(David Stern), 엘런 서튼(Ellen Sutton), 그리고 레슬리 트우트맨(Leslie Troutman) 조 비접은 그의 아내, 앤마리 카라칸시(Annmarie Caracansi)와 딸들인 그레이스(Grace)와 샬롯(Charlotte)에게 감사한다. 빌 피츠제럴드도 그의 아내 에밀리아 리바노(Emilia

Lievano)와 딸, 막달레나(Magdalena)에게 감사한다.

다시 한 번 더 부스, 컬럼과 윌리엄스가 그들의 언어로 표현한 개인적 감사들을 여기 제시한다.

웨인 부스: 지난 50년 동안 교수로서 가르치고 연구하면서 지나온 과거를 돌이켜 볼 때 나의 무지를 깨우쳐준 수많은 학생들과 동료가 너무 많다는 점에 놀라움을 금할 수가 없습니다. 그들의 목록은 끝이 없지만 특히 나에게 최고의 비평가의 역할을 해 준 아내 필리스(Phyllis)에게 그녀의 많은 유익한 충고들과 정교한 편집에 대해 감사합니다. 그녀와 나의 딸들인 캐더린 스티븐스(Katherine Stevens)와 앨리슨 부스(Alison Booth), 그들의 자녀들인 로빈(Robin), 에밀리(Emily), 애론(Aaron), 그리고 동료들 덕택에 책임 있는 연구의 미래에 대해 가끔 찾아오는 절망을 이겨낼 수 있었습니다.

그레고리 컬럼: 저 역시 많은 학생과 동료들이 저에게 커다란 배움을 주었습니다. 그들 중에서도 교수가 되려는 대학원생들은 학문에 대한 나의 열망을 크게 높이어 주었습니다. 그들은 나에게 학문적 공동 작업이란 것이 가능하다는 점을 가르쳐 주었습니다. 그리고 무엇보다 가족은 나의 가장 큰 버팀목이 되어 주었습니다. 샌드라(Sandra), 로빈(Robin), 키키(Kiki), 캐런(Karen), 그리고 로렌(Lauren)은 힘들고 어려운 시절이나, 평온한 시절에도 내 삶의 의미와 목적을 지켜주었습니다. 이들 모든 사람의 중심에는 메리(Mary)가 있으며 그녀의 삶에는 그저 경의를 표할 뿐입니다.

조셉 윌리엄스: 제1판이 나온 이후 저의 가족은 그 수가 세배로 증가하였으며, 이들 모두의 지원과 사랑에 대해 고마울 따름입니다. 올(Ol),

미쉘(Michele), 그리고 엘리노(Eleanor); 크리스(Chris)와 잉그리드(Ingrid); 데이브(Dave), 패티(Patty), 마틸다(Matilde), 그리고 오웬(Owen); 미건(Megan), 필(Phil), 릴리(Lilly), 그리고 캘빈(Calvin); 조우(Joe), 크리스틴(Christine), 니콜라스(Nicholas), 그리고 캐터린(Katherine). 그리고 시작부터 끝가지, 아내 조앤(Joan)이 나에게 보여준 참을성, 사랑, 그리고 판단력은 아직도 풍성하게 흐릅니다.

이 책을

웨인 부스
(1921–2005)

그레고리 컬럼
(1951–2011)

조셉 윌리엄스
(1933–2008)

에게 바칩니다.

차례

제3부 논증을 제시하기

제1부 연구, 연구자 그리고 독자

서설

연구자가 되는 길

연구가 필요한 사람은 누구인가?

연구자를 상상할 때, 당신은 누가 머리에 떠오르는가? 실험실 가운을 입고 현미경을 들여다보는 사람? 도서관에서 메모를 하는 외로운 사람? 대부분 사람들은 그렇게 상상할 것이다. 하지만 당신은 또 MSNBC의 레이첼 매도우나 HBO의 죤 올리버, 혹은 글을 쓰거나 말하기 전에 광범위하게 준비하는 사람을 그려볼지도 모른다. 이들은 모든 성공한 사람들과 마찬가지로 스스로 연구를 많이 하는 사람들일 뿐만 아니라, 다른 사람이 해놓은 연구를 아주 많이 사용하는 사람들이다. 사실 그들이 성공하는 이유가 바로 그것 때문이다. 소위 "정보의 시대"에서 이들은 필요한 정보를 찾는데 뛰어날 뿐만 아니라, 찾은 정보를 평가하고, 또 그 정보를 확실하고 정확하게 보고하는데 능숙하다(자주 그들은 틀린 정보를 도전하기도 한다). 더욱 더, 이러한 기술들은 어떤 직업에서든 지 성공하기 위해서는 필수적인 기술들이다.

당신은 전문적 연구자가 아닐 지도 모른다. 그러나 연구를 잘 할 수 있는 능력을 갖춘다면 오늘의 삶을 영위하고 미래를 준비하는데 크게 도움이 될 것이다. 먼저, 당신이 읽고 있는 내용을 훨씬 더 잘 이해하게 된다. 당신 자신이 연구를 해본 후에야 다른 사람의 연구를 정확하게 판단할 수 있으며, 교재나 TV에 나오는 전문가가 매끄럽고 자신있게 소개하는 것들 뒤에 숨겨져 있는 너저분한 현실을 이해할 수 있다. 인터넷이나 유선방송에서는 정부, 경제, 환경 그리고 상품 등에 대한 "사실" 정보를 홍수처럼 쏟아내고 있다. 어떤 정보들은 좋은 것도 많지만 대부분은 그렇지 못하다. 따라서 연구를 수행하는 기술을 배운다는 것은 명확하면서도 신뢰성이 있는 연구를 찾아내고 그 가치를 인정할 줄 아는 능력을 갖추는 것이다.

또한 새로운 지식의 생산은 질문을 어떻게 하는가에 달려 있다는 점을 깨닫게 될 것이다. 연구에 대해 생각하고 소통하는 방법에 따라 연구 질문과 답도 결정된다는 것을 알게 될 것이다. 가장 중요한 것은, 우리가 믿는 지식은 이를 뒷받침하는 연구의 질과 정확한 보고에 달려 있다는 것을 이해하게 되는 것이다. 일부 사람들에게는 이상적이라고 비쳐지겠지만, 연구를 하는 또 다른 이유는 수수께끼를 풀거나, 다른 사람들이 모르고 있는 무엇인가를 발견하는 순수한 기쁨 때문이다.

그러나 연구하는 것을 배우는 것은 자전거를 타는 방법을 배우듯이 한 번 배우면 절대로 안 잊어지는 것이 아니다. 우리 저자들 각자는 모두 새로운 연구 과제를 시작할 때마다 이제까지 늘 하던 방식을 재고하지 않으면 안 되었던 경험을 했다. 새로운 연구 집단을 대할 때마다 그 사회에서 중시하는 것이 무엇인지를 터득해야 했다. 그런 후에야 우리는 모든 연구자들이 따르는 원칙들을 준수할 수 있었으며, 그 원칙들을 이 책에서 설명하려고 한다. 이 원칙들을 배우게 된다면, 학교와 직장에서 더 어려운 과제나 독자들을 만나게 될 때에도 매우 유용할 것이다.

한편 솔직하게 말해서 연구란 결코 쉬운 것이 아니다. 연구를 신중하게 수행하고 보고서를 명확하게 작성하기 위해서는 많은 작업들을 동시에 성공적으로 수행해야 한다. 아무리 완벽한 연구계획을 수립하였다 해도 연구가 진행되는 과정에서 방향감각을 잃을 수도 있고, 예상하지 못했던 우여곡절도 있을 수 있으며, 진퇴양난의 막다른 골목에 이를 수도 있고, 연구의 원점으로 되돌아 갈 수도 있다. 이러한 과정은 복잡한 모습을 띠지만, 우리는 그 과정을 단계적으로 나누어 살피고자 한다. 그래서 각 단계가 서로 어떻게 유기적으로 연결되어 있는지 이해할 수 있도록 설명할 것이다. 우선 당신은 각 단계를 충분히 이해하고 실천할 수 있어야 한다. 연구의 각 단계에 대한 이해가 잘 되면 전체적 조망 능력도 생기며 앞으로 다른 과제를 수행할 때 한층 더 높은 자신감을 갖게 될 것이다.

연구 과제의 시작

만일 당신이 연구 과제를 처음으로 시작한다면 아마 큰 중압감을 느낄 것이다. 연구의 주제는 무엇으로 할 것인가? 그에 관한 자료는 어떻게 구하는가? 필요한 자료가 구해지면 어떻게 정리할 것인가? 설사 작문수업에서 "연구 보고서"를 써본 경험이 있다 하더라도 이번에 진짜 연구논문을 써야 한다고 생각하면 매우 두려울 것이다. 그렇다면 당신만 그러한 것은 아니다. 경험이 많은 연구자들도 불안감을 느낀다. 특히 새로운 분야에 대하여 새로운 독자를 대상으로 논문을 쓸 때 더욱 그렇다. 따라서 당신이 느끼는 불안감은 대부분의 연구자들이 느끼는 것이다. 차이점이 있다면 노련한 연구자들은 그들 앞에 놓여있는 것들을 안다는 것이다. 힘든 일과 함께 즐거움도 있으며, 좌절감도 있으나 더 큰 만족감을 맛볼 것이며, 혼돈의 시기도 있겠지만 결국에는 모든 것이 잘 될 것이며, 결과적으로 노력할 만한 가치가 있다는 것을 안다는 것이다. 무엇보다도, 경험이 많은 연구자들은 연구 과제가 아무리 복잡해 보여도, 연구의 시작부터 마무리까지, 쉽지는 않지만 효율적으로 수행하는 방법을 안다는 것이다. 그것이 이 책의 목표이다.

계획의 수립

독자가 연구 보고서에서 얻고자 하는 내용이 무엇이며 그것을 어떻게 전달할 것인가를 잘 모른다면 연구를 수행하기가 매우 어렵다. 노련한 연구자는 사전에 계획을 잘 세워야 좋은 논문이 나온다는 것을 잘 알고 있다. 계획이란 아주 개략적인 것일 수도 있으며, 어떤 경우에는 머릿속에 있는 구상을 의미하기도 한다. 계획은 크게 두 종류가 있다. 하나는 연구를 준비하고 수행하는 데 필요한 것이며, 다른 하나는 보고서를 작성하는 데 도움이 되는 것이다.

연구자들은 통상 문제로부터 연구를 시작하며 문제에 대한 답을 얻는 탐색 절차를 계획한다. 그들은 얻는 답이 무엇인지 정확하게 알 수는 없지만 대개 어떠한지는 짐작할 수는 있으며, 때로는 결과에 놀랄 때도 있다. 연구자들은 문제에 대한 답을 얻자마자 곧 보고서를 쓰기 시작하지 않는다. 이는 경험이 많은 목수가 나무를 무턱대고 톱질하지 않는 것과 같다. 그들은 제2의 계획을 세우는데 이것은 초안의 개략적 청사진이며 때로는 아주 조야한 스케치일 수도 있다. 그러나 노련한 연구자는 이 계획에 지나치게 구애받지는 않는다. 연구과정에서 새로운 상황이 발생하거나 관련주제에 대한 이해를 심화한 후, 새로운 각도에서 접근하는 것이 더 흥미롭다고 생각되면 원래의 계획을 기꺼이 수정할 준비가 되어 있다. 중요한 것은 모든 연구자는 초안을 작성하기 전에 계획서를 만든다는 점이다. 앞으로 어떤 형태로든지 변경될 가능성이 있지만 일단 계획을 세우는 것이다.

그 계획서는 연구자가 보고서를 쓰는데 도움이 될 뿐만 아니라 독자가 그 글을 이해하는데 도움이 되기도 한다. 사실 어떤 종류의 연구자라도 독자가 원하는 것을 예상할 수 있도록 표준화된 형식을 따른다.

- 신문 기자는 전통적인 "피라미드 구조"에 맞추어 가장 중요한 사실을 글의 맨 처음에 제시하는 식으로 기사를 쓴다. 기자가 이렇게 글을 쓰는 것은 그렇게 해야 기사의 초안이 잘 잡히기 때문이 아니라 독자가 뉴스의 핵심을 빠른 시간 내에 간파하여 더 읽어갈 것인지 아닌지 판단하는 데 도움이 되기 때문이다.
- 회계사는 감사보고서의 양식에 따라 필요한 정보를 기록하는데 이것은 자신의 글쓰기에 도움이 되기 때문이 아니라, 투자자가 어느 회사가 또 다른 엔론사나 애플사*와 같이 나락으로 떨어질 가능성이 있는지 쉽게 파악하기 위해서이다.

* 엔론사는 휴스턴에 본부를 둔 기업으로 한때 22,000명을 고용하고 연매출액이 $1000억불에 달했으나 중역들의 조직적 회계부정으로 2001년에 파산한 기업이다. 회계 사기의 규모나 방법이 교묘하여 기업간부의 조직적 사기와 부정의 상징으로 여겨졌다. 애플사(Apple Corps)는 영국의 비틀즈 록밴드 그룹이 만든 기업으로서 애플 컴퓨터사와 다르다. 음반, 전자, 영화, 출판 그리고 유통 분야의 산하 기업을 거느린 대규모 기업으로 출발하였으나 재정과 경영에 무지한 음악가들이 경영에 나서자 온갖 종류의 회계 부정과 부실 경영으로 비틀즈 그룹이 창출한 수익을 대부분 탕진하고 이젠 빈 껍데기만 남았다. 역주.

- 식약청에서 일하는 과학자는 예측될 수 있는 형식에 따라 보고서를 작성한다. 서론, 방법론과 재료, 결과, 논의, 결론 등의 단계로 글을 쓰는데 이것은 그런 식으로 생각을 정리하는 것이 일관성이 있어 보이기 때문이 아니다. 그 과학자가 그런 형식을 따르는 것은 독자가 그의 연구 결과를 수용하기 전에 고려해야 할 몇 가지 사항을 쉽게 제시할 수가 있기 때문이다.

이러한 형식 혹은 틀(genre) 내에서 글을 쓰는 사람은 여러 가지의 생각을 충분히 자유스럽게 표현할 수가 있으며, 자신의 개인적 성향이 나타나는 글을 쓸 수 있다. 중요한 것은 계획을 세우면 그에 따라 글쓰기가 훨씬 능률적으로 이루어지며, 또 독자가 생산적으로 읽을 수 있는 데도 도움이 된다는 사실이다.

이 책은 당신이 좋은 연구 계획을 세우고 그 계획을 잘 수행할 수 있도록 도움을 줄 것이며, 연구 결과를 쓰는데 있어 당신의 사고력을 고무시키며 또 독자로 하여금 그 가치를 인정할 수 있는 보고서가 되도록 도움을 줄 것이다.

이 책의 사용법

연구의 복잡한 절차를 이해하고 불안감을 극복하기 위한 좋은 방법의 하나는 이 책을 두 번 읽는 것이다. 우선 처음부터, 중간에 지루하거나 난해한 것은 제쳐두고, 끝까지 속독한다. 그리고 연구를 시작하면서 당장 수행하는 작업과 관련된 부분을 주의 깊게 읽는 것이다. 연구 과제를 한 번도 해본 경험이 없는 사람은 이 책의 처음부터 다시 읽기 바란다. 연구

논문을 써본 경험은 있지만 아직도 자신감이 부족하다고 느끼면, 제1부는 뛰어넘고 나머지를 집중적으로 정독하면 좋을 것이다. 논문을 써본 경험이 많은 독자라면 제4장과 제3부와 4부를 읽으면 매우 유익할 것이다.

제1부는 연구논문을 처음 시도하는 사람들이 반드시 집중적으로 고려해야 할 것을 다룬다. 저자들은 왜 독자들이 기대하는 특정한 방식으로 연구논문을 작성해야 하는가를 설명하고(제1장), 연구논문이란 당신이 혼자 노동하는 장이 아니라, 당신이 참고하는 문헌의 저자들과 당신의 논문을 읽어줄 독자들과 대화를 나누는 장이어야 한다는 주장을 제시한다(제2장).

제2부에서는 연구과제의 틀을 잡고 발전시키는 과정을 설명한다. 우리는 다음과 같은 내용을 설명할 것이다.

- 관심 분야에서 연구 소재를 발견하며, 초점을 좁히고 질문의 형태로 만드는 방법(제3장)
- 질문을 연구문제로 전환하는 방법(제4장)
- 연구문제에 대한 해답을 얻기 위해 참고해야 할 문헌자료를 탐색하는 방법(제5장)
- 당신의 사고를 풍부하게 해줄 자료들과 문헌 사용법(제6장)

제3부에서는 논리적 주장을 전개하는 방법을 논의한다. 이것은 다음과 같은 내용을 포함한다.

- 연구논문의 논술적 주장에 대한 개관(제7장)
- 연구의 논술적 주장이 갖는 시사점을 평가하는 방법(제8장)
- 주장에 대한 이유와 근거가 적절한가를 판단하는 방법(제9장)

- 질문, 반론, 대안들을 인정하고 대응하는 방법(제10장)
- 논술 주장의 논리적 근거를 명확히 하는 방법(제11장)

제4부에서는 연구 보고서를 작성하는 과정을 설명한다.

- 첫 번째 초고를 위한 계획의 수립(제12장)
- 초고를 검토하고 수정하는 방법(제13장)
- 자료들을 통합하는 방법(제14장)
- 복잡한 계량적 정보를 명료하며 간결하게 제시하는 방법(제15장)
- 서론과 결론을 잘 써서 독자에게 시간을 투자할 가치가 있다고 확신을 주게 작성하는 방법(제16장)
- 논문이 명확하고 직접적이며 잘 읽힐 수 있게 편집하는 방법(제17장)

각 장 사이에는 "요령"난을 두었는데 이곳에서는 본론에서 다루는 내용과 관련하여 실제적이고 간략한 조언을 담았다.

그리고 최종으로 연구윤리에 관한 장을 마련하였다. 이 주제는 우리의 전문적 능력으로서 한계가 있기는 하지만 연구라는 사회적 행위가 갖는 윤리적 측면에 대하여 숙고해보았다. 우리는 역사가, 과학자, 증권분석가, 그리고 기타의 연구자들이 정직하지 못한 연구를 수행하는 것을 종종 본다. 고등교육을 받는 학생들뿐만 아니라 전문 영역의 최고 연구자들에 이르기까지 다양한 등급의 연구자들이 표절 사건에 휘말리는 것도 보게 된다. 이러한 사건들은 연구를 윤리적으로 수행하고 이용하는 것이 얼마나 중요한지 강조하고 있다.

마지막 장에서는 연구방법을 가르치는 분들에게 드리는 말씀이 있다. 이 책의 끝에는 여러 특정의 분야에서 연구를 처음으로 수행하는 사람뿐만 아니라 고급 연구자에게도 필요한 각종 문헌 자료를 제시하는 목록을 첨부하였다.

연구는 매우 고된 작업이다. 그러나 고통을 수반하는 다른 모든 작업과 마찬가지로 그 결과는 연구자에게 커다란 기쁨을 선사한다. 그 기쁨은 당신과 관심을 공유하는 연구자 사회가 당신의 연구에 의하여 더욱 굳건해지고 있다고 느끼게 될 때 생겨난다. 특히 당신의 연구가 독자들의 사고나 사고 방법을 바꾸게 하여 그들의 삶을 개선하는데 기여한다고 느꼈을 때 그 기쁨은 유난히 크다.

제1장

쓰면서 생각하기

사적인 연구와 공적인 연구, 그리고 그 용도

이 장에서는 연구 활동이란 무엇인지 정의하고, 연구를 잘 수행하여 얻을 수 있는 것은 무엇인지, 또 우리가 생각하는 연구가 왜 가치 있는 것인가 등을 논의하며, 여러분도 우리가 생각하듯 연구의 중요성을 이해해주길 희망한다.

우리는 획기적인 과학발전이나 세상에 어떤 위기 상황이 발생하면 그것을 이해하기 위해 연구의 결과를 보고하는 사람들에게 의존한다. 이들은 관련 주제에 관하여 수많은 연구자들이 수행한 연구의 결과를 종합하여 그 결과를 우리에게 전하는 것이다. 도서관의 서가는 25세기에 거쳐 수많은 연구자들이 수행한 연구의 생산물을 쌓아 놓은 곳이다. 인터넷에 접속하면 수백만 건의 연구 결과를 읽을 수가 있으며, 이들 연구자들은 수없이 많은 질문을 던지고 그에 대한 답을 찾기 위해 다시 수없이 많은 연구 결과를 검색하고 평가하여 그 결과를 우리에게 전달한다. 우리는 그러한 연구의 결과에 의존하여 또 다시 새로운 문제를 제기하며 이제는 그에 대한 답을 우리 스스로 찾기를 희망한다.

교육자들은 연구 활동에 평생을 바치고 있으며, 정부나 기업에서는 해마다 수십억 달러씩 연구사업에 투입하고 있다. 연구 활동은 실험실뿐만 아니라 도서관, 열대우림, 바다, 동굴 그리고 우주공간, 사무실, 그리고 요즘과 같은 정보화 시대에서는 우리가 거주하는 집에서도 이루어지고 있다. 사실 연구 사업은 세계 최대의 산업이 되었다. 연구를 잘 수행하지 못하거나 다른 사람이 수행한 연구를 평가할 줄 모르면 오늘날처럼 정보 의존도가 높은 사회에서는 도태되기 십상이다. 오늘날의 세계는 양질의 정보에 기초하여 내린 우수한 판단에 의존하여 운영된다. 이러한 정보는 신뢰할 수 있는 절차를 통하여 연구를 실시하여 생산되고 그 결과는 명확하며 정확하게 보고되어야 사용이 가능하다.

믿을 만하고 출판된 연구 결과가 없다면 우리는 현재 의견의 틀 속에 갇혀서 우리 자신이 직접 보고 느끼는 것 이외는 아무 것도 모르며 남의 말에 쉽게 넘어갈 수 있는 인간이 될 것이다. 물론 우리의 의견이 항상 틀리는 것은 아니지만 잘못된 의견도 너무나 많다. 근거가 희박한 주장, 위험하기 짝이 없는 주장이 난무하며, 많은 사람들이 증거가 거의 없는데도 너무 많은 의견들을 쉽게 받아들인다. 최근의 일련 사태를 보면, 신뢰할 수 없는 근거를 토대로 정책을 세우고 그것을 행동으로 옮겨 우리 사회가 곤경 속에 빠져 버렸다.

그러한 이유 때문에 우리는 이 책에서 어떤 연구이든 일단은 우호적이면서 동시에 비판적 자세로 읽어야 된다는 점을 강조한다. 아무리 믿을만하게 여겨져도 문제점을 찾으면서 수용해야 하는 것이다.

1.1 연구는 무엇인가?

넓은 의미로 볼 때, 연구라는 것은 어떤 질문에 대한 답을 얻어 어떤 문제를 해결하기 위해 정보를 수집하는 행위를 말한다.

문제 : 어느 날 쇼핑을 하고 나서 지갑이 없어진 것을 알았다.
연구 : 그날 방문했던 곳을 기억해 내서 분실물 신고센터에 전화를 걸기 시작하였다.
문제 : 65년형 머스탱의 실린더 헤드 개스킷이 필요하다.
연구 : 자동차 부품 상점에 전화하여 그 개스킷이 있는지 물어본다.
문제 : 베티 프리던의 출생지가 어디인가 알고 싶다.
연구 : 도서관에 가서 인명사전을 뒤져 그녀의 출생지를 알아낸다.
문제 : 신종의 어류가 발견되었다는 소식을 들었는데 그 물고기에 대하여 좀 더 자세히 알고 싶다.
연구 : 《뉴욕 타임스》의 검색서비스를 이용하여 관련기사를 찾아본다.

사실 우리는 이러한 종류의 연구 활동을 매일 수행하고 있지만 그 결과를 거의 글로 써 두지는 않는다. 대신에 우리는 다른 사람들이 연구 결과를 글로 써놓은 것을 참고로 한다. 예를 들면 조던 선수의 전기, 새로운 물고기를 발견한 학자, 전화번호부 출판업자, 자동차 부품 공급업자를 열거한 카탈로그 등이 그것이다. 그들은 그들의 연구결과가 언젠가 다른 사람들의 문제해결에 필요할 것이라고 생각하여 글로 써놓는다.

당신이 연구 과제를 수행하려고 할 때, 그 내용이 당신 자신이 좋아서 하는 것이 아니라 과제로서 부여받은 것이라면 그 결과는 별로 가치가 없는 공허한 연습에 지나지 않을 것이라는 생각이 들 수도 있다. 우리는 당신이 그렇게 생각하지 않기 바란다. 연구가 잘 수행되었을 때는 가장 존경받는 훌륭한 사람들과 인간적 대화에 참여하는 방법을 배우게 된다. 이러한 대화에는 철학자, 공학자, 생물학자, 사회과학자, 역사가, 문학비평가, 언어학자, 신학자 등을 비롯하여 기업의 사장, 변호사, 경영인, 투자 관리자 등과 목록을 작성할 수 없을 정도로 많은 사람들이 참여한다.

현시점에서 당신이 초보자라면 대화는 일방적이며, 당신이 말하는 것보다는 듣는 것이 훨씬 더 많다고 느낄지도 모른다. 왜냐하면 당신이 대화에 기여할 수 있는 것이 거의 없기 때문이다. 당신이 학생이라면, 당신의 글을 읽어주는 사람은 오직 한 사람, 당신의 교사뿐이라고 생각할 지도 모른다. 현재는 그것이 사실일지 모른다. 그러나 언젠가 시간이 지나면 당신도 대화에 참여하여 이야기를 주고받게 될 것이며, 그것은 당신뿐만 아니라 대화에 참여하는 모든 사람들에게 무지와 편견, 그리고 주위에 떠도는 설익은 생각들로부터 벗어날 수 있게 도움을 줄 것이다. 당신의 연구나 주장들이 오늘 혹은 내일이 아니라도 언젠가는, 또 세계 전체는 아니라도 적어도 세계의 일부분이라도 좀 더 발전시키는 데 기여할 수 있을 것이라고 말해도 크게 과장된 말은 아닐 것이다.

1.2 연구의 결과는 왜 글로 써 놓는가?

여러분 중에는 이러한 대화에 참여하도록 권유하는 우리의 초대를 거절하고픈 사람들이 있을 것이다. 만약 이 초대를 받아들인다면 당신이 해야 하는 것은 일단 좋은 질문을 찾아내어, 좋은 자료를 수집하여 그 질문에 대한 적절한 답을 만들어내고, 그 모든 내용을 보고하는 과정을 밟는 것이다. 여러분이 쓴 보고서는 아무리 탁월하다고 해도 그것을 읽는 독자는 세상의 많은 사람들이 아니라 단지 여러분을 가르치는 선생님뿐 일지 모른다. 그렇다면 나의 선생님은 내가 알고 있는 것을 거의 모두 알고 있는데 굳이 내가 연구를 하고 또 보고서를 쓰는 것이 내가 그런 것을 할 수 있다는 것을 증명하는 것 이외에 무슨 가치가 있을까?

이에 대한 답 중에 하나는 우리가 연구한 것을 글로 써놓는 이유는 그 내용을 다른 사람에게 알려주기 위한 이유도 있지만 또 다른 이유는 글로 쓰는 과정을 통해 연구를 향상시킬 수 있기 때문이다.

1.2.1 기억하기 위해 쓴다

연구경험이 많은 연구자들은 한 번 읽은 내용을 글로 써두는데 그 첫 번째 이유는 잊지 않기 위해서이다. 머리가 특출한 사람들은 기록하지 않아도 잘 기억할 수 있지만 대부분의 사람들은 잊게 된다. 스미스라는 학자가 웡이란 사람의 이론을 적용하여 새로운 사실을 발견한 것을 부르넬리라는 학자는 이상하다고 주장을 하였는데, 스미스는 그것에 대하여 어떤 반응을 보였던가? 바스코위츠라는 학자가 동조한 것 같은데…. 읽은 것을 기록하지 않으면 금방 잊어버리기 쉬우며 더 나쁜 일은 틀린 정보를 기억한다는 것이다.

1.2.2 이해하기 위해 글을 쓴다

우리의 생각을 글로 써서 남기는 두 번째 이유는 그것이 더 넓은 차원에서 어떤 의미를 갖는지 알아보는 데 좋기 때문이다. 연구한 후에 그 결과를 여러 가지로 정리하는 과정에서 새로운 관계가 갑자기 보이기도 하며, 이제까지 생각하지 못 했던 모순, 시사점들을 발견할 수도 있다. 설령 당신이 모든 사실을 머릿속에 잘 기억하고 있다 해도 여러 학자가 서로 엇갈리는 주장을 하는 복잡한 상황에서는 서로의 차이점과 유사점을 정리할 필요가 있다.

> 내 주장의 골격은 웡이란 학자의 이론을 바탕으로 하지만, 스미스가 수집한 자료에 의하면 취약한 곳이 있다. 그 점에 대하여 나는 스미스가 웡의 학설의 마지막 부분을 소홀히 다루었기 때문이라는 이유를 제시한다.… 만일 이 부분에서 브루넬리의 논문을 소개하면서 스미스에 대해 반박하면 웡의 이론이 더 명확해질 것 같다.

이 때문에 경험이 많은 연구자는 자료가 모두 준비될 때까지 글쓰기를 미루는 것이 아니라 연구를 시작하자마자 글을 쓰기 시작하는데 그것은 정보를 새로운 방식으로 배열하는데 도움이 되기 때문이다.

1.2.3 생각하는 것을 검토하기 위해 글을 쓴다

머릿속에 있는 생각을 종이 위에 적어보는 세 번째 이유는 생각하고 있는 것을 자세히 들여다보기 위해서이다. 학생은 물론이고 노련한 학자도 머릿속 깊은 곳에 떠다니고 있을 때의 생각이 차가운 종이 위에 글로 적어 드러내 놓았을 때보다 훨씬 훌륭하다고 여기는 경향이 있다.

요약한다면, 우리가 글을 쓰는 것은 더 정확하게 기억하기 위해, 더 잘 이해하기 위해서, 그리고 우리의 생각을 더 객관적으로 평가하기 위해서이다(그리고 곧 깨닫게 되겠지만 글을 많이 쓰면 쓸수록 남의 글을 읽는 것도 더 잘 된다).

1.3 글의 형식이 중요한 이유는 무엇인가?

어떤 사람들은 생각을 글로 표현하는 것이 학습, 사고, 그리고 이해의 중요한 과정이라고 인정한다 해도 왜 굳이 연구결과를 자신이 좋아하는 형식이 아니라 일정한 형식에 맞춰야 하는가에 대해서 의아하게 생각할 수 있다. 또 아직 가입하지도 않은 단체(혹은 가입하고 싶지도 않은 단체)에서 요구하는 규칙을 왜 준수해야 하는지 궁금해 한다. 나와 전혀 상관이 없는 언어와 형식을 왜 택해야 하는가? 당신과 같은 학자가 되기를 요구하는 것은 아닌가? 당신이 기대하는 대로 따라서 한다면 나의 정체성은 없어질지도 모르겠는데.

이러한 우려는 타당한 것이다(대부분의 교수들은 학생들이 이런 우려를 더 자주 표현하기를 원한다). 그러나 교육이라는 것은 당신이 변화할 것을 요구하며, 당신이 많이 변화되지 않는다면 그것은 좋은 교육이 아니다. 교육을 많이 받으면 받을수록 그것이 현재와 미래의 "당신"을 더 많이 변화시킨다. 이 때문에 어떤 교육을 받고, 누구에게서 받을 것인가를 신중하게 선택해야 한다. 그러나 연구논문을 잘 쓰는 훈련을 받는 것이 당신의 진정한 정체성을 위협한다고 생각하면 오산이다. 오히려 논문쓰기 훈련은 당신의 사고방식에 변화를 가져오며 생각하는 방법이 한층 더 다양해지는 것이다. 이러한 경험을 통하여 삶의 진로에 더 많은 자유를 갖게 되고 미래의 삶은 그 폭이 넓어질 것이다.

연구논문을 쓸 때 독자들의 기대에 부응하는 방식으로 써야 하는 이유는 무엇보다도 독자의 기대를 충족시키는 것이 더 어렵기 때문이다. 자신만을 위해 쓰는 글보다는 타인들이 읽을 글을 쓰는 것에 더 많은 노력이 필요하다. 당신의 생각들을 글로 고정시켜 놓으면 생각들이 너무 친숙하게 느껴져서 비록 부족함이 있어도 전혀 느껴지지 않는다. 그러나 당신이 독자들이 불가피하게 묻는 중요한 질문들을 예상한다면 당신의 글을 더 잘 이해하게 될 것이다. 당신은 증거자료를 어떻게 평가했는가? 왜 그것이 관련이 있다고 생각하는가? 고려하기는 했지만 기각한 생각들은 무엇이었는가?

우리 저자들을 포함한 모든 연구자들은 독자의 기대에 부응하려고 글을 쓸 때 그들의 사고과정에서 작거나 큰 실수를 발견한 때도 있고, 또 첫 번째 초안에서 놓친 새로운 통찰을 발견한 경험들이 있을 것이다. 이러한 경험은 지식이 많고 꼼꼼한 독자들을 상상하면서 그들의 필요와 기대를 만족시키려고 할 때 가능하다. 이렇게 할 때 공통적 가치를 나눈 이른바 은유적 공동체를 형성하는 것이다.

당신은 알았어. 나도 독자를 위해 쓸 거야. 그런데 내 방식으로 쓰면 안 돼?라고 생각할지도 모른다. 독자들이 기대하는 전통적 형식들은 단지 텅 빈 그릇처럼 그 속에 당신의 생각들을 쏟아 붓는 것이 아니다. 그 형식들은 연구자들이 생각하고 소통하는데 도움이 되기 위해 발전했으며 또 연구공동체의 공통 가치를 내포하기도 한다. 따라서 당신이 어떤 연구공동체에 가입하면 당신의 연구를 다른 회원들처럼 보고해서 당신이 실천방법을 이해하고 있다는 것을 보여주어야 한다. 일단 그 표준방식을 알면 특정 공동체가 하는 질문들에 더 잘 대답할 수 있으며, 회원들이 무엇을, 왜 중요시하는지 이해하게 된다.

연구공동체들 사이에 차이가 있지만 좋은 작품으로 여겨지는 것은 동일하다. 학문적 세계든, 정부, 상업, 기술 분야든 마찬가지다. 지금 연구를 잘 수행하는 것을 배운다면 당신이 어디에서 하던지 미래에 하게 될 연구에서 엄청난 이득을 얻게 된다.

1.4 쓰기는 생각하기이다

연구논문을 쓴다는 것은 결국은 독자와 함께, 독자를 위해서 생각하는 것이다. 당신이 타인들을 위해 쓸 때는 당신의 생각을 당신의 기억이나 소원들로부터 분리해서 당신과 타인들이 더 풍성하게 탐색하고 확장시키고 조합하고 이해하도록 하는 것이다. 타인을 위해 생각하는 것은 다른 어떤 종류의 생각보다 더 조심스럽고, 지속적이고, 통찰력 있는, 간단히 말해서 더 사려 깊은 것이다.

물론 교수의 요구를 만족시키는 수준 정도에서 쉽게 할 수도 있다. 이 책은 그런 면에서도 도움이 될 수 있지만 그렇다면 당신의 변화는 미미한 것이다. 대신에 당신이 중요하게 생각하는 주제를 찾아서, 답하기 원하는 질문을 하고, 최선을 다해 해답을 추구한다면 그 논문은 열심히 추리해서 문제를 해결한 탐정소설이 주는 매력과 같은 것이 될 것이다. 성공적 연구에는 헌신이 제일 중요하며, 연구결과를 보고하는 성공적인(비성공적인 것도) 논문이 당신에게 생각하는 법을 가장 잘 가르칠 수 있다.

우리는 당신 논문의 가치에 대한 믿음과 교사와 동료들의 요구를 잘 균형잡는 방법을 말해주고 싶지만 그럴 수가 없다. 당신이 만일 하고 있는 일에 신념을 갖고 있는데 그러한 신념을 같이 나눌 사람이 없다면 그저 머리를 숙이고 계속하는 수밖에 없다. 그런 당신에게 우리의 존경을 보낸다.

세계에서 가장 유명한 연구들은 무관심과 적대감 속에서도 참고 견딘 사람들에 의해 행해졌다. 왜냐하면 그들은 자신의 비전에 대해 결코 믿음을 잃지 않았기 때문이다. 유전학자인 바바라 맥클린톡(Barbara McClintock)은 연구공동체에서 그녀의 연구를 시시하게 생각하여서 몇 년을 무시당하면서 고군분투했다. 그러나 그녀 자신은 확신을 갖고 계속했다. 마침내 동료들이 궁금해 하기 시작하는 질문들을 그녀가 벌써 답했다는 것을 깨달았을 때, 그녀는 최고의 명예인 노벨상을 타게 되었다.

제2장

독자에게 다가가기

자신과 독자의 역할 창조

읽는 사람들이 적다면 연구는 별 소용이 없게 된다. 그러나 경험 많은 연구자들도 보고서를 계획하고 초안을 잡을 때 가끔 독자를 고려하는 것을 잊는다. 이 장에서는 연구를 시작하기 전부터 독자를 의식하는 법을 제시한다.

세상의 중요한 일은 대부분 남과 함께 한다. 어떤 학생들은 연구는 다르다고 생각한다. 그들은 조용한 도서관에 있는 외로운 학자를 상상한다. 그러나 도서관이나 실험실처럼 사람들의 목소리로 가득 찬 공간은 없다. 이런 장소들을 지나치면서 보는 연구 풍경은 오직 일부분에 불과하다. 책이나 실험 보고서를 읽는다는 것은 작가와 침묵 속에서 대화를 나누는 것이다. 즉 작가를 통해서 모든 사람들과 얘기하는 것이다. 정보를 위해 쓰인 자료를 볼 때마다 오천년 전에 시작된 저자와 독자 사이의 대화에 참여하는 것이다. 그리고 당신의 연구를 보고할 때는 당신의 목소리를 추가하는 것이며 다른 목소리들이 당신에게 반응하기를 바라는 것이다. 그리고 당신은 그들에게 다시 반응한다. 우리는 이러한 상황이 오랫동안 계속되기를 바란다.

2.1 독자들과 대화하기

대화는 사회활동인데, 여기서 우리는 우리가 할 역할들이 있다. 마주 보며 대화할 때는 대화가 진행되는 것을 감지함으로써 우리와 타인들이 얼마나 잘 하고 있는지 판단할 수 있다. 우리는 공손하게 말하거나 들으면서, 또 서로의 질문에 직접 대답하면서 서로를 평등하게 대하고 있는가? 아니면 한 사람이 다른 사람들에게 청중의 역할을 맡기고 자기는 전문가의 역할을 하는 것처럼 보이는가? 우리는 대화가 얼마나 잘 진행되는지 판단할 수 있으며, 실수와 오해를 바로 잡으려고 우리의 역할과 행동을 조정할 수 있다. 그러나 글쓰기는 상상적 대화이다. 일단 우리가 어떤 역할을 하고 독자들에게 어떤 역할을 맡길 것인지 결정하면 그 역할들은 고정되는 것이다. 우리가 읽으면서 **글쎄, 아브람스는 스태닉의 증거를 믿지만, 그것을 비평할 때는 독선적이고 또 분명한 반대 예들을 무시하는군,**이라고 생각한다면 아브람스는 우리가 판단에서 벗어나기 위해 다음에 읽는 것들을 바꿀 수 없다.

물론 이러한 판단은 쌍방향적이다. 우리가 읽으면서 저자를 판단하듯이 저자도 그가 쓰기 전에 그의 독자를 판단해야 한다.

다음 두 문장을 생각해보자.

- REM 수면의 중단은 기억 강화, 특히 서술적 기억을 방해할 뿐만 아니라 기억 기능에 의존하는 인지 과정을 심각하게 손상시킨다는 것이 밝혀졌다.

- 당신이 충분히 자지 않으면, 사실과 개념을 유지하기가 힘들뿐만 아니라, 작동 기억 기능도 손상되어 정보를 유지하기가 힘들어지고, 결과적으로 이해하고, 생각하며 배우기가 어려워진다.

두 저자 모두 독자의 욕구와 목표에 관한 판단을 내린다. 첫 번째 저자는 수면과 기억의 심리학에 관심 있는 유식한 동료를 대상으로 쓴 것이다. 그래서 추상적 개념에 집중하여 전문적 용어들을 자유로이 사용한다. 두 번째 저자는 자신은 전문가로서 지식이 거의 없는 독자들에게 복잡한 문제를 인내심 있게 설명하고 있다. 따라서 그는 전문적 어휘를 피하고 있다. 또 독자들이 실제적 제안을 원한다고 가정하여 독자들에게 직접적으로 "당신"이라고 말하며 그의 정보가 독자들에게 의미하는 것을 보여준다.

위 두 문장들은 매우 다르다. 첫 번째는 고급 교재에서 발췌된 글처럼 보인다. 그리고 두 번째는 좋은 공부 습관에 관한 안내문에서 나온 글처럼 보인다. 그러나 두 저자가 그들의 독자들을 정확히 판단했다면 글은 효과적일 것이다.

그러나 저자들이 두 글을 서로 바꾸었다고 생각해보라. 인지 심리학을 모르는 독자들이 실제적 충고를 원했다면 첫 번째 저자가 자기들의 필요에 무관심했다고 생각할 것이다. 반대로 수면과 기억에 박식한 독자들은 두 번째 글의 저자가 자기들을 무시했다고 생각할 것이다. 이처럼 저자들이 자기의 독자들을 오판하면 독자들을 잃을 수도 있다.

실제로 저자들은, 계획하던 아니던, 불가피하게 자신과 독자들에 관한 역할들을 만들어낸다. 따라서 이런 역할들을 처음부터, 한 단어라도 쓰기 전에 생각해 볼 가치가 있다. 만약 독자를 무시하거나 잘못 파악하면, 초기 초안에 그러한 실수의 흔적들이 너무 많이 남게 되어 최종 초안에서는 쉽게 고칠 수가 없을 것이다.

이 책을 쓰면서 우리는 당신이 어떤 사람인지, 연구에 대해 무엇을 아는지, 혹은 관심이라도 있는지 상상해 보았다. 우리는 당신의 모습을 상상하고, 당신이 연구와 연구보고서에 대해 배우고 싶어 하는 사람이며, 그 중요성에 대한 우리의 믿음에 동의하는 역할을 택한 사람이라고 생각했다. 또 우리 자신의 모습도 생각했다. 우리들은 연구의 중요성을 확신하며, 당신에게 학자티를 내면서 말하거나 혹은 강사처럼 말하는 것이 아니라 당신과 함께 기꺼이 작업하고 싶은 저자들로서 말이다. 때때로 처음 과제를 시작하는 당신에게 높은 단계의 과제를 수행하는 사람에게 말하듯이 쉽게 하려고 노력했다. 신진 연구자들은 그들이 모르는 이슈들을 우리가 논의할 때 좌절하지 말기를 바라며, 경험이 많은 독자들은 우리가 익숙한 주제를 얘기할 때 인내심을 갖기를 바란다. 오직 여러분만이 우리가 성공적으로 해냈는지 판단할 수 있다.

2.2 저자의 역할을 이해하기

연구논문을 재미삼아 읽는 사람은 거의 없기 때문에 독자들에게 당신의 논문을 읽는 것이 왜 필요한지를 알도록 격려하는 관계를 만들어야 한다. 그것은 쉬운 일은 아니다. 아주 많은 초보 연구자들이 독자들에게 나쁜 교실에서 일어나는 풍자적 관계를 제시한다. **선생님, 저는 당신보다 적게 알아요. 그러니 나의 역할은 많은 사실들을 캐낼 수 있음을 보여주는 것이에요. 당신의 역할은 제가 좋은 점수를 받을 만큼 충분한 발견을 했다는 것을 말해주는 것입니다.** 이는 매우 잘못된 생각이다. 그렇게 한다면 당신은 당신과 교사의 품격을 떨어뜨리는 헛된 훈련으로 바꾸는 것이다. 더 나쁜 것은 당신이 자신에게 진정한 연구자의 역할과 정반대인 역할을 맡긴다는 것이다.

진정한 연구라면 당신은 학생과 교사의 역할을 바꿔야 한다. 당신이 연구를 할 때는 다른 사람들이 모르는 것을 배우는 것이다. 따라서 연구를 보고할 때는 독자가 연구를 모르지만 알 필요가 있는 사람이고, 당신은 독자에게 연구를 알고 싶어 해야 할 이유를 알려주는 사람이라고 생각해야 한다. 당신은 다음보다 나은 관계를 상상해야 한다. 여기 14세기 티벳 직조에 대해 내가 알아낸 사실들이 있어요. 충분히 타당한가요?

그러한 사실들을 제시하는 더 나은 이유들이 세 가지가 있는데 세 번째가 학문연구에서는 가장 흔한 이유이다.

2.2.1 새롭고 흥미로운 정보를 발견 했어요

당신이 여기 14세기 티벳 직조에 대해 당신이 모르는 재미있는 사실들이 있어요라고 독자들에게 말한다면 당신은 진정한 연구로 첫 발을 내딛고 있는 것이다. 이 제안은 물론 독자가 알고 싶어 한다는 것을 가정한다. 설사 아니더라도 당신은 독자가 흥미를 느낄 만한 것을 발견한 사람의 역할을 맡아야 하며 독자는, 실제로 그렇건 아니 건 간에 알고 싶어 하는 사람의 역할을 맡는 것이다. 이렇게 하다보면 당신은 이 주제에 대해 흥미를 공유할 뿐만 아니라 그 주제에 대해 당신이 답할 수 있는 질문도 갖고 있는 독자집단을 발견(혹은 창조)하게 될 것이다. 지금 당장 그러한 청중이 없더라도, 마치 있는 것처럼 써야 한다. 당신 자신이 무엇인가 새로운 것을 나누고 싶어 하는 열정적인 사람으로 보여주어야 한다. 왜냐하면 당신이 작업에 보여주는 열정만큼 독자가 보여줄 흥미를 대략 예측할 수 있기 때문이다.

2.2.2 중요하고 실제적인 문제에 대한 해결책을 발견 했어요

당신이 독자에게 여기 당신에게 흥미로운 사실들이 있어요라고 말할 때보다는 이 사실들은 당신에게 중요한 문제를 해결하는데 도움이 될 거예요라고 말할 수 있다면 더 중요한 연구로 발을 내딛는 것이다. 이런 종류의 연구는 기업이나 정부와 전문직에서 매일 하는 것이다. 그들은 해법에 필요한 연구를 요하는 실제적 문제들을 직면하고 있다. 우선은 문제를 이해하고, 나중에는 해결하기 위해서 연구가 필요한데, 그 문제들은 불면증에서부터 테러리즘으로 하락하는 소득까지 다양하다.

새로운 연구자들이 그 역할을 배우게 하려고 교사들은 가끔 "현실세계" 시나리오를 만들어낸다. 환경과학 교수는 주정부 환경보호청의 소장을 위해 지역 호수를 어떻게 청소할 것인가에 관한 보고서를 쓰라는 과제를 줄지도 모른다. 이 시나리오에서 당신은 교사에게 데이터를 전달하는 학생의 역할이 아니라 필요한 사람에게 실제적인 충고를 주는 전문가의 역할인 것이다. 이 보고서를 믿을 만하게 만들려면 올바른 용어와 올바른 자료들을 사용해야 하며 올바를 증거를 찾아서 모두 합당한 형식으로 제시해야 한다. 가장 중요한 것은 당신의 역할을 규정하는 특별한 의도를 갖고 보고서를 꾸며야 한다. 즉 문제를 해결하기 위해 무엇을 할 것인가를 결정자에게 충고하는 것이다. 이런 종류의 연구는 일반 세계에서는 흔하지만 학문적 연구에서는 덜 흔하다.

2.2.3 중요한 질문에 대한 해답을 찾았어요

학문적 연구자들도 가끔은 환경보호청 소장에게 어떻게 할지 충고를 주지만 그들의 공적인 역할은 연구공동체가 더 잘 이해하도록 돕는 학자의 역할이다. 다른 사람들은 실제적 문제를 해결하기 위해 그들의 발견을 사용할 지도 모른다. 예를 들어, 소수(素數)의 분포에 대한 발견이 암호 작성가가 깰 수 없는 코드를 만드는데 도움을 주었다. 그러한 연구 자체는 비밀을 유지하는 **실제적** 문제를 해결하기 위한 목적이 아니라 소수를 완전히 이해하지 못하는 **개념적** 문제를 해결하기 위한 것이었다. 어떤 연구자들은 이런 종류의 연구를 "응용"에 반대되는 "순수"연구라고 부른다.

교사들은 때때로 개념적 문제를 포함하는 실제 세계 시나리오를 만든다. 예를 들어 정치학 교수가 당신에게 타주 대학생들의 투표 습관을 연구하는 상원의원의 인턴 역할을 하라고 한다. 그러나 보통은 당신이 다른 연구자 집단에게 그들이 더 잘 이해하기를 바라는 이슈들에 관해 전하는 연구자가 되기를 기대한다. 예를 들어, 14세기 티벳 직조에 관한 보고서는 양탄자 디자이너들이 더 많은 양탄자를 파는데 도움이 되겠지만, 근본적 목적은 어떻게 14세기 티벳 양탄자들이 현대 중국 예술에 영향을 주었는가?처럼 학자들이 티벳 예술에 관해 더 잘 이해하도록 돕는 것이다.

2.3 독자의 역할을 상상하기

당신이 위의 세 가지 역할인 나는 정보가 있어요, 나는 문제를 해결하는데 도움을 줄 수 있어요, 나는 더 잘 이해하도록 도울 수 있어요, 중에서 한 가지를 채택할 때는 독자와의 관계에서 당신의 입장을 밝히는 것이다. 그러나 독자들에게는 당신이 당신의 역할을 한다면 나는 나의 역할을 하겠다라는 사회적 계약을 제시함으로써 보완적 역할을 맡겨야 한다. 이것은 당신이 독자의 역할을 이해해야 한다는 뜻이다. 만일 당신이 독자들이 받아들이지 않는 역할을 그들에게 준다면 그들을 완전히 잃기 쉽다. 이런 경우에 "청중을 배려하라"는 오래된 충고가 의미하는 것은 당신이 연구를 보고할 때 당신이 상상했던 역할을 독자가 하도록 부추기는 방식으로 하라는 뜻이다.

예를 들어, 당신이 제플린 비행선에 관한 전문가라고 생각해 보자. 그리고 당신의 연구를 듣고 싶어 하는 세 가지 다른 이유를 가진 세 그룹의 사람들에게 나누어야 한다. 그들이 당신을 어떻게 받아들일지는 당신이 얼마나 정확하게 그들의 역할을 상상하고, 당신의 역할을 그들의 역할에 잘 맞추는가에 달려있다. 그래서 당신은 독자들이 원하는 것과 그들이 당신에게 답례로 무엇을 주고 싶어 하며 줄 수 있는지를 이해해야 한다.

2.3.1 나를 즐겁게 해 주세요

당신을 연사로 초대한 첫 번째 그룹이 지역 내 제플린 클럽이라고 상상하자. 회원들이 전문가는 아니지만 제플린 비행선에 대해 많이 알고 있다. 그들은 제플린에 대해 독서를 많이 하고 역사적 장소들을 방문하며 기념품도 모은다. 당신은 증조부인 오토로부터 받은 편지에서 발견한 새로운 사실들을 나누기로 결정했다. 그 편지에는 1936년 제플린을 타고 대서양을 횡단한 경험과 사진들과 그가 아끼는 메뉴가 쓰여 있었다. 그의 편지에는 저녁으로 먹은 구운 굴에 대한 평과 왜 여행을 하게 되었는지에 대한 우스운 얘기가 있었다.

당신의 이야기를 계획하면서, 당신은 그들이 관심이 있는 것은 제플린에 대한 사소한 이야기들로 시간을 채우는 것이라고 판단한다. 그들에게 흥미로울 거라 생각되는 것들이 무엇이든—느낌, 추측, 확실하지 않은 소문까지도 나눌 때 당신은 당신의 몫을 하게 되는 것이다. 물론 파워포인트 슬라이드를 보여주지도 않으며, 데이터를 제시하여 당신의 주장을 확실하게 하는 학문적 자료를 인용하지도 않는다. 당신의 청중은 흥미 있게 이야기를 들으면서 질문을 하기도 하고 그들 자신의 일화도 나누면서 자기의 역할을 할 것이다. 당신은 그들이 증조부 오토의 편지의 진실성에 대해 도전하거나, 사진들이 어떻게 제플린의 사회적 역사와 관련이 있는지를 질문하거나, 하물며 공기보다 가벼운 여행에 대해 질문하리라고는 기대하지 않는다. 당신의 임무는 즐거운 이야기를 하는 것이며, 그들의 임무는 재미있게 몰두하는 것이다.

어떤 초보 연구자들은 그들의 독자가 제플린 클럽에 속하며 이미 그 주제에 매료당하여 새로운 것을 듣고 싶어 한다고 상상한다. 전문가가 그러한 청중에게 그렇게 하면 가끔은 괜찮지만, 진지한 연구를 하며 보고하기를 원하는 학생이 그러하다면 곤란하다. 교사는 단지 당신이 발견한 것을 보고하기를 기대하는 것이 아니라, 발견한 것으로 할 수 있는 다른 것을 기대한다.

2.3.2 실제적 문제를 해결하도록 도와주세요

다음 모임에서는 영화사와 함께 있게 되었다고 상상해 보자. 영화사는 1936년에 있던 제플린 비행에 관한 영화를 만들려고 하는데, 당신이 식당 장면을 포함하여 역사적 세부사항을 고증하는데 도움을 주기를 원한다.

그들은 객실이 어떻게 꾸며 졌으며, 사람들이 무엇을 먹었는지, 메뉴는 어떠했는지 등을 알고 싶어 한다. 그들은 당신의 정보가 새로운 것인지는 상관하지 않고 단지 올바른 정보로서 장면을 신빙성 있게 만들기를 바란다. 당신은 그들에게 사진과 메뉴를 보여주며 증조부가 먹던 굴을 묘사한다. 하지만 그가 왜 그 여행을 했는지는 얘기하지 않는다. 이 역할을 잘 하기 위해서는 실제적 문제를 해결하는 것을 도와야 하는데 그 방법은 당신이 찾아낸 모든 데이터가 아니라, 그 문제와 관련된 특별한 사실들에 근거한 믿을만한 자료를 제시하는 것이다. 청중들은 열심히 비판적으로 들을 것이다. 왜냐하면 세부 사항을 정확히 원하기 때문이다.

이런 종류의 과제가 바로 당신의 선생이 내주는 "진짜 세계"에 관한 과제에 해당한다. 오염된 호수를 처리해야 할 환경보호청 관리에게 보고하는 식이다. 학문적 연구자들도 가끔은 이와 같은 실제적 문제를 제기하지만 그들에게는 다른 종류의 문제가 훨씬 더 흔하다. 따라서 교사가 실제적 문제를 만들어내면 그렇게 하라. 그렇지 않으면 먼저 교사와 확인하라(실제적 문제에 관해서는 4장에서 더 자세히 논의할 것이다).

2.3.3 더 잘 이해하도록 도와주세요

이번에는 청중이 제포대학교의 공기보다 가벼운 학과의 교수들이라고 상상하자. 그들은 기구들과 제플린 비행선에 관한 모든 양상을 연구하며, 그것들의 경제성과 공중 역동성을 연구하고, 역사와 사회적 중요성에 관하여 세계적 대화에 참여한다. 그들은 다른 학자들과 새로운 지식과 이론을 창출하기 위해서 경쟁하며, 이 분야에서 모든 사람들에게 읽히는 학술지와 책들을 출판한다.

이런 학자들이 당신의 전공인 1930년대에 일어난 제플린 여행의 사회적 역사에 대해 이야기하도록 당신을 초대했다. 그들은 당신이 단지 새로운 사실들로 그들을 즐겁게 하기를 원치 않으며(그렇게 한다면 기쁘겠지만), 또 그들이 무엇인가를 하는데 돕기를 바라지도 않는다(당신이 영화사의 자문을 하면 좋아하겠지만). 그들이 원하는 것은 당신이 새로운 사실들을 가지고 그들이 제플린 여행과 비행기구의 사회적 역사를 더 잘 이해하도록 돕는 것이다.

이런 비행기구 학자들은 제플린에 관한 진리를 발견하는데 매우 헌신적이므로, 그들은 당신이 객관적이고, 엄격하게 논리적이며, 모든 측면에서 모든 논제들을 조사하기를 기대한다. 당신이 사실들을 정리하지 않으면 질문시간에 당신을 공격할 것이며, 답변을 잘 하지 못 하면 논쟁을 좋아하거나 잔인해서가 아니라, 1930년대 제플린에 대한 진실을 얻으려고 나중에 와인과 치즈를 먹으면서 당신을 공격한다. 만일 증조부 오토의 사진이나 편지, 메뉴 같은 새로운 자료를 제시하면 반갑게 보기는 하겠지만 그것들이 왜 중요한지, 정직한 자료인지까지도 의심할 것이다.

무엇보다 그들은 당신의 문서들이 당신 아저씨의 여행보다는 제플린에 관해 무엇인가를 이해하는데 더 도움이 되는 증거가 될 때, 해당 문서들을 중요시할 것이다.

만약 그들이 자기들이 생각했던 것처럼 제플린의 사회적 역사를 잘 이해하지 못 한다는 것과, 당신의 새 자료가 그들의 틀린 지식을 개선한다는 것을 확신시킨다면 당신을 매우 환영할 것이다. 그렇게 하지 못하면 **나는 동의하지 않는다**는 태도로 반응한다. 우리 모두 그러한 태도를 견디는 것을 배우게 된다. 훨씬 가혹한 반응인 **나는 상관하지 않는다**는 반응에도 불구하고 어떤 사람들은 성공하기도 한다.

그렇다면 당신은 다음처럼 얘기를 시작한다.

> 1930년대에 대서양을 횡단한 제플린 비행에서 음식 서비스에 관한 몇 개의 연구들로 인해, 식품들이 폭발 위험 때문에 불 위에서 요리되지 않았다고 믿고 있었다. 그러나 나는 최근에 1936년 7월 12일 메뉴에서 석탄에 구운 굴이 제공되었다는 것을 발견했다...(그리고 그 새로운 사실이 왜 중요한지를 계속해서 보여준다).

이런 종류의 대화가 학자 집단에게 연구를 보고할 때 사용하는 것이다. 당신은 그들이 당신과 이런 대화를 하는 것을 상상해야 한다.

> 문장이 매끄럽지 못하다고 걱정할 필요가 없으며(물론 우아한 문체를 구사하면 좋겠지만), 증조부 오토에 관한 흥미로운 일화들을 많이 넣지 못했다고 해서 걱정할 필요도 없고(전달하려는 내용을 더 명확히 이해하는데 도움이 된다면 듣고 싶지만), 당신의 연구가 나를 얼마나 지적으로 풍부하게 할 수 있을지에 대해서도 신경 쓸 필요가 없소(그렇게 한다면 좋겠지만). 당신은 내가 모르는 것이나 말해 주시오. 그래서 내가 우리의 공통 관심사를 더 잘 이해할 수 있도록 말이오.

학구적 독자들은 거의 항상 세 번째 역할을 택할 것이다. 당신이 그들을 더 많은 지식과 이해에 관심이 있는 학자로 대접할 때만이 사회적 계약에서 당신의 역할을 다하고 있다고 그들은 생각한다. 확실히 화학과나 철학과 교수들은 제플린에 관해 거의 신경을 안 쓴다. 하물며 음식 서비스는 말할 것도 없다. 그리고 당신도 그들의 논제에 관해 그리 상관하지 않는다. 당신은 찾을 수 있는 최고의 증거를 바탕으로 특별한 집단의 독자들과, 그들의 관심과 기대와 그들의 이해를 개선시키는 일에 관심이 있다. 바로 이 점이 모든 연구자들이 독자들과 성립시켜야 할 사회계약이다.

누가 그것에 신경 쓰는가?

학문적 연구자들은 종종 자신들 외에는 아무에게도 중요하지 않은 난해한 주제를 연구한다고 조롱당한다. 이 비난은 보통은 불공평한 것이지만 어떤 연구자들은 중요해 보이지 않는 문제들에 매료된다. 저자들 중 한 사람인 윌리엄은 20세기 초 아프리카와 아시아에서 유럽 인류학자가 찍은 엄청난 양의 필름들을 발견한 박사 후보생의 논문 심사에 참석했다. 이전에 알려지지 않은 긴 길이의 필름이 논문심사위원회의 필름학자들을 매료시켰다. 윌리엄이 그 후보자에게 "이 새로운 필름들이 그때나 지금의 영화를 이해하는데 어떻게 도움이 됩니까?"라고 묻자, 그 후보생은 "아무도 이런 길이의 필름을 본 적이 없어요"라고만 대답했다. 윌리엄이 그의 질문을 다른 식으로 물어도 더 나은 대답을 얻지 못했다.

반대로 필름학자들은 상관하지 않았다(그리고 윌리엄의 질문이 순진하다고 생각했다). 왜냐하면 그 필름의 길이가 초기 필름에 대한 그들의 생각을 바꾸었다고 생각했기 때문이다. 그리고 그들 모두는 오래된 필름 자체를 사랑했다. 그래서 가끔은 새로운 데이터 자체만으로도 올바른 독자들의 흥미를 끌기에 충분하다. 그러나 그 후보자가 아주 소수의 전문가를 제외한 다른 누군가에게 흥미로운 것을 쓰고 싶다면 '여기 새로운 것들이 있어요'라는 제안보다 나은 것을 제시해야만 할 것이다.

요령 독자 이해를 위한 점검표

시작부터 독자에 대해 생각하라. 그러면 당신의 연구를 계속 진행하면서 그들을 더 잘 이해하게 될 것이다. 처음부터 이 질문들을 계속하면서, 계획을 세우거나 다시 수정할 때마다 다시 확인하라.

1. 누가 내 보고서를 읽을 것인가?
   1) 모든 학문적 전통을 따르고 표준 양식을 사용하기를 기대하는 전문가들인가?
   2) 지식이 많은 일반 독자들인가?
   3) 이 주제에 대해 잘 모르는 일반 독자들인가?

2. 독자들은 나에게 무엇을 기대하는가? 내가 할 일은?
   1) 그들을 즐겁게 하는 것인가?
   2) 새로운 사실들에 관한 지식인가?
   3) 무엇인가 더 잘 이해하도록 도와주는 것인가?
   4) 현실에서 실제적인 문제들을 해결하는데 돕는 것인가?

3. 그들이 얼마나 알고 있다고 기대할 수 있는가?
   1) 주제에 대해 무엇을 알고 있는가?
   2) 연구문제가 그들이 이미 인식하고 있는 것인가?
   3) 그들이 문제를 갖고는 있지만 아직은 인식하지 못한 것인가?
   4) 문제가 그들의 문제가 아니라 오직 나만의 문제인가?
   5) 그들이 문제를 진지하게 받아들일까? 아니면 그것이 중요하다고 내가 확신시켜야 할까?

4. 독자들은 내가 주장하는 해결/해답에 어떻게 반응할까?

1) 해답이 독자들이 이미 알고 있는 것과 다른가? 어떻게?

2) 독자들은 내 해결책에 반대되는 논쟁을 할까?

3) 그들은 내가 해결에 도달한 과정들을 알기 원할까?

제2부 질문하기, 해답 찾기

서설

연구과제의 계획

이 책을 이미 한번 대충 훑어보았다면 당신은 연구를 시작할 준비가 되어 있다. 만일 당신이 수행할 연구질문이 있고, 그 해답을 어떻게 찾을지를 안다면 다음 두 개의 장을 빨리 읽으라. 그리고 나머지 장들은 당신의 과제와 관련이 있을 때는 주의 깊게 읽으라. 만일 당신이 주제도 정하지 않고 처음부터 시작한다면 당황스러울 것이다. 그러나 계획을 갖고 한 번에 한 단계씩 나아간다면 해낼 수 있다.

당신이 처음부터 시작한다면, 첫 번째 과제는 해결할 가치가 있는 연구문제를 찾아내는 것이다. 여기 그 목표를 위한 네 단계가 있다.

1. 당신이 갖고 있는 시간 내에서 어느 정도의 정보를 충분히 섭렵할 수 있는 구체적 주제를 찾으라. 예를 들어 '과학적 저술의 역사'가 아니라 '현대 과학 논문의 선봉으로서 왕립협회의 발표문집(1675–1750)에 나타난 논문들'로, '17세기 드라마에 나타난 의사들'이 아니라 '몰리에르의 초기 세 드라마 속에 나타난 의사들에 대한 조롱'이라는 식으로 범위를 좁혀야 한다.

2. 당신의 흥미를 끌만한 질문들을 찾을 때까지 그 주제에 대해 질문하라. 가령 초기 왕립협회 저자들은 그들의 증거가 신뢰할 만하다는 것을 어떻게 보여주었는가? 또는 몰리에르는 왜 의사들을 조롱했는가?
3. 당신의 답을 지지하는 증거의 종류를 결정하라. 독자들이 이차적 자료에서 얻은 사실들을 받아들일까, 아니면 당신이 일차적 자원에서 구하기를 기대할까?(5.1.1 참조) 그들은 양적 데이터나 권위자들의 인용, 혹은 일차적 관찰을 기대하는가?
4. 당신이 이러한 증거들을 찾을 수 있는지 결정하라. 한 주제에 관해 증거를 찾을 좋은 기회가 없는데 그 주제에 대해 연구를 한다는 것은 헛된 일이다.

일단 질문에 가능한 답을 지지하는 충분한 데이터를 갖고 있다고 생각한다면, 당신은 논제를 모으고(3부 참조), 계획하고 초안을 쓰며 수정할 준비가 된 것이다(4부 참조). 그러나 당신은 우리가 제시한대로 매끄럽게 이런 단계들을 진행할 수 없다는 것을 발견할 것이다. 당신이 연구질문에 답하는 데 필요한 모든 증거를 찾기 전에, 연구질문에 대한 임시적 가설을 생각하게 될 것이다. 그리고 가치 있는 논제가 있다고 생각했을 때, 새로운 자료로부터 더 많은, 그리고 아마 다른 증거가 필요하다는 것을 발견할 것이다. 어쩌면 주제를 수정할 지도 모른다. 연구한다는 것은 쉽고 잘 표시된 길을 따라 익숙한 목적지를 향해 산책하는 것과 다르다. 그것은 무성한 숲을 지나 때로는 안개 속에서 볼 때까지는 인식하지 못하는 무엇인가를 찾으면서 돌이 많은 언덕을 오르락내리락 하는 것과 같다. 그 행로가 불규칙해도 각 단계마다 예측할 수 있는 우회로에 대한 계획을 세운다면 진보할 수 있다(우회로 중 몇 개는 피할 수도 있다).

이 과정에서 많이 쓸 것을 결심하라. 상당 부분이 일상적 기록이지만 이해하기 위해서 생각하면서 써야 한다. 개요를 만들고 어떤 자료에 왜 동의하지 않는지 설명하며, 분리된 사실들을 연결시키기 위해서 표를 그리고, 자료들의 위치와 학파들을 요약하고, 떠오른 생각들도 기록하라. 많은 연구자들이 직감이나 새로운 생각, 떠오르는 생각들과 문제 등에 관해 일지를 쓰는 것이 유익하다고 생각한다. 물론 이렇게 발견하고 이해하려고 애쓴 것들을 마지막 초안에 포함시키지는 않을 것이다. 그러나 매일 이렇게 쓰다보면 최고의 비판적 사고를 하게 되고, 자료를 더 잘 이해하게 되며, 때가 되면 더 생산적으로 초안을 쓰게 된다.

당신의 증거는 무엇인가?

전공분야와 관계없이 연구자들은 자기들의 주장을 지지하는 증거로 이용하려고 많은 정보를 수집한다. 그러나 학문 분야에 따라 그 정보를 각기 다른 이름으로 부른다. 우리는 그것을 데이터라고 부른다. 데이터란 자연과 사회과학자들이 수집하는 숫자들이 아니고, 연구질문에 답하는데 관련 있는 것으로서 당신이 '찾아낸' 것 들이다. 이 용어는 인문학 연구자들 사이에서는 적게 사용되지만, 그들도 인용, 역사적 사실들 등의 형태로 데이터를 모은다. 그러나 데이터는 당신의 연구질문에 답하는 주장의 근거로 쓰이지 않는다면 그 자체로는 무의미하다. 그렇게 사용될 때 데이터는 증거가 된다. 만약 당신이 증거로 사용할 수 있는 것보다 더 많은 데이터를 갖고 있지 않다면 당신은 충분히 수집한 것이 아니다.

요령 집필 그룹을 만들기

학문 연구의 단점은 고립감이다. 그룹 프로젝트가 아니라면 당신은 대부분 혼자 읽고 쓰게 된다. 그렇지만 반드시 그럴 필요는 없다. 강사나 지도교수 말고 당신의 진행상황을 얘기하며, 초안을 읽고 당신이 얼마나 많이 썼는지 묻고 괴롭히는 누군가를 찾으라. 그 사람이 관대한 친구가 될 수도 있지만, 서로의 생각이나 초안에 대해 평할 수 있는 다른 저자라면 더 좋을 것이다.

가장 좋은 것은 규칙적으로 만나서 서로의 작업을 읽고 토의하는 네 다섯 명의 사람들로 이루어진 그룹이다. 초기에는 모임에서 각 사람의 프로젝트에 대해 세 부분으로 요약된 문장으로 시작해야 한다. "나는 X에 관해 작업하고 있는데 왜냐하면 Y를 발견하고 싶기 때문이며, 이는 Z에 대해 더 잘 이해하기 위해서이다." 프로젝트가 진전됨에 따라, 모임에 가면서 누군가에게 말해 줄 수 있는 프로젝트에 관해서 짧게 요약한 '엘리베이터 이야기'를 개발하라. 그 이야기에는 연구질문, 해답에 대한 추측과 사용할 증거를 포함시켜야 한다.

대화를 나눌 때, 단지 당신의 이야기만 하지 말고 당신의 독자들에 관해서도 얘기하라. 왜 그들이 당신의 질문에 관심을 가져야 하는가? 그들은 당신의 주장에 대해 어떻게 반응할 것인가? 당신의 증거를 믿을까? 그들은 다른 증거를 생각하는가? 이러한 질문들은 당신의 독자들이 기대할 거라고 예상하는 주장을 계획하는데 도움이 된다. 이 그룹은 당신이 막힌 것을 정리하는데도 도움이 된다. 나중에 그룹 사람들은 서로의 개요와 초안을 읽고 독자들이 어떻게 반응할지도 상상한다.

그룹 사람들이 당신의 초안에 문제를 느낀다면, 독자들도 그러할 것이다. 그러나 대부분의 저자들에게 집필그룹은 그것이 주는 부담감 때문에 가치가 있다. 초안을 다른 사람들에게 보고해야 한다는 것을 알고 있을 때 집필 스케줄에 맞추기가 더 쉽다. 집필그룹은 석사나 박사 논문을 쓰는 사람들에게는 흔한 일이다. 그러나 수업용 보고서와는 규칙이 다르다. 어떤 교사들은 그룹이나 집필 동반자가 부적합할 정도로 많은 도움을 준다고 생각한다. 따라서 당신의 교사가 허락하는지를 분명히 알 필요가 있다.

제 3 장

연구주제에서 연구질문 찾기

자신과 독자의 역할 창조

이 장에서는 당신이 관심을 가지고 있는 분야에서 논제를 찾아 연구의 수행에 적절하도록 그 범위를 축소하여, 일련의 구체적 연구질문을 설정하는 방법을 논의한다. 당신이 이미 논문을 써본 경험이 있고, 연구주제를 이미 정하였다면, 제4장으로 건너가기 바란다. 그러나 이제 처음으로 연구논문을 쓰는 상황이면 이 장에서 논의하는 내용은 매우 유익할 것이다.

당신이 연구에 익숙하지 않으면, 당신 자신의 주제를 자유롭게 선정하는 일은 오히려 부담으로 작용할지 모른다. 어디서 시작할 것인가? 어떻게 좋은 주제와 나쁜 주제를 구별할 수 있을까? 경험이 적은 연구자들은 통상적으로 궁금해 한다. 내가 이 주제에 대해서 쓸 수 있을 만큼 충분한 정보를 찾을 수 있을까? 놀랍게도 자주 그들은 너무 많은 정보를 쌓아두는데, 그들 대부분은 아주 쓸모 있는 정보가 아닌 때가 많다. 그들이 그렇게 하는 이유는 주제에 초점을 잡지 못했기 때문이다. 초점이 없으면, 당신이 모으는 증거는 당신의 독자들에게는 한 무더기의 잡다한 사실들 이상의 아무 것도 아닌 것들로만 보이게 될 위험이 있다. 당신이 연구 과제를 시작할 때, 부분적 주제(topic)와 주제(subject)를 구분해야 할 것이다. 주제는 광범위한 분야의 지식(기후 변화 같은)을 뜻하며, 반면 토픽은 그 분야 안에서 한 구체적인 관심거리(기후 변화가 철새에게 미치는 영향)를 뜻한다. 그렇지만 토픽을 찾는 것은 단지 주제를 좁히는 문제는 아니다. 토픽은 주제에 대한 접근으로서, 독자들이 신경 쓰는 문제를 해결하는 답을 구하는 질문을 하는 것이다.

모든 연구 공동체에서 어떤 질문들은 많은 토론과 연구가 이루어진다. 예를 들어 수줍음이나 모험심 같은 기질들이 학습에 의한 것인지, 아니면 유전적으로 물려받은 것인지와 같은 질문이다. 그러나 다른 질문들은 오직 연구자들에게만 궁금하다. 고양이는 주인에게 왜 얼굴을 비벼대는가? 왜 흘린 커피는 반지모양으로 말라버리는가? 많은 연구가 그렇게 시작한다. 한 분야의 모든 사람들에게 매력 있는 커다란 질문이 아니라 오직 한 명의 연구자가 궁금해 하는 작은 질문이다. 만약 궁금하다면 캐묻기 시작하라. 그러나 언젠가는 당신의 질문에 대한 답이 교사와 다른 연구자들과, 당신의 연구로 인해 삶이 바뀌는 대중들에게도 중요한 문제를 해결하는지를 결정해야 한다.

문제(problem)라는 단어 자체가 문제이다. 보통 문제는 골칫거리를 뜻한다. 그러나 연구자들 사이에서 문제란 너무나 특별한 의미를 갖기 때문에 다음 장을 그것에 할애하려고 한다. 그리고 당신은 연구문제를 설정하기 이전에 주제를 찾아야 한다. 그렇다면 주제 찾기부터 시작하자.

질문인가? 아니면 문제인가?

우리가 질문과 문제라는 단어를 번갈아가며 사용하고 있다는 것을 눈치 챘을지도 모른다. 그러나 둘은 똑같지는 않다. 어떤 질문들은 문제들을 유발하지만 그렇지 않는 질문들도 있다. 질문에 대답하지 않아서 답보다 더 중요한 무언가를 알지 못한다면 질문은 문제를 일으킨다. 예를 들어, '소립자가 있는가?'라는 질문에 대답할 수 없다면, 더 중요한 물리적 존재의 성질에 대해 알 수가 없다. 반대로 그 질문에 대답하지 않는다고 해서 심각한 결과가 따르지 않는다면 그 질문은 문제가 되지 않는다. 예를 들어, '아브라함 링컨의 오른손 엄지손가락이 그의 코보다 더 길었는가?'와 같은 질문이다. 이것을 알아서 우리가 얻을 수 있는 것은 현재로서는 없는 것이다.

3.1 관심사로부터 연구주제(topic) 찾기

우리 대부분은 다양한 관심사를 갖고 있지만, 초보자들은 그것들 중에서 학술연구를 위해 적절한 주제를 정하는데 어려움을 느낀다. 연구주제는 당신이 그 부분에서는 전문가가 될 것이라고 생각하기에 충분할 만큼 구체적인 관심사이다. 이것은 당신이 이미 많이 알고 있거나, 당신의 선생보다 더 많이 알아야 하는 것이 아니다. 단지 지금보다는 그것에 관해 더 많이 알기를 원한다는 것뿐이다.

만약 당신이 어떤 주제이던 연구할 수 있다면 진부한 제안을 하겠다. 그것은 가장 당신의 흥미를 끄는 것부터 시작하라는 것이다. 당신 스스로가 철저하게 몰입하고, 헌신할 수 있는 주제를 찾는 것은, 연구의 질에 그 어떤 것보다도 더 많이 긍정적 영향을 미친다. 그리고 당신 자신에게 물어보라. 이 주제에 대해 어떤 것이 나를 흥미롭게 하는가? 다른 사람들을 흥미롭게 하는 것은 무엇인가?

3.1.1 일반작문 수업에서 주제를 찾기

우선 탐색하고 싶은 관심사의 목록을 최대한으로 작성해서 시작하라. 교사에게 흥미롭거나, 교사가 당신을 진지한 학생이라고 생각하게 만들 것들에만 제한을 두지 말라. 생각들이 자유롭게 흘러가도록 두라. 친구들이나 급우, 혹은 교사에게 그들이 관심을 갖고 있는 주제에 대해 물어보라. 좋은 주제가 떠오르지 않으면 이 장의 끝에 있는 '요령'을 참고하라.

일단 주제 목록이 있으면 가장 흥미로운 주제 한 두 개를 택하여 그 연구의 가능성을 탐색해 보라. 그리고 이것들을 하라.

- 도서관의 일반 참고 도서실에 가서 'CQ Researcher'와 같은 자료에서 당신의 주제에 대해 찾아보고 제목을 쭉 훑어보라. 'Academic Search Premier'같은 온라인 데이터베이스에서 주제별 용어(subject terms)를 통하여 당신의 주제(topic)에 대해 탐색할 수 있다. 관심 분야의 초점을 더 좁혔다면, '국제 여성연구(Women's Studies International)'와 같은 특수 안내서를 보고 똑같이 할 수 있다. 어떤 도서관들은 일반적이고 전문화된 안내서의 복사본들을 소장하지만, 대부분이 요즘에는 똑같은 것을 온라인으로 구독한다. 그러나 항상 주제 제목을 읽어 볼 수는 없다(제5장에서 이런 자료들에 관해 얘기하며 부록에 몇 가지 목록을 제시한다).
- 구글에서 주제에 관해 찾아보는 것은 좋지만, 무분별하게 파도타기

를 하지는 말라. 온라인 백과사전처럼 도서관에서 찾을 만한 자료들을 웹 사이트에서 먼저 찾으라. 일반 주제에 관한 표제어들을 읽고, 더 자세히 보기 위해 끝에 있는 참고문헌 목록을 복사하라. 아이디어와 자료들을 찾기 위해 위키피디아를 이용하고 신뢰할 만한 자료들인지 확인하라. 경험이 많은 연구자들은 위키피디아를 거의 신뢰하지 않으므로 어떤 상황이든지 그것을 증거자료로 인용하지는 말라(주제가 위키피디아 자체가 아니라면).

- 이 시점에서 당신의 생각에 박차를 가하기 위해 주제를 탐색하고 있으며, 그 주제가 실행 가능한지 알아보기 위해서 탐색 중이라는 것을 기억하라. 그것을 염두에 두고, 블로그에서도 아이디어를 찾을 수 있는데 블로그들은 거의 모든 논쟁거리를 다루며, 보통 연구논문으로는 너무 큰 주제를 다룬다. 대부분의 이슈들이 연구논문으로서는 너무 크지만, 큰 이슈의 구체적 측면에 대한 의견을 취하는 게시물을 찾아 만약 그 의견에 동의하지 않으면 조사해 보라.

3.1.2 특정 분야에서 처음 연구 과제를 위한 주제 찾기

당신의 특정 수업과 관련이 있으면서 흥미를 끄는 주제들을 나열하고, 그들 중에서 괜찮은 한 두 개로 선택을 좁힌다. 주제가 '종교적 가면'처럼 일반적인 것이라면 범위를 좁히기 위해 다양한 독서를 해야 한다. 그러나 계획을 세워서 읽으라.

- 도서관이나 온라인으로 백과사전을 대충 읽어보라. 브리태니커 백과사전처럼 표준적인 것으로 시작하라. 그 후에 '종교 백과사전'이나 '스탠포드 철학 백과사전' 같은 특별한 사전들을 참고하라.

- 주제를 구글에서 찾되 용의주도하게 찾으라. 학문적 간행물과 책에 초점을 두는 탐색 엔진인 '구글 학자(Google Scholar)'를 이용하라. 소개하는 기사들을 대충 읽어보고 특히 자료 목록을 참고하라.

주제의 개요와 다른 사람들이 어떻게 주제를 좁혔는가를 대충 알았을 때, 당신의 것을 좁혀 보라. 그래도 할 수 없다면 분명하게 윤곽이 잡힐 때까지, 간행물과 웹 사이트를 훑어보라. 이 모든 것이 시간이 걸리므로 일찍 시작하라.

3.1.3 고급 프로젝트를 위한 주제 찾기

상급학년의 학생들은 자기들의 분야에서 관심 있는 주제를 갖고 있다. 자주 일어나는 일은 학생들이 한 분야에 깊이 몰두할 때 주제가 그들을 찾아온다. 그렇지 않다면 흥미를 끄는 것에 초점을 맞추라. 그렇지만 결국은 다른 사람들에게도 왜 흥미로운지를 보여주어야 한다는 것을 기억하라.

- 다른 연구자들에게 흥미로운 것을 찾으라. 온라인에서 당신의 관심 분야에서 계속 회자되는 이슈들과 토론들을 전문적 토론 목록에서 찾아보라. 온라인이나 '고등교육 연대기'같은 학술지에서 학회 보고, 학회 프로그램, 논문 보고 등 흥미로운 것은 무엇이든 찾아보라.
- 도서관 신착도서 서가에서, 가장 최근 학술지의 논문뿐만 아니라 학회 보고, 논문 요청이나 후기 등을 대충 읽어보라. 또 도서관 온라인 데이터베이스에서 가장 최근 논문들을 읽어 보라.
- 도서관에서 특별히 풍부하게 비치된 자료들을 조사해 보라. 예를 들어 그곳에 흥미로운 주제에 관한 귀한 논문들이 있다면 주제와

방법도 얻은 셈이다. 반대로 주제를 결정하기 전에 도서관에 관련 자료들이 있는지 확인하라. 없다면 다시 시작해야 할 것이다.

3.2 주제의 폭 좁히기

주제에 대해 생각할 때 가장 유익한 방법은 주제를 연구가 시작되는 곳으로 본다는 것이다('토픽'이란 단어는 '장소'를 뜻하는 그리스 단어인 topos에서 유래한다). 이 시작점에서부터 출발하여, 당신은 특별한 방향으로 나아가다가, 지나치게 광범위한 주제를 초점 잡힌 방향으로 바꿀 수가 있다. 이 시점에서, 가장 큰 위험은 너무 광범위한 주제에 머무는 것이다. 그래서 도서관 카탈로그의 부제가 되는 식이면 곤란하다. 예를 들어 **우주여행, 셰익스피어의 희곡, 자연법칙**과 같은 것이다. 주제의 폭은 그 내용을 4~5자 이내로 표현할 수 있으면 아마도 너무 넓은 것이다.

톨스토이에서 자유의지

민간항공의 역사

너무 광범위한 주제는 가능한 자료의 일부라도 찾거나 읽기가 힘들다. 따라서 주제의 범위를 좁혀야 한다.

톨스토이에서 자유의지	→	《전쟁과 평화》에서 톨스토이가 기술하고 있는 세 전쟁에서 나타난 자유의지와 역사적 불가피성의 대립
민간항공의 역사	→	민간항공 초기에 군대가 DC-3의 발전 과정에 미친 영향

우리는 단어나 절을 추가하여 주제의 범위를 축소시켰다. 특히 주목할 것은 대립, 기술, 기여, 발전과 같은 명사의 첨가이다. 이러한 명사들은 행동이나 관계를 표현하는 동사들인 **대립하다, 기술하다, 기여하다, 발전하다**에서 유래되었다. 이러한 '행동' 단어들이 없다면 주제는 상태를 나타낸다.

상태를 나타내는 주제를 완전한 문장으로 다시 쓸 때 어떻게 되는지 주목하라. 주제 (1)과 (2)는 전혀 변하지 않는다.

(1) 톨스토이에서 자유의지 주제

→ 톨스토이의 소설에는 자유의지가 있다. 주장

(2) 민간항공의 역사 주제

→ 민간항공은 역사가 있다. 주장

현실적으로 (1)과 (2)는 주제가 될 수 없다. 왜냐하면 그것들은 어떤 결론으로 이끄는 것이 아니기 때문이다. 그러나 주제 (3)과 (4)처럼 완전한 문장으로 바뀌었을 때, 이것들은 독자들이 흥미를 느낄 만한 주장에 가깝다.

(3) 톨스토이가 《전쟁과 평화》에서 기술한 세 전쟁에 나타난 자유의지와 역사적 불가피성의 대립 주제

→ 《전쟁과 평화》에서 톨스토이는 자유의지와 역사적 불가피성이 대립하는 세 전쟁을 묘사했다. 주장

(4) 민간항공의 초기에 군수산업이 DC-3의 성장에 미친 영향 주제

→ 민간항공의 초기에 군은 DC-3의 발전에 영향을 끼쳤다. 주장

이러한 주장들은 처음에는 별 것 아닌 듯이 보일지도 모른다. 그러나 과제를 계속해 나가면서 더 풍부하게 될 것이다. 그렇다. 이 주제들은 당신의 프로젝트를 고안할 때 실제로 추구해야 할 경로인 것이다.

주의 주제의 범위를 너무 좁히면 그에 대한 정보를 찾을 수가 없을 것이다. 민간 항공의 역사에 관하여는 아주 많은 정보가 있겠지만 '군용 화물기로 사용하기 위해 초기 DC-3 모델의 날개 크기를 확대하는 결정'에 관해서는 정보가 매우 적을 것이다(초보 연구자들에게는).

3.3 좁혀진 주제로부터 연구질문 만들기

일단 주제가 좁혀지면 많은 초보 연구자들이 실수를 한다. 즉시 주제에 대해 모든 자료를 읽고, 읽은 모든 것을 노트에 기록한다. '알라모 전투에 관한 전설의 발생과 그것의 정치적 의미'라는 주제를 택하였다면, 그들은 이 전투와 관련된 끝없는 사실들을 쌓아 모은다. 무엇이 그 전투로 이끌었는지, 텍사스 혁명의 역사와 산타 안나와 샘 휴스턴 장군에 관한 전기도 알아볼 것이다. 메모와 요약, 차이점과 유사점에 관한 기록들, 설화들이 어떻게 대립되는지, 그리고 역사학자들은 어떻게 생각하는지 등등을 조사한다. 그런 후에는 이 모든 사실들을 보고서에 집어넣으면서 '이렇게 많은 차이점과 유사점들을 알아보았다'라고 결론을 내린다.

고등학교 교사라면 그러한 보고서에 좋은 점수를 줄 것이다. 왜냐하면 학생이 한 주제에 초점을 맞추어, 자료를 찾고 이 자료들을 모아 보고서를 썼다는 것은 첫 번째 과제로서는 잘 한 것이다. 그러나 대학과정에서는 보고서가 막연히 관련 있는 사실들을 모아 놓은 것으로 보인다면 부족한 것이다. 저자가 물을 가치가 있는 어떤 구체적인 질문도 하지 않는다면, 그는 지지할 가치가 있는 어떤 구체적인 답도 제공할 수 없는 것이다. 확실히 엘비스 프레슬리 영화 포스터나 처음 세대의 비디오 게임에 매혹당한 사람들은 그들에 관한 새로운 것이라면 아무리 사소한 것이라도 읽을 것이다. 진지한 연구자들은 그러나 자기 자신의 흥미를 위해 자료를 보고하는 것이 아니라, 자기들이 (독자들도 마찬가지라고 바라는) 물을 가치가 있다고 생각하는 질문에 대한 답을 지지하기 위해서 보고한다. 따라서 어떤 주제에 대해 시작하는 최선의 방법은, 일반 주제에 대해 찾을 수 있는 모든 자료를 찾는 것이 아니고 질문들을 설정하는 것이다. 그리고 이 질문들이 해답을 찾기 위해서 필요한 자료들을 결정한다.

기본적인 육하원칙에 따라 **누가**, **무엇을**, **언제**, 그리고 **어디서**라는 질문으로 시작하라. 그러나 **어떻게**와 **왜**라는 질문에 초점을 두라. 최고의 비판적 사고를 위해서는 주제의 역사, 구성(composition)과 범주(categories)에 관해 체계적으로 질문하라. 그런 후에 생각할 수 있는 다른 질문들이나 자료에서 발견하는 질문들을 하라. 모든 질문들을 기록하고, 하나나 두 개의 질문들이 주의를 끌더라도 계속 답을 추구하라. 앞에 언급한 가면의 예를 들어 보자.

3.3.1 주제의 역사에 관해 질문하라

- 주제가 어떻게 더 큰 체계의 일부로서 들어맞는가? 왜 이 주제가 등장했는가?

  가면이 생기기 이전에는 무엇이 있었는가? 가면은 어떻게 발명되었는가? 왜? 가면 이후에는 무엇이 생겨날까?

- 그 자체의 내부적 역사(internal history)는 무엇인가? 주제 자체가 어떻게, 왜 변해왔는가?

  미국 원주민들의 가면은 어떻게 변해왔는가? 왜? 할로윈 가면들은 어떻게 변해왔는가? 가면의 역할은 사회에서 어떻게 변했는가? 카치나 가면이 많이 팔리는 것은 전통적 디자인에 어떤 영향을 주었는가? 가면들이 왜 할로윈을 성탄절 다음으로 가장 큰 미국 휴일로 만드는데 도움이 되었는가?

3.3.2 구조(structure)와 구성(composition)에 관해 질문하라

- 주제가 어떻게 큰 구조나 기능의 일부로서 들어맞는가?

  가면들이 다른 사회와 문화의 가치들을 반영하는가? 호피족의 춤에서 가면은 어떤 역할을 하는가? 가면 파티에서는? 가면은 변장말고 어떻게 이용되는가?

- 주제의 부분들은 하나의 체계로서 어떻게 이루어지는가?

  호피족 의식에서 가면의 어떤 역할들이 가장 중요한가? 왜 어떤 가면들은 눈 부분만 가리는가? 얼굴 아랫부분만 가리는 가면들은 왜 거의 없는가? 가면의 색깔은 기능적으로 어떤 역할을 하는가?

3.3.3 주제가 어떻게 분류되는지 질문하라

- 주제는 종류별로 어떻게 분류되는가?

  가면의 종류에는 무엇이 있는가? 할로윈 가면들에는? 아프리카 가면들은? 모양에 따라 어떻게 분류되는가? 용도는? 지리나 사회에 따라 분류되는가? 가면의 다른 속성들은 무엇인가?

- 주제가 다른 것들과 어떻게 비교, 대조되는가?

  미국 원주민들의 의식에 사용되는 가면들은 일본의 것과 어떻게 다른가? 할로윈 가면은 마디그라스 축제의 가면과 어떻게 비교되는가?

3.3.4 긍정적 질문을 부정적 질문으로 바꾸라

- 가면들이 대통령의 날이나 현충일 같은 공휴일에는 사용되지 않는가? 미국 원주민들의 가면과 아프리카의 가면은 어떤 점에서 유사한가? 종교적 의식에서 가면의 어떤 부분들이 중요하지 않게 여겨지는가?

3.3.5 만일 이렇다면? 이나 다른 추측하는 질문을 하라

- 주제가 전혀 존재하지 않았거나, 사라졌거나, 새로운 상황에 처했다면 어떻게 달라질까?

  만일 안전을 위한 경우를 제외하고는 아무도 마스크를 쓰지 않았다면? 모든 사람들이 공공연하게 가면을 쓴다면? 왜 아프리카 종교에서는 가면이 흔한데, 서방 종교에서는 그렇지 않은가? 사냥꾼들은 왜 가면으로 위장하지 않을까?

3.3.6 자료들이 제안하는 질문을 하라

주제에 관해 독서를 하지 않으면 이것을 할 수 없다(동의를 바탕으로 한 질문들을 하라).

- 만약 자료에서 당신이 생각하기에 설득력 있는 주장을 하면 범위를 넓힐 만한 주장을 하라.

  엘리아가 말하기를 18세기 런던에서 사회적 이동에 대한 불안으로 가면무도회가 유행했다고 한다. 똑같은 불안이 베니스에서도 비슷한 일을 초래했을까?

- 새 증거를 가지고 같은 주장을 지지할 만한 질문을 하라.

  엘리아는 출판된 자료를 가지고 가면무도회에 대한 주장을 지지한다. 편지와 일기로도 지지할 수 있을까?

- 자료들이 유사한 주제에 관해 물은 질문과 비슷한 질문을 하라.

  스미스가 경제적 관점에서 의상을 분석한다. 가면에 대한 경제적 분석은 어떻게 될까?

- 불일치를 나타내는 질문들을 하라(자료들끼리 불일치하는 점을 어떻게 이용할 것인가는 6.4에서 더 자세히 논하겠다).

  카니발 가면들은 독특하게도 착용자들이 사회 규범을 피해 가는 것을 허락한다고 마티네즈는 주장한다. 그러나 가면들이 사회적, 혹은 정신적 삶의 대안적인 형태를 창조하지만, 그 이상 더 큰 의미가 있는 것일까?

당신이 경험이 많은 연구자라면 다른 연구자들이 질문하면서도 답하지 않는 질문들을 찾아보라. 많은 학술지 논문들이 한 두 문단의 열린 질문이나 앞으로의 연구 등에 대한 제안으로 끝을 마무리한다(예를 위해서는 4.3.2를 보라). 물론 그들이 제안하는 모든 연구를 다 할 수는 없지만 그 중 한 부분을 할 수는 있을 것이다. 또 주제에 대한 토론을 인터넷으로 찾아서 흥미로운 질문들을 기록하라.

3.3.7 질문들을 평가하라

당신이 생각할 수 있는 질문들을 모두 질문한 후에는, 그것들을 평가하라. 왜냐하면 모든 질문이 다 똑같이 좋은 것은 아니기 때문이다. 당신으로 하여금 (독자도 그렇다면 이상적이고) 주제에 대해 새로운 각도로 생각하게 만드는 그런 질문들을 찾아보라. 그리고 다음과 같은 질문들을 피하라.

- 답이 이미 결정된 사실이라 읽어보기만 하면 된다. **이누이족은 결혼식에서 가면을 사용하는가?** 어떻게와 왜라는 질문은 누가, 무엇을, 언제, 어디서라는 질문보다 더 깊은 사고를 유발하며 더 깊은 사고는 더 흥미로운 답을 유출해낸다.
- 답이 단지 추측일 뿐이다. **성도들이 모두 가면을 쓴다면 교회 의식은 더 나아질까?** 질문을 해결할 데이터를 찾을 수가 없다고 생각한다면, 그것은 해결할 수 있는 질문이 아니다.
- 답이 발전 가능성이 없다(dead ends). **알라모전투가 일어나기 전날 밤 몇 마리의 검정고양이들이 알라모에서 잤는가?** 이 질문에 대한 답을 안다고 해서 어떤 중대한 이슈에 대해 이해하고 생각하는 데 도움이 되지는 않는다. 즉 이러한 질문은 물어볼 가치가 없는 질문이다.

그러나 틀릴 수도 있다. 사소하고 어리석어 보이는 질문이라도 기대 이상으로 중요한 답을 갖고 있다. 한 연구자는 커피를 흘린 자국이 왜 원 모양으로 말라붙는지 궁금해 하였는데, 이후 그 분야의 다른 사람들과 페인트 제조업자들이 가치 있다고 생각한 액체의 속성에 관해 발견하게 되었다. 그렇다면 알라모의 고양이들에 관한 질문이 당신을 어디로 이끌지 누가 알겠는가? 가보지 않고는 알 수가 없다.

일단 몇 개의 유망한 질문들이 있다면 그것들을 더 큰 질문과 조합해 보라. 예를 들어, 알라모 설화에 관한 많은 질문들이 이야기꾼들의 관심과, 그들이 이야기에 미치는 영향에 대해 묻는 것이다. 정치가들은 이 이야기를 어떻게 이용했는가? 이야기꾼들의 동기는 어떻게 변했는가? 이야기는 누구의 목적에 부합하는가? 이 질문들은 하나의 중요한 질문으로 조합될 수 있다.

> 알라모 설화를 이용한 사람들은 어떻게, 왜 이 사건에 신화적 특성을 부여했는가?

이와 같은 질문은 당신의 연구에 방향성을 제시한다(그리고 끝없는 정보를 수집하는 것을 피하는데 도움을 준다). 그리고 당신의 질문이 중요한지를 판단하는 독자들을 생각하기 시작하는 것이다.

3.4 가장 중요한 질문: 그래서 어쨌다는 것인가?

당신이 경험이 많은 연구자라도, 연구가 상당히 진척이 될 때까지는 다음 단계로 나아갈 수 없을지도 모른다. 그리고 초보 연구자라면 이 단계에서 좌절할 수도 있다. 그렇다 해도 일단 관심을 끄는 질문이 있다면 훨씬 어려운 질문을 해야 한다. **그래서 어쨌다는 것인가?** 당신 자신이 답에 관심이 있다 해도, 다른 사람들은 왜 그 질문에 답할 가치가 있다고 생각할까? 초기에는 **그래서 어쨌다는 것인가?**라는 질문에 답할 수가 없을 것이다. 그러나 그 문제에 대해 생각해 보기 시작해야 한다. 왜냐하면 그 질문이야말로 당신 자신만의 관심사를 넘어서 당신의 연구가 다른 사람들에게 어떤 영향을 줄 것인지를 생각하도록 만들기 때문이다.

이렇게 생각해 보라. 당신의 질문에 답하지 않는다면 잃을 것이 무엇인가? 그 문제에 답하지 않는다고 우리가 무언가를 지금보다 더 잘 이해하지 못하게 될까? 우선 당신 자신에게 **그래서 어쨌다는 것인가?**라는 질문을 시작해보라.

> 나비가 겨울에 어디로 갈지를 어떻게 알며, 15세기 음악가들이 악기를 어떻게 조율했는지, 왜 알라모 설화가 신화가 되었는지를 내가 모르거나 이해하지 못한다면 어쨌다는 것인가? 내가 질문에 답할 수 없다면 어쨌다는 것인가? 우리가 잃는 것이 무엇인가?

당신은 **아무 것도 없다. 단지 알고 싶을 뿐이다.**라고 대답할지 모른다. 이 대답은 시작으로는 좋지만 이렇게 끝내서는 안 된다. 왜냐하면 결국은 독자들도 물을 것이며 **그저 궁금해서**라는 대답 이상의 것을 원할 것이다. **그래서 어쨌다는 것인가?**라는 질문에 답하는 것은 모든 연구자들, 초보나 경험이 많은 연구자들에게도 똑같이 힘겨운 일인데, 그 까닭은 그 질문이 연구자 자신뿐만 아니라 다른 사람들에게 갖는 의미도 따져 보는 과정이기 때문에 그렇다. 이 물음은 당신이 연구를 하는 내내 생각해보아야 할 질문이다. 다음 세 단계로 접근해 볼 수 있다.

3.4.1 제1단계: 주제를 명명하라

연구의 초기단계, 즉 주제가 선정되고, 이제 겨우 한 두 개의 질문이 준비된 상태에서는 다음과 같은 문장을 만들어 본다.

- 나는 (   )을(에 대하여) 알아보고 싶다(연구한다/관심을 가지고 있다).

괄호 속에 주제를 집어넣는데, 동사에서 파생된 몇 개의 명사를 사용하여 넣는다.

- 나는 북아메리카에 사는 커다란 포유동물들이 사라진 원인들을 연구하고 있다.
- 나는 링컨 대통령의 예정설에 관한 신념들과 그것들이 그의 합리성에 미친 영향을 연구하고 있다.

3.4.2 제2단계 : 간접적 질문을 추가하라

당신이 주제에 관하여 알거나 이해하지 못한 것을 나타내는 간접적 질문을 추가하라.

1. 나는 (   )에 대하여 연구하고 있는데,
   2. 왜냐하면 누가/무엇을/언제/어디서/왜/어떻게 (   )하였는지 알고 싶기 때문이다.

1. 나는 북아메리카에 사는 커다란 포유동물들이 사라진 원인들을 연구하고 있다.

2. 왜냐하면 그것들이 사냥으로 멸종되었는지 알고 싶기 때문이다.

1. 나는 링컨 대통령의 예정설에 관한 신념들과 그것들이 그의 합리성에 미친 영향을 연구하고 있다.

   2. 왜냐하면 그의 운명에 대한 신념이 어떻게 남북전쟁의 원인에 대한 이해에 영향을 미쳤는지 알고 싶기 때문이다.

당신이 왜냐하면 어떻게/왜/인지 아닌지 알고 싶기 때문이다라는 절을 첨가할 때, 당신이 왜 당신의 주제를 연구하는지 이유를 제시하는 셈이다. 즉 당신에게 중요한 질문에 답하기 위해서이다.

당신이 새로운 연구자로서 이 시점까지 무사히 도착했다면 자축할 만한 일이다. 왜냐하면 아무 목표도 없이 데이터만 나열하는 식의 연구는 아니기 때문이다. 그러나 지금은 한 단계를 더 나아가야 한다. 그 단계는 경험 많은 연구자라면 반드시 거쳐야 할 단계라는 것을 알고 있다. 왜냐하면 그들의 연구가 그들 자신에게 얼마나 중요한가가 아니고, 그 분야에 있는 다른 사람들에게 얼마나 중요한가에 따라서 평가될 것을 알기 때문이다. 따라서 그들은 그래서 어쨌다는 것인가?라는 질문에 답을 해야만 한다.

3.4.3 제3단계: 그래서 어쨌다는 것인가?라는 질문에 답하라

이 단계는 당신의 질문이 당신뿐만 아니라 다른 사람들에게도 흥미로운 과제라는 것을 말해준다. 그렇게 하려면 왜 당신이 첫 번째 질문을 했는가를 설명하는 두 번째 간접적 질문을 추가하라.

이를 독자가 어떻게/왜/인지 아닌지를 이해하도록 돕기 위해서라고 소개하라.

1. 나는 북아메리카에 사는 커다란 포유동물들이 사라진 원인들을 연구하고 있다.
    2. 왜냐하면 그것들이 사냥으로 멸종되었는지 알고 싶기 때문이다.
        3. 독자가 원주민들이 자연과 조화를 이루며 살았는지 아니면 파괴했는지를 이해하도록 돕기 위해서이다.

1. 나는 링컨 대통령의 예정설에 관한 신념들과 그것들이 그의 합리성에 미친 영향을 연구하고 있다.
    2. 왜냐하면 그의 운명에 대한 신념이 어떻게 남북전쟁의 원인에 대한 이해에 영향을 미쳤는지 알고 싶기 때문이다.
        3. 독자가 그의 종교적 신념들이 전쟁에 대한 결정에 어떻게 영향을 주었는지 이해하도록 돕기 위해서이다.

당신은 3단계에 있는 간접적 질문이 독자의 흥미를 끌 것으로 기대한다. 만약 그 질문이 당신의 분야에서 중요한 주제에 관해 다룬다면, 간접적으로라도 독자들은 답을 알고 싶어 한다.

어떤 경험 많은 연구자들은 자기의 분야에서 다른 사람들이 벌써 중요시하는 질문들을 연구한다. 거대한 나무늘보와 털 많은 맘모스는 왜 북아메리카에서 사라졌을까? 혹은 모험을 즐기는 것은 유전적으로 정해지는 것일까? 그러나 많은 연구자들이 첫 번째 초안을 끝낼 때까지 3단계에서 마지막 단계를 충실히 할 수 없다는 것을 발견한다. 따라서 당신은 이 세 번째 질문—왜 이것이 중요한가?에 대한 답이 없이 연구를 시작하는 실수를 하지 않기 바란다. 그러나 불행히도 많은 연구자들은 이러한 각 단계를 충분히 생각해 보지 않은 상태에서 연구를 마무리한다. 당신이 고급 수준의 연구를 한다면 반드시 이 단계를 거쳐야 한다. 왜냐하면 이 마지막 질문에 답할 때 드디어 연구 공동체의 대화 속으로 들어갈 자격을 얻는 것이다.

규칙적으로 연구가 진행되는 가운데, 이 기준을 자주 적용해보기를 권하고 싶다. 룸메이트, 친척 혹은 친구들에게 부탁하여 점검 받으면서 이 3단계에 맞추도록 노력한다면 더욱 좋을 것이다. 이 모든 단계를 아주 자신 있게 할 수 없더라도, 이 기준을 상기하면 연구가 현재 어디까지 와 있고 앞으로 해야 할 일이 무엇인지를 알 수 있다.

요약하면 당신의 목표는 다음을 설명하는 것이다.

1) **당신이 쓰고 있는 것은**
   나는 ____을 연구하고 있다.
2) **당신이 모르는 것은**
   왜냐하면 ____를 알고 싶기 때문이다.
3) **당신이 독자가 그것을 알고 신경 쓰기를 원하는 이유는**
   독자가 더 잘 이해하도록 돕기 위해서이다.

다음 장에서는 이 3단계와 그들이 의미하는 질문들을 다시 이야기하려고 한다. 왜냐하면 그것들은 질문을 찾아내는 데도 매우 중요하지만, 독자가 소중하게 여기는 연구질문을 제기하는데도 중요하기 때문이다.

요령

연구주제 찾기

당신이 초보자라면, 인터넷으로 탐색하기와 문헌 찾기에 관한 제안으로 시작하라(3.1을 보라). 그래도 확실하지 않으면 다음 단계들을 시도해보라.

일반적인 연구주제를 찾을 때

1. 당신이 특별히 관심을 가지고 있는 분야는 무엇인가—항해, 장기, 조류, 오래된 코미디 책들인가? 덜 평범할수록, 더 낫다. 그것에 관해 당신이 알지 못하는 것들, 예를 들어 그것의 기원, 기술, 다른 문화에서는 어떻게 실행되고 있는지 등을 조사해보라.
2. 어디로 여행하고 싶은가? 인터넷에서 당신의 목적지에 관해 조사해보라. 어떤 점이 특별히 놀라우며, 더 알고 싶은 것은 무엇인가?
3. 박물관을 둘러보면서 당신을 사로잡는 예술, 공룡, 낡은 차 전시회를 다녀보라. 직접 돌아다닐 수 없다면 인터넷의 "실제 박물관"에서 둘러보라. 무엇인가 당신의 관심을 끈다면 멈추라. 관람한 것 중에서 더 자세히 알고 싶은 것이 있는가?
4. 커다란 쇼핑몰이나 가게를 돌아다니며 저것은 어떻게 만들었을까? 혹은 누가 저것을 생각해냈을까? 식의 질문을 자신에게 던져보라.
5. 일간 신문의 일요판 특별 기획물들을 뒤져 가면서 읽어보라. 신문이나 인터넷으로 책이나 영화에 대한 평을 읽어보라.

6. 잡지를 많이 전시해 놓은 곳을 둘러보라. 무역 잡지나 특별한 관심사를 다루는 잡지들을 찾아보라. 그리고 당신의 흥미를 끄는 것들을 조사해보라.
7. 인터넷 뉴스를 읽고 흥미를 끄는 목록을 읽어보라. 놀라운 것이나 당신이 동의하지 않는 기사를 읽어보라.
8. 텔레비전이나 라디오의 대담 프로그램을 시청하여, 당신이 동의하지 않는 주장을 들어보라. 당신이 그 주장을 반박할 수 있는지 알아보라.
9. 당신의 주제와 관련된 웹 사이트들을 찾기 위해 인터넷 탐색 엔진을 이용하라. 여기에는 개인과 기관들이 운영하는 블로그들이 많다. 수백 개의 히트된 것들을 볼 수 있는데, 오직 당신을 깜짝 놀라게 하는 것들만을 보아라.
10. 너무 단순하거나 틀리다고 생각되는 일반 주장들이 있는가? 의미 없고 짜증나는 주장들이 있다면 그것들을 뒤엎는 연구를 하라.
11. 당신은 미래에 어떤 과목들을 들을 것인가? 어떤 연구가 그것들을 준비하는데 도움이 될까?

특정 학문분야에서 연구주제를 찾을 때

당신의 분야에서 경험이 있다면, 3.1.2~3.1.3을 복습하라.

1. 당신이 수강하는 학년보다 한 단계 높은 과목에서 쓰이고 있는 교재를 하나 택하거나 혹은 앞으로 수강하려는 과목의 교재를 택하여, 그곳에서 주제를 찾는다. 특히 교재에 나와 있는 연습문제에 주목한다.

2. 당신의 전공분야에서 고급 수업에 대한 공개강좌에 참가하라. 그리고 연사의 주장에 동의하지 않는 것이나, 이해를 못하였거나, 더 자세히 알고 싶은 것이 있으면 그것을 주제로 삼는다.
3. 담당 교수에게 찾아가서 당신의 분야에서 가장 쟁점이 되는 논제를 물으라.
4. 당신의 분야에서 인터넷 토론 목록을 찾아보라. 그리고 논쟁거리이거나 불확실한 문제들을 찾아보라.
5. 주요 대학교의 학과 웹 사이트와 학과목 사이트를 찾아보라. 또 관련이 있어 보인다면, 박물관이나 국가의 협회들과 정부기관들의 사이트들도 확인하라.

제4장

연구질문에서 연구문제 도출하기

자신과 독자의 역할 창조

이 장에서는 지금까지 거론된 연구질문을 독자들이 해결할 만한 가치가 있다고 생각할 만한 연구문제로 어떻게 전환할 것인가에 대해 설명한다. 당신이 경험이 많은 연구자라면 이 단계가 얼마나 중요한지 알 것이다. 그러나 연구를 처음 해보는 사람에게는 그 중요성에 대해 확신시키고 싶다. 왜냐하면 여기서 배우는 것은 미래의 모든 연구 작업에서 필수적이기 때문이다.

지난 장에서는, 연구질문의 중요성을 3단계 공식을 적용하여 알 수 있다는 것을 제안하였다.

1. **주제** : 나는 _____을 연구하고 있다.
2. **질문** : 왜냐하면 나는 무엇을/왜/어떻게 _____ 알고 싶기 때문이다.
3. **중요성** : 독자가 _____을 이해하는 것을 돕기 위해서이다.

이 3단계는 당신의 연구과제가 순조롭게 진행되고 있다는 것뿐만 아니라 연구자로서 당신의 성숙함을 표현한다.

- 제 1단계에서 제 2단계로 넘어가면 당신은 단순히 자료를 수집하는 사람이 아니라 무엇인가를 더 잘 이해하는 데에 관심이 있는 연구자가 되는 것이다.
- 그리고 2단계에서 3단계로 올라가면 왜 그것을 이해하는 것이 중요한가에 초점을 맞추게 된다.

그 중요성이 처음에는 오직 당신만을 위한 것처럼 보이겠지만, 독자의 관점에서 그 중요성을 언급하게 되면 당신은 연구자 공동체에 속하게 되는 것이다. 그렇게 할 때 당신은 독자들과 강한 결속력을 형성하게 된다. 왜냐하면 독자들이 당신의 보고서에 관심을 보이는 대가로서 당신도 그들에게 중요한 무엇인가를 더 깊게 이해할 수 있음을 약속하기 때문이다. 그 시점에서, 독자들도 해결이 필요하다고 깨닫는 문제를 당신이 제시한 것이다.

4.1 연구 문제를 이해하기

모든 단계에 있는 많은 연구자들이 마치 그들의 과제가 그들에게만 흥미로운 질문에 답하는 것처럼 보고서를 쓴다. 이것은 잘못된 것이다. 당신의 연구를 중요하게 만들기 위해서는, 연구공동체에 속한 다른 사람들, 즉 당신의 독자들도 해결이 필요하다고 생각하는 문제를 제시해야 한다. 왜 그런지를 이해하려면, 연구문제가 어떻게 생겼는지를 이해해야 한다. 그러기 위해서는 두 종류의 연구문제를 이해해야 하는데, 우리는 실용문제와 이론적 문제라고 부르겠다.

4.1.1 실용문제: 무엇을 해야만 하는가?

대부분의 일상적 연구과제는 뜻밖의 주제로부터 시작되는 것이 아니라 어떤 골치 아픈 실제적인 문제에 부딪쳐 그 해결책을 찾는 것에서 출발한다. 해결책이 분명하지 않을 때 문제를 해결하고자 연구에 착수하는 것이다. 이때 답을 찾기 위해서는 실제적인 문제에 대해서 당신이 모르는 것, 또는 이해할 수 없는 것이 무엇인가를 명확하게 정의할 수 있어야 한다. 즉 연구 문제의 제기가 있어야 한다.

흔히 볼 수 있는 예로 다음과 같은 과제가 있다.

- **실용 문제**: 내 자전거의 사슬이 부서졌다.
- **연구 문제**: 사슬을 갈 자전거점을 찾을 수 있을까?
- **연구적 해결**: 여기 있군. 이스트 55가 1401번지 Cycle Source.
- **실용적 해결**: 자전거를 고치려면 걸어가시오.

이런 단순한 문제들은 본질적으로 더 복잡한 문제들과 다르지 않다.

- 전국 소총협회가 나에게 총기단속법을 반대하라고 압력을 넣고 있다. 그것을 거부하면 얼마나 많은 표를 잃게 될까? 여론조사를 하라. 내 선거구의 대부분의 유권자들은 총기단속법을 지지하는 것으로 나타났다. 나는 이제 협회의 요구를 거부할 수 있다.
- 오마하 공장의 생산비용이 증가하였다. 무엇 때문에 그런 변화가 생겼는가? 샐리를 보내서 알아보라. 현재 이직률이 높은 것으로 나타났다. 고용인 교육과 사기 진작을 위한 조치를 취하면 노무자들이 남아 있을 것이다.

일반적 용어로 말하면, **실용적** 문제는 우리를 괴롭게 하는 세상의 어떤 상황 때문에 일어난다(스팸 매일부터 오마하에서 돈을 잃는 것과 폭력 주의까지). 또 그 문제는 우리에게 시간, 돈, 존경, 안전, 기회와 우리의 삶까지도 지불하게 한다. 우리가 실용적 문제를 해결하는 방법은 이러한 가시적 비용들을 초래하는 조건을 제거하거나, 혹은 완화시키려고 무엇인가를 함으로써(혹은 타인들로 하여금 무엇인가를 하도록 격려함으로써) 해결한다.

그러나 할 일을 알기 위해서는, 누군가가 먼저 무엇인가를 더 잘 이해해야 한다. 예를 들어, 전국소총협회로부터 압력을 받고 있는 정치인은 그의 입장을 결정하려면 그의 선거구 유권자들이 총기단속에 대해 어떻게 느끼는지 알 필요가 있다. 또 오마하 공장의 매니저들은 증가하는 비용의 원인을 알아야 그 문제를 제기할 수가 있다.

4.1.2 개념적 문제들: 무엇을 생각해야 하는가?

지식과 이해에 대한 욕구는 개념적 문제를 일으킨다. 연구에서 **개념적** 문제는 우리가 세상의 어떤 것에 대해 원하는 만큼 이해하지 못할 때 발생한다. 우리가 개념적 문제를 해결하는 방법은 세상을 바꾸기 위해 무엇인가를 하는 것이 아니라 세상을 더 잘 이해하도록 돕는 질문에 답하는 것이다.

우리는 보통은 연구를 통하여 이러한 질문들에 답을 한다. 그래서 개념적 문제들이 또 연구 문제라고도 불리어지는 이유이다. **개념적**이라는 단어는 문제의 상황과 비용 혹은 결과를 묘사하며, 연구라는 단어는 문제를 해결하는 방법을 의미한다. 도형으로 표현하면 실용 문제와 개념적 혹은 연구 문제의 관계는 다음과 같다.

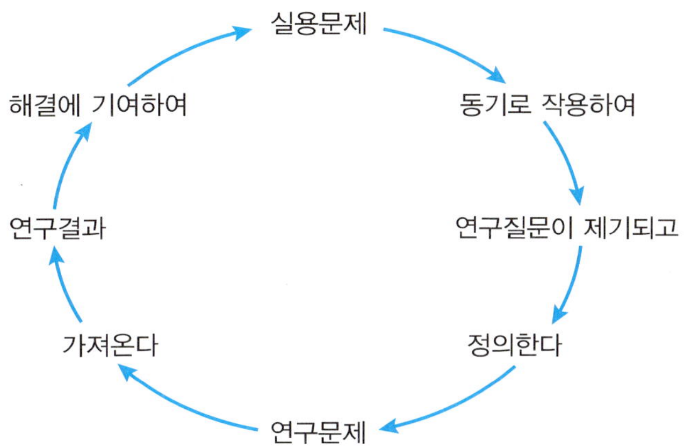

문제라는 용어는 이처럼 연구의 세계에서는 특별한 의미를 가지고 있어서 때때로 초보자들을 혼란시킨다. 일상생활에서 문제는 우리가 피하려고 하는 어떤 것이다. 그러나 학문적 연구에서 문제는 우리가 추구하는 것이며 필요하다면 발명해야 하는 것이다. 실제로, 좋은 개념적 문제를 가지고 있지 않은 연구자는 나쁜 실용적 문제를 직면하게 된다. 연구문제가 없는 연구자는 할 일이 없다.

경험 없는 연구자는 가끔 이 연구문제라는 개념에 어려움을 느낀다. 왜냐하면 경험 많은 연구자들이 함축적으로 그들의 작업에 대해 자주 이야기하기 때문이다. 그들이 무슨 연구를 하고 있는지 물어보면 그들의 대답은 우리가 조심하라고 경고한 일반적 주제의 하나처럼 들린다. 성인의 홍역, 와이오밍 사슴의 짝짓기 울음, 1930년대의 제플린 기구들이 그것이다. 이 때문에 초보 연구자들은 주제(topic)를 선정하여 그에 대하여 문헌을 찾아 읽는 것과 연구문제를 받아 그것을 해결하는 것이 같다고 생각한다.

그렇게 생각할 때 그들에게는 커다란 실제적 문제가 생긴다. 왜냐하면 대답해야 할 연구질문이 없고 오직 연구할 주제만 있다면 그들은 목적도 없고 끝도 없이 자료만 수집하게 된다. 대답할 구체적 질문이 없다면, 언제 충분한 자료를 수집했는지 알 길이 없다. 그리고 보고서를 쓸 때는, 수집된 자료 중에서 어떤 것을 포함시킬지 고심하다가 보통은 안전하려고 모든 자료를 포함시킨다. 그래서 독자가 요지가 분명하지 않다, 자료만 잔뜩 쏟아 놓았다라고 말할 때는 좌절하는 것이다.

그러한 비판을 피하려면, 문제를 해결하는데 적합한 자료에만 초점을 맞추도록 돕는 연구문제가 필요하다. 연구문제를 찾아내는 데는 시간이 걸릴 것이다. 그러나 시작부터 문제에 대해 생각해야 한다. 그러기 위해서는 개념적 문제가 어떻게 중요한지부터 이해해야 한다.

4.2 문제의 일반적 구조를 이해하기

실용적 문제와 개념적 문제는 똑같이 두 부분으로 이루어진 구조를 갖고 있다.

- 상황이나 여건과
- 여건에 의해 초래되는 바람직하지 않은 결과들, 당신이(혹은 독자들도) 지불하고 싶지 않은 비용이나 대가들

결국 이 둘을 구분하는 것은 여건과 비용의 특성에서 나타나는 차이이다.

4.2.1 실용문제의 특성

타이어 펑크는 실용문제이다. 그 이유는 (1) 이것은 실제의 현실세계

에서 객관적으로 나타나는 상황을 말하는 것이며, (2) 원하지 않는 가시적 비용이나 대가(cost), 예컨대 저녁 데이트를 놓치는 것과 같은 것을 강요하기 때문이다. 그러나 만일 저녁 약속이 내키지 않는 사람과 만나는 것이고 다른 곳에 있기를 희망한다고 가정해보자. 이 경우 타이어 펑크가 주는 이익이 대가보다 더 크기 때문에 타이어 펑크는 문제가 아니고, 오히려 싫은 사람과 저녁을 보낸다는 더 큰 문제의 해결이 되었다. 즉 적은 대가와 큰 이익을 얻었으므로 문제가 되지 않는다.

반대로 경찰이 함정 수사를 꾸며서 범인들이 복권에 당첨되었다고 말함으로써 범인들이 숨어있는 곳에서 나오도록 유인한다고 상상해 보자. 보통은 복권에 당첨되는 것이 문제가 되지 않지만, 이 경우에는 가시적 비용인 체포를 뜻하기 때문에 문제가 된다.

실용 문제는 두 부분을 내포한다. 하나는 여건으로 이것은 참기 어려운 비용이나 대가를 강요하는 어떤 상황이며, 두 번째는 바로 비용이다. 그래서 다른 사람들에게 실용문제를 분명하게 이해시키려면 문제의 두 부분인 여건과 대가를 기술해야 한다.

(1) 여건: 나는 버스를 놓쳤다.
　　오존층이 얇아지고 있다.
(2) 대가들로 당신(혹은 독자)이 싫어하는 여건들:
　　직장에 늦어서 해고된다.
　　많은 사람들이 피부암으로 죽을 것이다.

그러나 주의할 점이 있다. 당신이 보고서를 쓸 때, 당신 문제의 중요성과 심각성은 당신이 지불하는 대가가 아니라, 당신이 문제를 해결하지 않았을 때 독자들이 지불하는 대가에 따라서 독자들이 중요성을 판단하는 것이다. 그래서 당신이 생각할 때는 문제이지만, 독자들은 아니라고 생각할 수도 있다. 그래서 당신의 문제를 그들의 문제로 만들려면 그들의 입장에서 재구성해야 한다. 그래서 그들이 자기들에게 미치는 대가를 보아야 한다. 그렇게 하려면 당신이 문제의 여건 부분을 제시할 때, 독자가, **그래서 어쨌다는 거야?**라고 반응하는 모습을 상상해보라.

- 오존층이 얇아지고 있다.
  그래서 어쨌다는 거야?

그래서 당신의 문제의 대가를 제시한다.

- 오존층이 얇을수록 우리는 더 많은 자외선에 노출된다.

그래서 어쨌다는 거야?라고 다시 묻는다면, 더 많은 자외선이 초래하는 대가에 대해서 답한다.

- 지나친 자외선은 피부암을 초래할 수 있다.

만일 그가 **그래서 어쨌다는 거야?**를 다시 묻는다면 그에게 문제가 있다는 것을 설득하지 못한 것이다. 우리가 문제를 인정할 시기는 독자가 **그래서 어쨌다는 거야?**라고 묻는 대신에, **그것에 대해 무엇을 하지?**라고 질문할 때이다.

암과 같은 실용문제는 이해하기가 쉽다. 왜냐하면 사람들이 암에 걸리고 나서 **그래서 어쨌다는 거야?**라고 질문하지는 않기 때문이다. 그러나 학문적 연구에서는 당신의 문제들은 보통은 개념적인 문제일 것이며, 개념적 문제들은 여건과 대가 모두를 확실하게 느낄 수 있는 것이 아니고 추상적이기 때문에 파악하기가 더 어렵다.

4.2.2 이론적 문제의 특성

실용적 문제와 개념적 문제는 똑같이 두 부분으로 이루어진 구조를 갖고 있지만 다른 종류의 여건과 대가를 갖는다.

- 실용문제의 여건은 당신이나 독자들에게 가시적 대가를 끼치는 어떤 상태일 수 있다.
- 개념적 문제의 여건은 그러나 항상 무엇인가를 알지 못하거나 이해하지 못하는 것이다.

개념적 문제의 여건은 3단계 문장을 완성할 때 알 수 있다(3.4를 보라). 첫 번째 단계는 나는 ____라는 주제에 대해 연구하고 있다 이다. 두 번째 단계에서는 간접적 질문으로 개념적 문제의 여건을 진술한다. 여기서 개념적 문제는 당신이 알거나 이해하지 못하는 것이다.

> 나는 알라모 설화들을 연구하고 있는데, 이유는 왜 유권자들이 텍사스 정치가들에게 이익이 되는 방식으로 알라모 설화들에 반응하는지 이해하기 위해서다.

우리가 질문의 중요성과 가치를 강조하는 이유는, 그 질문들이 당신이 알고 싶어 하지만 모르거나 이해하지 못하는 것을 진술하도록 강요하기 때문이다.

또 실용과 이론적 문제 둘 다 두 가지 다른 종류의 대가를 수반한다.

- 실용문제의 대가는 항상 우리가 싫어하는 것이나 상황이다.

개념적 문제는 그렇게 가시적인 대가는 없다. 실제로 우리는 개념적 문제의 대가(cost)를 **결과**(consequence)라고 불러서 이 차이점을 강조할 것이다.

- 개념적 문제의 결과는 특별한 종류의 무지이다. 이것은 이해의 부족으로 우리가 더 중요한 무엇인가를 이해하지 못하게 만드는 것이다. 다른 말로 한다면, 우리가 한 질문에 답하지 못했기 때문에 더 중요한 다른 질문에 답할 수 없는 것이다.

연구자들은 단지 그들이 호기심이 있기 때문에 연구 과제를 자주 선택한다. 실제로, 호기심 때문에 우리 대부분이 우리가 연구하는 주제에 관심을 갖게 된다. 그러나 당신의 연구가 다른 사람들에게 중요하게 보이려면, 여기 내가 찾은 재미있는 것이 있어요라는 말보다 그 이상의 것을 말해야 한다. 당신은 그들에게 당신의 문제를 해결하는 것이 그들이 그들의 문제를 해결하는데 도움을 준다는 것을 보여 주어야만 한다. 그들에게 당신 문제의 결과를 설명함으로써 그렇게 하는 것이다.

당신은 문제의 결과를 우리 공식의 3단계에 있는 간접적 질문에서 표현한다.

> 나는 알라모 설화들을 연구하고 있는데, 이유는 왜 유권자들이 텍사스 정치가들에게 이익이 되는 방식으로 알라모 설화들에 반응하는지 이해하고 싶기 때문이며, 또 어떻게 지역적 자아상이 국가의 정치에 영향을 주는 가라는 더 크고 중요한 질문을 독자들이 이해하도록 돕기 위해서이다.

이 모든 것이 혼돈스럽게 들릴지도 모르지만 사실은 보기보다 단순하다. 개념적 질문의 여건과 결과는 서로에게 쌍방으로 관련이 있는 질문들이다.

- 첫 번째 질문(Q1)에 대한 답은 두 번째 질문(Q2)에 답하는데 도움을 준다.
- 두 번째 질문(Q2)에 대한 답은 첫 번째 질문(Q1)에 대한 답보다 더 중요하다.

다시 말하자면 연구문제의 첫째 부분은 당신이 알고는 싶지만 모르는 것이다. 그래서 지식이나 이해가 모자라는 부분을 직접 질문으로 표현한다. 지난 50년 동안 낭만적 영화가 어떻게 변했는가? 혹은 간접적 질문으로서 나는 지난 50년 동안 낭만적 영화가 어떻게 변했는지 알아내고 싶다와 같이 표현한다.

당신이 그 질문에 답하지 못한다고, 그래서 어쨌다는 거야?라는 질문을 한다고 상상해 보라. 당신은 당신이 첫 번째 질문에 답하지 않으면 알 수가 없는 더 중요한 무엇을 언급하면서 대답한다. 예를 들어,

> 지난 50년 동안 낭만적 영화가 어떻게 변했는가라는 질문에 대답할 수 없다면, **여건/첫째 질문**
> 우리의 문화가 낭만적 사랑을 묘사하는 것이 어떻게 변화했는가라는 더 중요한 질문에 답할 수 없다. **결과/더 크고, 중요한 둘째 질문**

당신이 두 번째 질문에 답하는 것이 중요하다고 생각한다면, 당신의 문제를 연구하면 어떤 중요한 결과가 일어날 지를 언급한 것이다. 그리고 독자들이 동의한다면, 당신은 연구를 시작할 준비가 된 것이다.

그런데 한 독자가 우리가 시대에 따라 낭만적 사랑을 다르게 묘사하는 것을 모른다고 해서 그래서 어쨌다는 거야?라고 물었다고 상상하자. 그렇다면 당신은 바라건대 독자들이 중요하다고 생각하는 더 큰 질문을 제시해야 한다.

우리가 낭만적 사랑에 대해 묘사하는 방식이 어떻게 변화했는가라는 질문에 답할 수 없다면, 둘째 질문, 우리는 훨씬 더 중요한 질문에 답할 수 없다: 즉 우리의 문화는 젊은 남녀가 결혼과 가족에 대해 갖는 기대들을 어떻게 형성시키는가? 결과/더 크고, 중요한 둘째 질문

그 독자가 다시 그래서 어쨌다는 거야?라고 묻는다면 당신은 그가 엉터리 청중이라고 생각할지 모른다. 그러나 당신이 다루어야 할 청중이 그런 사람들이라면 다시 도전해야 한다. 글쎄요. 우리가 그 질문에 답하지 않는다면, 우리는 ...을 할 수가 없어요.

학문분야에 속해 있지 않은 사람들은 전문가들이 어리석을 정도로 사소한 질문들을 한다고 자주 생각한다. 돌차기 놀이는 어떻게 생겼는가? 그러나 일반인들이 깨닫지 못하는 것은 연구자들이 더 중요한 두 번째 질문을 하기 위해서 그러한 질문에 답하기를 원한다는 점이다. 전통놀이가 아동의 사회적 발달에 영향을 준다는 것을 아는 사람들은 전통놀이를 몰라서 생기는 이론적 결과가 중요하기 때문에 이 연구를 할 가치가 충분하다고 생각한다. 우리가 아동들의 전통놀이가 어떻게 생겨났는지 알 수 있다면, 우리는 게임들이 아동들을 어떻게 사회화시키는지 더 잘 이해할 수 있으며, 우리가 그것을 안다면 ...를 더 잘 이해할 수 있다.

4.2.3 순수연구와 응용연구의 구별

우리가 순수연구라고 부르는 것은 어떤 문제를 해결했을 때, 그것이 세상에 있는 어떤 실용적 상황과는 관계없이 오직 연구자들의 이해와 지식을 증진시키는 작업을 말한다. 연구 문제 해결이 실용적 결과를 가져올 때는 응용연구라고 한다. 순수연구인지 응용연구인지를 구별하는 방

법은 앞에서 제시되었던 3단계를 적용시키는 것이다. 연구가 지식에 관련된 것인가 아니면 행동에 관한 것인가?

1. **주제**: 나는 우주의 한 구석에서 발생하는 빛과 기타 전자기 에너지가 갖는 밀도를 연구하고 있다.
2. **질문**: 그것은 하늘에 있는 별들의 숫자가 얼마인지 알아내고 싶기 때문이다.
3. **중요성**: 우주가 한없이 팽창할 것인가, 아니면 축소를 거듭하다가 내폭하여 새로운 빅뱅이 되는지를 독자가 **이해하도록** 돕기 위해서이다.

이것은 순수연구인데, 왜냐하면 3단계가 오직 이해만을 언급하기 때문이다.

응용연구에서는 두 번째 단계는 **지식**이나 **이해**를 언급하고, 세 번째 단계는 **행동**을 언급한다.

1. **주제**: 나는 대기권 외부의 궤도에서 얻은 허블 망원경 관측 자료와 지상에 있는 망원경에서 얻은 자료의 차이가 무엇인지를 연구하고 있다.
2. **질문**: 왜냐하면 빛이나 기타 전자파 방사선의 흐름이 지구 대기권을 통과하면서 어느 정도 굴절이 일어나는지 알고 싶기 때문이다.
3. **실용적 중요성**: 이것은 우주학자들이 지상에 있는 망원경에서 얻어지는 자료를 이용하여 전자 자기파의 밀도를 정확하게 **측정하기** 위한 것이다.

이 문제는 응용 연구를 요구하는데 왜냐하면 우주학자들이 대기의 굴절을 계산할 수 있을 때 그들이 원하는 대로 빛의 속도를 더 정확하게 측정할 수 있기 때문이다.

4.2.4 연구를 실용적 결과에 연결하기

경험이 적은 연구자들은 순수연구에 대해 불편하게 생각한다. 왜냐하면 개념적 문제의 결과가 무엇인지 알지 못하고 너무 추상적이기 때문이다. 그들이 아직 세상의 한 부분을 이해하는 것에 깊이 관여하는 집단에 속하지 않기 때문에 그들의 발견이 대수롭지 않다고 느끼는 것이다. 그래서 더 중요하게 보이려고, 실용적 대가를 개념적 질문으로 고치려고 한다.

1. **주제**: 나는 알라모 설화에 대한 19세기 해석들의 상호 차이점에 대하여 연구하고 있다.
2. **연구질문**: 왜냐하면 정치가들이 역사적 사건에 관한 이야기를 이용하여 어떻게 대중여론을 조작하는지 알고 싶기 때문이다.
3. **잠재적인 실용적 중요성**: 우리 자신을 비양심적인 정치가들로부터 지키기 위해서이다.

대부분의 독자들은 2단계와 3단계는 분량이 약간 다를 뿐이라고 생각할 것이다.

좋은 응용연구 과제를 효과적으로 설정하려면, 2단계의 질문에 대한 답이 3단계의 질문에 대한 답을 이끌어내는데 도움이 된다는 것을 보여주어야 한다. 이런 질문을 해 보라.

a. 독자가 [3단계의 목적을 이곳에 기술하라]을 얻기 원한다면

b. 독자는 [2단계의 연구질문을 이곳에 기술하라]에 대한 답을 얻는 것이 가장 현명하다고 생각할 것인가?

다음 천문학의 응용문제에 한 번 시험해보라.

a. 나의 독자들이 전자기방사선의 밀도를 더 정확하게 측정하기 위해 지상의 망원경에서 얻어지는 자료를 사용하기 원한다면,
b. 대기권을 통과하는 자기파가 얼마나 굴절되는지를 안다면 가능하다고 생각할 것인가?

대답은 그렇다로 보일 것이다. 그렇다면 알라모 문제에 위의 기준을 적용해보자.

a. 나의 독자들이 비양심적 정치가들로부터 자신을 보호하기 원한다면,
b. 19세기 정치가들이 알라모 사건을 이용하여 어떻게 여론을 조작하였는가를 독자들이 안다면 할 수 있다고 생각할 것인가?

대답은 아마 아니다일 것이다. 우리는 두 부분이 연결된 것을 볼 수 있지만 그것은 확장일 뿐이다.

개념적 문제에 대한 해결이 실용적 문제에도 적용될 거라고 생각한다면, 과제를 순수 연구로 설정한 후에 적용을 **4단계**로 추가하라.

1. **주제**: 나는 알라모 설화에 대한 19세기 해석들의 상호 차이점에 대하여 연구하고 있다.
2. **개념적 질문**: 왜냐하면 정치가들이 역사적 사건에 관한 이야기를 이용하여 어떻게 대중여론을 조작하는지 알고 싶기 때문이다.

3. **개념적 중요성**: 이것은 정치가들이 대중문화를 정치적 목적 달성에 어떻게 이용하는가를 독자들이 이해하도록 돕기 위해서이다.
4. **잠재적 실용적 적용**: 우리 자신을 비양심적인 정치가들로부터 지키기 위해서이다.

당신이 서론에 문제를 서술할 때는 개념적 결과를 중요시하는 순수한 개념적 연구문제로 설정하라. 그리고 실용적 적용을 제시하려면 결론부분까지 기다리라.

인문학에서 대부분의 연구과제와 자연과 사회과학의 많은 연구과제는 일반적으로 일상생활에 직접 적용되지는 않는다. 순수라는 용어가 제시하듯이 많은 연구자들은 응용보다는 순수연구를 더 높은 가치가 있다고 평가한다. 그들은 지식 그 자체를 추구하는 것을 인간의 가장 고귀한 소명으로 생각하며, 돈이나 권력과 같은 보상보다는 세상을 좀 더 많이 이해하고 마음이 풍성한 삶을 중시한다. 여러분도 짐작했겠지만, 우리들도 순수연구에 깊이 관여하고 있으며, 또 응용연구에도 관여한다. 만약 응용연구가 잘 실행된 것이고 또 나쁜 동기에 의해 오염되지 않은 것이라면 말이다. 가령, 생물학에서는 두 분야를 동시에 위협하는 것이 있다. 그것은 물질적 이득이 어떤 연구문제를 선택할 것인가를 결정할 뿐만 아니라, 연구자들이 해결에 도달하는 방법에도 영향을 준다. **무엇을 찾고 있는지 말해봐. 우리가 공급해 줄게!** 그러한 상황은 우리가 "연구의 윤리"에서 다루는 윤리적 질문들을 야기한다.

4.3 좋은 연구문제를 찾기

위대한 연구자와 다른 평범한 연구자를 구별 짓는 것은, 이제까지 생각해온 방식과 전혀 다른 새로운 시각에서 현상을 조망할 수 있는 창의력, 예지, 그리고 연구문제 설정능력을 갖고 있다는 점이다. 우리가 우연히 좋은 문제를 만나거나, 문제가 우리에게 다가왔을 때 그것을 알아차리기는 쉽다. 그러나 연구자들은 그들의 진정한 문제가 명백하지 않은데도 자주 연구를 시작한다. 가끔 그들은 수수께끼를 더 명백하게 정의만이라도 내리기를 바란다. 실제로 새로운 문제를 찾아내거나 오래된 문제를 명확하게 규정하는 사람들이, 이미 규정된 문제를 해결하는 연구자들보다는 그들의 분야에 더 큰 기여를 하는 것이다. 어떤 연구자들은 그들이 증명하려고 출발했던 그럴듯한 가설들을 반증했기 때문에 명성을 얻었다.

따라서 연구의 출발점에서 연구문제를 완벽하게 설정하지 못했더라도 그리 낙심할 필요가 없다. 그렇게 할 수 있는 사람은 거의 없다. 하지만 연구문제에 대해 일찍 생각하면, 그만큼 연구의 진행 중에 시간낭비(아마 공포심도)가 줄어들 것이며, 특히 종반에 가까울수록 더욱 효율적인 작업이 이루어진다. 다음은 연구과제를 시작하는 시점에서부터 줄곧 좋은 연구문제를 찾아내고 다듬는데 도움이 되는 방법들이다.

4.3.1 도움을 청하라

경험 많은 연구자들이 하는 것들을 따라 하라. 즉, 교사, 급우, 친척들, 친구들, 이웃들 등 관심이 있는 사람이라면 누구에게나 이야기하라. 어떤 사람이 왜 당신의 질문에 대한 답을 원하는 것일까? 답을 가지고 무엇을 하려고 하는가? 그 해답은 또 다른 연구질문들을 제기하지 않는가?

주제를 아무 제한 없이 자유롭게 선택할 수 있는 여건이라면, 당신의 전공분야 중 커다란 현안문제에서 한 부분을 선정하는 것이 좋다. 비록 당신이 큰 문제를 해결하지 않아도, 당신이 큰 문제의 작은 일부를 떼어 내서 연구를 하게 되면 그 중요성의 일부를 포함하게 된다(적어도 당신의 전공분야에서 문제가 되고 있는 것이 무엇인가를 알아볼 수 있는 기회가 될 것이며, 이것만으로도 적지 않은 이득이 된다).

당신이 학생이라면, 교수에게 현재 진행 중인 과제가 무엇인지 물어보고, 당신이 그중의 한 부분을 연구할 수 있는지 물어보라. 교수의 제안 때문에 당신의 연구를 제한시키지 말라. 교사의 입장에서 보면, 학생들이 지시받은 것만 그대로 따르고, 그 외에는 더 많은 노력을 하지 않는 것보다 더 실망스러운 일은 없다. 교수들은 그들의 제안이 당신의 생각을 끝내기 위해서가 아니라, 시작하기 위해서 사용되기를 바란다. 교수가 가장 기쁠 때는 당신이 그(녀)가 전혀 기대하지 않았던 무엇인가를 찾기 위해서 그(녀)의 제안을 이용했을 때이다.

4.3.2 문헌을 읽으면서 문제를 찾아보라

당신은 문헌들 속에서도 연구문제를 발견할 수 있다. 문헌을 읽으면서 모순되는 주장, 일관성의 결여, 설명의 부실 등이 어디에서 보이는지 자신에게 물어보라. 그리고 다른 독자들도 똑같이 느낄 거라고 시험적으로 추측하라. 많은 연구 활동들이 다른 연구자의 보고서를 읽으면서 하는 가상의 대화로 시작한다. **잠깐, 그가 ...을 간과하고 있네.** 그러나 차이나 오해를 고치려하기 전에 그것이 사실이며, 당신이 잘못 읽은 것은 아닌지 확인하라. 수많은 연구논문들이 누구도 입증하지 않은 사실에 대해 마치 있는 것처럼 논박했다. 그러니 당신이 문헌을 고치기 전에 주의 깊게 다시 읽어보라.

다른 연구자가 오류를 범하였다는 확신이 들면 그것을 지적하는 것으로 끝나는 것이 아니다. 자료에서 누가 X라고 주장한 것에 대하여, 당신은 Y라고 생각하면, 당신은 연구문제를 갖게 될지 모른다. 그러나 그 자체로서는 연구문제가 되지 않는다. 사람들이 계속해서 X라고 믿을 때 어떤 중대한 일이 생기는지를 명확하게 인식시킬 수 있어야 비로소 연구문제를 얻은 것이다.

마지막으로 자료의 끝부분을 주의 깊게 정독하라. 이곳에서 많은 연구자들이 답이 필요한 질문들을 제시한다. 아래 지문은 19세기 러시아 농민에 관한 연구의 일부로, 농민의 일상생활이 군의 전투력에 어떤 영향을 주는지를 논술하고 다음과 같은 끝맺음을 하고 있다.

> 병사의 일상 경험이 전쟁터에서 그들의 전투능력에 영향을 주듯이, 장교도 평화로운 때의 경험이 전쟁터에서 영향을 미친다. 사실 몇몇 논객들은 러일전쟁에서 러시아가 패배한 것은 장교들이 경제잡무를 수행하면서 자연스럽게 몸에 배인 습관이라고 주장하고 있다. 차르 왕정의 장교들이 평화와 전쟁 중에 어떤 군복무 자세를 가졌는지 이해하기 위해서는 이 논문에서 장교들의 일상생활에 대한 구조적 혹은 인류학적 연구가 필요하다. 이곳에 제시한 일반 사병에 대한 분석과 흡사한 구조적 분석이 장교단에 대해서도 수행되어야 한다고 생각한다.[우리가 강조하는 부분]

마지막 문장이 당신이 해결하기를 기다리는 새로운 문제를 제시한다.

4.3.3 당신 자신의 결론을 보라

비판적 독서자세는 당신이 써 놓은 논문 초안에서 좋은 연구문제를 발견하는데 도움이 된다. 우리는 자주 초안의 마지막 페이지를 쓸 때 최선을 다해 생각한다. 왜냐하면 이 시점에 도달하면, 우리가 시작할 때는 예측하지 못했던 최종적 주장을 설정한다. 만약 초기 초안에서, 예측하지 못한 주장에 도달하게 된다면, 그 주장은 어떤 질문에 대한 답이 될 것인지 자신에게 물으라. 역설적으로 들리겠지만 당신이 묻지도 않은 질문에 답을 했을 수도 있으며, 그리하여 아직 제시하지도 않은 문제를 해결했을 수도 있다. 그렇다면 당신의 과제는 그 질문이 무엇인지를 찾아내는 것이다.

4.4 문제를 갖고 연구하기

경험이 많은 연구자들은 새로운 문제를 발견하여 해결하기를 꿈꾼다. 더 큰 꿈은 아무도 존재하는지도 몰랐던 새로운 문제를 해결하는 것이다. 그러나 그 새로운 문제는 다른 사람들이 그 문제가 해결되는 것을 보고 싶지 않다고 생각한다면 별 가치가 없는 것이다. 따라서 경험 많은 연구자라면 연구 문제에 대해 첫 번째로 물어야 할 질문은 **내가 그것을 해결할 수 있을까?**가 아니고 **독자들이 그 문제가 해결되어야 한다고 생각할까?**이다.

누구도 당신이 처음부터 그렇게 할 수 있다고 기대하지는 않는다. 그러나 당신은 그런 순간을 준비하며 생각하는 정신적 습관을 개발해야 한다. 연구는 단지 사실들을 축적하고 보고하는 것으로 충분하지 않다는 것이다. 당신이 대답할 가치가 있다고 생각하는 그런 질문을 설정하도록 하라. 그러면 연구과정에서 다른 사람들이 해결할 가치가 있다고 생각하는 그런 질문을 찾아내는 방법을 알게 될 것이다. 그렇게 할 수 있을 때까지는 **나는 동의하지 않는다**가 아니고 **나는 신경 안 쓴다**(I don't care)라는, 연구자가 받는 최악의 반응을 얻게 되는 것이다.

지금쯤은 학문연구에 관한 이 모든 얘기가, "실제 세상"과는 동떨어진 얘기로 보일지 모른다. 그러나 사업이나 정부에서, 법, 의학, 정치와 국제외교에서도, 문제를 알아차리고 다른 사람들이 그 문제를 신경 쓰고 당신에 의해서 해결될 수 있다고 믿도록 설득하는 능력만큼 소중한 기술은 없다. 당신이 비잔틴 도자기에 관한 수업에서 이런 능력을 발휘할 수 있다면, 정부나 기업의 사무실에서도 할 수 있는 것이다.

요령 초보자의 피할 수 없는 문제를 다루기

우리 모두는 새로운 분야의 가치, 관심, 그리고 생각하고 주장하는 법을 충분히 이해하지 못하면서 일을 시작할 때는 불안감을 느낀다. 실제로 우리 저자들도 새로운 주제에 관한 새로운 과제를 시작할 때는 초보자의 불안을 아직도 다시 경험한다. 당신도 그러한 감정을 때때로 느끼는 것을 피할 수는 없다, 하지만 그것을 다루는 방법들이 있다.

- **불확실감과 불안은 자연스럽고 피할 수 없는 감정임을 알라.**
  그런 감정들은 무능함을 나타내는 것이 아니라 단지 경험이 없음을 나타낸다.

- **연구를 하면서 계속 주제에 대해서 써 봄으로써 주제에서 벗어나지 말라.**
  문헌을 그저 베끼거나 복사하지 말고 요약, 비평, 질문, 문헌에 대한 반응을 쓰라. 일기를 써서 진행과정을 잘 생각해보라. 쓰면 쓸수록, 아무리 대략적으로 쓰더라도 두려워하는 첫 번째 초안을 더 자신 있게 대면하게 된다.

- **과제를 처리하기 쉬운 여러 단계로 나누어 각 단계들이 서로 보완하는 것임을 알라.**
  일단 좋은 질문을 설정하면 초안을 쓰고 수정하는 것은 더 효과적으로 하게 된다. 어떻게 첫 번째 초안을 수정할 것인가를 더 많이 예측할수록, 더 효과적으로 초안을 완성할 것이다.

- 당신이 학생이라면, 당신의 어려움을 이해하기 위해 교수들에게 의지하라.

  그들은 당신이 성공하기를 원하며, 당신은 그들의 도움을 기대할 자격이 있다(만약 그들이 도와주지 않으면 도와 줄 다른 교수를 찾으라).

- 현실적인 목표를 세우라.

  당신이 과제를 마치면서, 과제가 당신의 생각을 변화시켰다고 느끼고, 독자들이 당신이 잘 했다고 생각한다면, 비록 그들이 당신의 주장에 동의하지 않더라도 당신은 무언가 보람된 일을 하는 것이다.

- 가장 중요한 것은 이러한 어려움이 학습의 경험이라고 깨닫는 것이다.

  모든 초보자들이 직면하는 문제들을 극복하려면, 성공한 연구자들이 하는 것들을 하고 특히 그들이 낙심했을 때 하는 일들을 하라. 그것은 당신의 계획과 당신이 쓴 것들을 검토하고, 계속 밀고 나가면서 잘 될 거라고 자신감을 갖는 것이다. 아마도 그저 괜찮은 정도라고 생각한다면 실제는 아마도 그보다 훨씬 나은 것이다.

제5장

연구질문과 문헌 찾기

당신이 신진 연구자이고 자료의 대부분을 도서관이나 인터넷으로 찾기를 기대하다면, 이 장은 당신이 연구계획을 세우는데 도움이 될 것이다. 연구경험이 어느 정도 있는 사람은 다음 장으로 넘어가기 바란다.

아직 연구질문을 설정하지 않았다면, 질문을 찾기 위해서 주제에 관해 독서를 해야 할 것이다. 그러나 질문이 있고, 적어도 하나의 가능성이 있는 답(철학자인 C. S. Peirce는 그것을 시험 중인 가설이라고 불렀다)이 있다면 그것을 시험하기 위해 자료를 찾기 시작해도 된다.

효율적으로 자료를 찾으려면 계획이 필요하다. 만약 주제에 관한 자료를 아무거나 모조리 읽으려고 뛰어 든다면, 끝없는 책과 논문더미 속에서 길을 잃기 쉽다. 확실히 목적 없이 폭넓게 읽는 것은 재미있고 때로는 무엇인가를 얻을 수도 있다. 우리도 그러한 일에 많이 탐닉한다. 많은 중요한 발견들이 바로 이러한 우연한 만남에서 예기치 않은 생각으로 시작되었다. 그러나 당신이 마감시간 내에 해야 한다면, 시간 내에 좋은 자료를 찾기 위해서는 행운 이상의 것이 필요하다. 즉 체계적으로 자료를 탐색해야 하는데, 좋은 자료는 연구 과제를 진전시키는데 도움이 되며, 또 과제를 개선하도록 유용하게 도전하기도 한다. 이 장에서는 연구에 있어 자료들을 이용하는 여러 가지 방법들과, 유용한 정보를 찾는 방법, 그것들을 잘 관리하기 위하여 숫자로 분류하는 방법을 논의한다. 다음 장에서는 보고서를 쓸 때 자료들을 이용하는 방법에 초점을 둔다.

5.1 세 종류의 자료를 사용하는 방법 알기

자료는 전통적으로 세 종류로 분류된다. 일차적, 이차적 그리고 삼차적 자료이다. 그들 사이의 경계선은 불분명하지만 이 분류법을 아는 것은 연구를 계획하는데 도움이 된다.

5.1.1 일차적 자료

일차적 자료는 "원래의" 자료로 "원자료(raw data)"나 증거를 제공하는데, 처음에는 당신의 가설이나 주장을 발전시키고, 시험하며, 궁극적으로는 주장을 정당화시키는데 사용하게 된다. 그러면 어떤 종류의 자료들이 일차적 자료로 여겨지는가는 분야에 따라 매우 달라진다. 역사에서는, 일차적 자료는 당신이 연구하는 시기나 사건에 직접적으로 관련된 물건들이나 문서들이다. 예를 들어, 편지, 일기, 물건들, 지도, 옷까지도 포함한다. 문학이나 철학에서는 주요 일차적 자료는 보통 분석하는 교재이며, 데이터는 페이지에 있는 단어들이다. 예술 비평에서는 일차적 자료는 번역하고 있는 예술 작품이 될 것이다. 사회학이나 정치학 같은 사회과학에서는 통계 조사나 조사 데이터가 일차적 자료에 포함된다. 자연과학에서는 원래 연구의 보고서들이 가끔 일차적 자료로 여겨진다(과학자들 자신은 이 용어를 거의 사용하지 않지만).

5.1.2 이차적 자료

이차적 자료는 일차적 자료에 근거한 책, 논문, 혹은 보고서들이며, 학문적이고 전문적인 청중을 위한 것이다. 어떤 분야에서는 대부분의 이차적 자료가 가끔 그 분야의 "문헌(literature)"이라고 불린다.

최고의 이차적 자료는 저명한 대학에서 출판된 책들이나, "동료가 검토한(peer-reviewed)" 논문이나 보고서를 포함한다. 즉 이런 보고서들이 출판되기 전에 그 분야의 전문가들에 의해 심사되었다는 뜻이다. 연구자들은 그들의 분야에서 일어나고 있는 발전 상황에 발맞추고, 이런 식으로 그들의 생각을 자극하려고 이차적 자료를 읽는다. 새로운 연구를 계획하는 일반적인 방법은, 다른 연구자들이 쓴 이차적 자료에서 제시된 결론이나 방법을 도전하거나 아니면 그 바탕 위에서 새로운 연구를 진행하는 것이다. 당신도 당신 자신의 주장에서 사용하기 위해 이차적 자료에서 제시한 증거를 빌려올 수 있다. 그러나 부득이 그렇게 해야만 하는 경우는, 당신이 원래 증거의 출처인 일차적 자료를 얻을 수 없을 때이다. 그렇지 않으면 당신은 부주의하거나 게으르다는 비판을 받을 수 있다.

5.1.3 삼차적 자료

여기에 속하는 것들은 일반 독자를 위해서 이차적 자료를 종합하여 보고하는 책이나 기사에 해당하는 것으로서, 교재, 백과사전(기사 포함하여)

에 있는 논문과 오늘의 심리학처럼 대량으로 생산되는 잡지나 일반 탐색에서 웹에 처음 나타나는 것들이다. 연구 초기에는 주제에 대한 전체적인 느낌을 얻기 위해 삼차적 자료를 이용할 수 있다. 그러나 학문적 주장을 한다면, 이차적 자료에 의존해야 한다. 왜냐하면 이차적 자료들이 당신이 참여하려고 애쓰는 "대화"를 구성하는 것들이기 때문이다.

만약 당신이 학문적 논증에서 삼차적 자료를 인용한다면, 당신은 자신을 초보자나 아웃사이더로 만들게 되며, 많은 독자들은 당신의 논증이나 당신을 신뢰하지 않을 것이다.

이러한 반응이 부당하게 보이지만 그렇지 않다. 삼차적 자료들이 반드시 틀렸다는 것은 아니며, 실제로 저명한 학자들에 의해 쓰인 것들도 많지만, 많은 경우에 한계가 있다. 그것들이 주제에 익숙하지 않은 다양한 청중들을 위해 의도되었기 때문에, 가끔은 연구를 지나치게 단순한 형태로 제시하며, 쉽게 시대에 뒤처지게 된다. 그래서 이러한 한계를 염두에 둔다면, 삼차적 자료도 가치 있는 자료가 될 수 있다. 그들은 당신에게 새로운 주제에 대해 알려주며, 만일 참고문헌 목록이 있다면 당신을 가치 있는 이차적 자료로 인도해준다.

5.1.4 일차, 이차, 삼차 자료를 구별하기

연구자들은 항상 그들의 자료를 이 세 종류로 분류하지는 않는다. 원래 일차와 이차적 자료의 구분은 19세기 역사학자들로부터 시작해서 다른 분야로도 퍼지게 되었다. 삼차적 자료는 나중에 추가되었다. 이 방법이 지금은 학생들이 자료들을 분류할 때 배우는 표준 방법이 되었지만, 사실은 더 잘 맞는 학문분야가 있다. 바로 역사에는 아주 잘 적용되는데,

역사에서는 일차적 자료가 역사적 사건이나 순간에 직접 연결되어 있기 때문이다. 그리고 비평 분야에도 잘 들어맞는데 여기서도 일차적 자료가 당신이 소개하는 원래 예술작품이나 문학이기 때문이다. 그러나 이 방법은 철학, 화학 혹은 간호학 같은 분야에는 덜 효과적이다.

또 이해할 점은 이렇게 일차, 이차, 삼차 자료로 분류하는 것은 절대적인 것은 아니고, 연구자의 과제에 따라 상대적이라는 것을 이해하는 것이 중요하다. 대부분의 경우에, 학문적 저널에 실린 논문은 일반적으로 이차적 자료로 간주된다. 그러나 그 논문이 일차적 자료가 될 수도 있는데, 당신의 연구 문제가 작가나 분야 자체에 관여했을 때이다. 예를 들어, 당신이 한 작가의 전기를 쓰고 있거나, 혹은 애국적인 역사가들이 알라모 설화를 왜곡했는지를 알아내려고 한다면 그러하다. 그처럼 백과사전 논문도 삼차적 자료로 간주될 수 있지만, 일차적 자료가 될 수도 있는데, 만일 당신이 백과사전들이 성(gender)에 관한 이슈를 다루는 방법을 연구한다면 그렇게 된다. 엘리엇의 에세이 "햄릿과 그의 문제들"은 당신이 엘리엇을 연구한다면 일차적 자료가 되지만, 셰익스피어를 연구한다면 이차적 자료가 될 것이다. 당신의 초점을 바꾸면, 자료의 분류도 변하게 된다.

이것이 혼돈스럽다면, 반드시 그럴 필요는 없다. 이러한 분류는 단지 목적을 위한 수단일 뿐이다. 궁극적으로, 당신이 자료를 무엇이라고 부르는지가 중요한 것이 아니다. 정말 중요한 것은, 당신이 연구문제를 설명하고, 새로운 아이디어를 개발하며, 흥미로운 논증을 만들기 위해 자료들을 얼마나 잘 이용했는지가 중요하다. 다음 장에서는 당신이 보고서를 쓸 때 어떻게 자료들을 이용할 수 있는가에 대해 얘기할 것이다.

5.2 21세기 도서관을 항해하기

오늘 대학도서관을 걸어 들어가면 궁금할 것이다, "책들이 어디에 있지?"(답: 책들은 아직도 거기에 있다, 비록 많은 것들이 오프사이트 창고로 옮겨졌지만). 카드 카탈로그는 오래전에 전자 탐색 엔진으로 교체되었으며, 인쇄물들—책, 잡지, 사진, 필름, 비디오와 오디오 녹음들은 더욱 더 디지털화 되고 있다. 오늘날 많은 자료를 이용하기 위해서는 굳이 도서관에 들어갈 필요가 없다. 그러나 실제로 방문하거나, 혹은 웹 사이트를 통해서 방문하던, 도서관은 연구에 꼭 필요한 도구이다.

인터넷에 있는 많은 양의 데이터를 볼 때, 고도로 전문화된 연구를 제외하고는 도서관은 더 이상 필요하지 않다고 생각할지도 모른다. 그러나 우리는 반대로 생각한다. 너무 많은 정보가 지금 우리의 손끝에 있기 때문에, 연구를 수행할 때 도서관은 전보다 더욱 필수적이다. 도서관은 우리가 정보에 접근하게 해줄 뿐만 아니라 우리의 자료가 신뢰할 만하다는 것을 확인시켜준다. 당신의 공공도서관이나 학교도서관이 비교적 작아도, 도서관은 훨씬 광범위한 범위의 자료들—연구 안내서, 참고서적들과 온라인 데이터베이스 같은 것들로 이끄는 입구의 역할을 한다. 물론, 이러한 자료들로부터 필요한 것을 얻으려면, 21세기 도서관을 항해하는 법을 배워야 한다.

5.2.1 정보 찾기를 계획하기

자료를 이용하기 전에, 먼저 자료를 찾고 평가해야 한다. 어떤 자료는 당신의 도서관에 있겠지만, 온라인이나 혹은 다른 도서관에 있거나 그 밖의 곳에 위치하는 자료들도 있다. 도서관이 제공하는 것들을 이용하려면,

탐색을 **계획**해야 한다. 이때는 다행스럽게 도서관이나 사서들이 가장 도움이 된다.

자료 탐색을 어디서부터 시작해야 할지를 아는 일은 처음에는 부담스럽다. 단순히 몇 개의 용어를 탐색하여 무엇이 올라오는지 보고 싶은 유혹을 느낀다. 우리도 역시 이렇게 하지만, 도서관은 유용하고 믿을만한 자료를 찾는데 더 체계적이고 생산적인 방법을 제공한다는 것도 알고 있다. 당신의 주제와 연구질문을 탐색하는 유망한 방법에 대해 더 많이 배우려면 도서관을 이용하라.

사서에게 물어보라. 아마 우리가 제시하는 최고의 충고는 연구 전문 사서에게 기대는 것이다. 일반 열람실 사서나 (더 큰 도서관에서는)주제별 전문가가 당신의 탐색 변수들을 다듬어서 당신의 구체적 연구질문을 위한 올바른 도구를 지시한다. 그들은 당신이 카탈로그를 이용하여 당신의 도서관이나 다른 도서관들(도서관끼리 서로 대출해주는 서비스를 통해 얻을 수 있는)에 있는 자료들을 찾도록 도와준다. 또 똑같은 사서가 특정 분야를 위한 참고 자료들과 온라인 데이터베이스를 알려주는 연구 안내를 디자인한다.

부끄러워하지 말라. 사서들은 모든 수준과 모든 단계의 연구자들을 돕기를 좋아 한다. 그들은 당신이 연구질문을 설정하고, 계획하고, 탐색 용어들을 개발하고, 당신이 중요한 것을 잊지 않았다는 것을 확실히 하려고 결과의 목록을 만드는 것을 도와줄 수 있다. 유일하게 당황스러운 질문은 당신이 물었어야 하는데 묻지 않은 질문이다. 물론 중간에 바쁜 사서를 만나는데 미리 준비를 하면 도움이 된다. 당신이 사서와 나눌 준비가 되어 있는 잘 전개된 연구질문이 있다면, 그(녀)는 당신에게 더 나은 충고를 줄 수 있다. 당신의 과제에 대해 3장에서 논의한 3단계를 이용하여 이야기해도 좋을 것이다.

1. 나는 1980년대 교육 정책에 대해 연구하고 있는데
2. 중서부 학교위원회에서 통합정책을 어떻게 다루었는지 발견하기 위해서이다.
3. 왜냐하면 인종문제에서 지역별 차이를 이해하고 싶기 때문이다.

일반 참고 자료들을 보라. 당신이 이미 주제에 대해 많이 알고 있다면, 그에 관한 자료들을 어떻게 찾는지 알 것이다. 그러나 주제가 새로운 것이라면, 서로 관련 있다고 확신이 드는 일차적 자료나 이차적 자료를 곧바로 찾으려는 유혹을 물리쳐라. 이러한 방법은 신뢰하기 어렵고, 예측할 수 없으며, 아마도 시간 절약이 안 될 것이다. 더 성공적인 전략은 참고 자료들에 의해 탐색하는 것이다. 전문가들에 의해 편집되었기 때문에, 브리타니카 백과사전 같은 일반참고 서적이나 철학 백과사전 같은 특화된 서적 둘 다 일반적 상황을 보여 줄 것이다. 그래서 나중에 당신의 자료들이 더 큰 그림 안에서 잘 들어맞는지 보기가 더 쉬울 것이다. 이외에도, 참고서적들은 자주 인용이나 참고문헌을 포함하기 때문에 당신이 간과할 수 있는 자료들을 알 수 있다.

연구 초기단계에서 특히 가치 있는 것은 참고문헌들로서, 그것들은 주제에 관한 중요한 논문이나 책을 요약하여 제공한다. 특별히, 인용된 참고문헌이나, 최근 서적이나 논문들을 요약하는 문헌 연구 연간서를 찾아보라. 이것들은 당신의 연구에 가장 믿음직한 도움을 줄 것이다.

온라인 데이터베이스를 탐색하라. 도서관과 인터넷을 구별 짓는 것은 그들이 인덱스나 데이터베이스를 구독하는가에 달려있다. 책 다음으로는 데이터베이스가 도서관에서 가장 가치 있는 보물들이다. 왜냐하면 연구자들에게 다른 방법으로는 도저히 얻을 수 없는 수많은 자료에 접할 수 있게 하기 때문이다. 각 도서관마다 구독하는 것이 다른데, 주요 연구도서관들에서는 전문화된 인덱스나 데이터베이스를 가장 폭넓게 접근할 수 있다. 그러나 모든 학교 도서관과 공공 도서관도 강력한 온라인 도구를 제공한다. 당신도 연구할 때 이런 일반적이고 전문화된 자료들을 이용하기 원할 것이다. 그렇다면 적어도 당신의 도서관이 구독하는 주요 데이터베이스에 친숙해지라. 그러한 것에는 학술 탐색 프리미어(Academic Search Premier), 국제 참고문헌(MLA International Bibliography), 혹은 Pub Med(생명과학에 관한 무료 자원) 같은 것들이 있다. 많은 학문적 데이터베이스는 요약문(abstract)을 제공하거나 혹은 요약문을 포함하는 논문으로 안내한다. 이러한 것들을 읽어보면 어떤 논문이 주의 깊게 읽을 가치가 있는지 아닌지를 결정하는데 도움이 된다. 어떤 데이터베이스는 전체 논문과 책까지도 내용 전부를 보여준다. 당신의 도서관이 데이터베이스에 나와 있는 특정 저널을 구독하지 않는다면, 전체 내용의 논문을 읽으려면 비용을 지불해야 할 것이다. 그렇게 하기 전에, 항상 사서에게 자료에 달리 접근할 수 있는 방법에 대해 이야기 해보라.

5.2.2 구체적 자료를 찾기

탐색하는 방법과 자료들을 알았기 때문에, 당신은 지금 도서관 안에 있는 구체적 자료와 그 이상의 자료를 찾을 수가 있다. 물론 이 과정은 정확하게 직선적인 과정은 아니다. 하나의 자료가 다른 자료로 이끌기도 하며, 이미 찾아보았던 카탈로그나 데이터베이스로 다시 돌아가게 만들지만 이때는 새로운 탐색 용어를 가지고 하는 것이다. 초보 연구자들이 자주 하는 실수는 오직 몇 개의 용어들이나, 아니면 관련 있는 자료를 찾기에는 너무 광범위하거나 아니면 폭이 좁은 용어들에 심하게 매달린다는 것이다. 그러나 성공적인 연구자들은 융통성이 있어야 한다는 것을 안다. 즉 자료 탐색에서 가장 관련 있는 자료를 불러오는 용어들을 찾으려면 대체로 시행착오를 포함한다는 것이다.

도서관 카탈로그를 찾으라. 카탈로그를 이용하는 방법에는 두 가지 보완적인 방법이 있다: 핵심단어로 탐색하기와 대충 읽어보기이다. 당신의 주제와 연관 있는 핵심단어 목록을 찾기 위하여 몇 가지 자료를 조사했다면, 카탈로그를 찾기 위해서 이러한 용어들을 사용할 준비가 된 것이다. 대부분의 도서관에서는 탐색을 위해 사용하려는 카테고리(책, 논문, 저널 등)를 선택해야 한다.

자료가 책이라면, 국회도서관에서 주제별 제목을 보라. 제목은 책 표지 뒷면에 있거나 온라인 카탈로그에서는 '세부 항목' 페이지에 있다. 이 책의 표지 뒷면에 있는 용어들은

1. 연구 – 방법론
2. 전문적 글쓰기

이다.

온라인 카탈로그에서 이러한 용어를 찾으면 이런 제목을 가진 모든 책들을 도서관에서 찾을 수 있다. 하나의 책이 다양한 주제 제목으로 교차되어 목록에 나타날 수 있다. 그런 경우에는 그런 주제 제목으로 나와 있

는 책 제목들을 빨리 읽어보아라. 당신이 놓쳤던 유용한 자료를 찾게 될지도 모른다. 또 비슷한 청구번호를 가진 책들을 대충 읽어보면서 카탈로그를 탐색할 수 있다. 일단 표적이 될 만한 책을 결정하고 그 책의 세부정보에 있는 관련 페이지를 찾으라. 이 목록은 핵심단어로 탐색한 목록보다는 초점이 덜 맞추어져 있지만 기대하지 않던 보물들을 숨겨놓고 있을지도 모른다. 따라서 표적이 되는 책들에만 제한시키지 말고, 폭넓게 읽어 볼 시간을 투자하라.

온라인 탐색의 문제는 압도적으로 많은 숫자의 제목들을 불러온다는 것이다. 시카고 대학 도서관에는 나폴레옹에 관해 3백 권 이상의 책들이 있으며, 환경이라는 제목으로 수천 개의 책들이 있다. 만일 탐색해서 너무 많은 제목들이 올라오면 지난 15년 이내에 출판된 것들로 자르거나, 그것도 너무 많으면 지난 10년으로 단축하라.

국회도서관이나 큰 대학교의 카탈로그를 탐색한 후에, 당신 학교의 도서관은 그 중 오직 작은 부분의 책만 소유한다는 것을 발견할 지도 모른다. 그러나 실망할 필요는 없다. 당신의 도서관에서 당신이 필요한 대부분의 것을 빌릴 수 있다. 책들이 너무 최근 것이라 도서관 카탈로그에는 없는데 당신의 연구에 매우 중요하다면, 온라인 서점을 통해 찾아보라. 그런 새 책들은 도서관의 근착 서가에 있을 수도 있지만 구입해야 할지도 모른다.

반대로 아무것도 찾지 못한다면 당신의 주제는 너무 세분화되었거나, 빨리 찾아내기에는 너무 생소한 주제인지도 모른다. 당신의 연구주제가 지금까지 아무도 전혀 생각해보지 않은 것일 수도 있다. 예를 들어, '우정'은 한때는 철학자에게 중요한 주제였으나 수백 년 동안 주요 백과사전에서 무시되었다. 그러나 최근 이 단어는 중요한 연구주제로서 다시 주목을 받고 있다. 당신은 무시된 주제를 가지고도 열심히 생각하여 중요한 것으로 만들 수 있다. 결국에는 그 연구가 당신을 유명하게 만들지도 모른다. 그러나 몇 주안에 제출해야 하는 보고서로는 적당하지 않다.

서가를 돌아다녀라. 온라인으로 연구하는 것이 발로 걸어 다니는 것보다는 빠르다. 그러나 도서관 서가들 속으로 돌아다니지 않는다면 오직 거기에서만 찾을 수 있는 중요한 자료들을 놓치게 될지도 모른다. 더 중요한 것은 우연히 한 제목이 시선을 끌어 소중한 자료와 마주치는 경험을 놓칠 것이다(저자들 모두 이러한 방법으로 중요한 자료를 발견했다).

서고 안으로 들어갈 수 있다면 당신의 주제에 관한 책들이 꽂혀있는 책장을 찾아서 그 책장 위에 있는 제목들을 대충 훑어보라. 그리고 책장의 위, 아래, 양쪽을 살펴보고 특별히 대학교 출판사에서 출판된 새롭게 제본된 책들을 살펴보라. 그리고 돌아서서 당신 뒤에 있는 책 제목들을 살펴보라. 어떤 일이 일어날지 누가 알겠는가? 가능성 있는 제목이 눈에 띄었다면, 목차와 당신의 질문과 답에 관련 있는 핵심단어 색인을 살펴보라. 그리고 관련 있어 보이는 제목들의 참고문헌 목록을 살펴보라. 이 모든 것은 책을 손에 잡고 하는 것이 온라인으로 하는 것보다 훨씬 빠르다. 색인이나 참고문헌 목록이 없는 책은 의심하라.

온라인으로 많은 학술지의 목차를 확인할 수 있지만 꽂혀있는 학술지들을 살펴보는 것이 더 생산적일 수 있다. 일단 가능성 있는 학술지들을 온라인이나 참고문헌 목록에서 찾으면 책장에서도 직접 찾아보라. 그리고 지난 10년간 출판되어 한 권으로 제본된 것들을 살펴보라(대부분은 앞장에 1년 치 목차가 실려 있다). 또 근처에 꽂혀있는 학술지들도 빨리 훑어보라. 직접 서가를 돌아다니면 온라인으로는 놓칠 수 있는 논문을 자주 발견하고 놀랄 것이다.

참고문헌 길을 따라다녀라. 대부분의 자료들은 참고문헌 탐색을 위한 시작점을 제공한다. 당신이 유용해 보이는 책을 발견했을 때, 참고문헌과 인용된 자료들을 훑어보라. 색인은 가장 자주 인용되는 저자들을 열거할 것이다(일반적으로, 인용이 더 많을수록, 그 저자는 더 중요한 사람이다). 저널 논문들은 보통은 모두 인용된, 이전 연구들을 검토함으로써 시작한다. 이 참고문헌의 길을 따라가면서 가장 어려운 연구 영역을 항해할 수 있다. 왜냐하면 하나의 자료는 다른 자료들로 인도하며, 또 계속 다른 자료들로 이끌기 때문이다.

인용 찾아보기(Citation Indexing)를 하라. 많은 온라인 카탈로그나 데이터베이스는 당신이 이미 알고 있는 것을 인용하는 다른 자료들을 찾아보게 한다. 이러한 방법은, 인용 찾아보기라고 불리는데, 참고문헌 길을 앞으로 혹은 뒤로 따라가는 것과 같다. 후진 인용처럼, 주어진 자료가 인용하는 자료를 찾는 대신에, 주어진 자료를 인용하는 자료를 찾는 전진 인용도 가능하다. 자료의 신용도는 그처럼 그 자료가 인용하는 자료들과 자료를 인용하는 자료들에 의해 측정된다. 주어진 자료가 나중에 더 많이 인용될수록, 그 자료의 명성과 영향 요인은 더 크다.

이러한 종류의 연구를 하기 위해, 연구자들은 인쇄된 인용 색인을 참고해야 했는데, 이 과정은 몇 시간이나 며칠이 걸리기도 했다. 그러나 오늘날 온라인 카탈로그나 데이터베이스가 이 과정을 쉽게 만든다. 즉 참고문헌 길을 따르고, 인용 찾아보기를 함으로써 당신의 연구를 후원할 풍성한 자료의 기반을 쌓을 수가 있는 것이다.

5.3 인터넷으로 자료를 찾기

당신은 아마도 공개적으로 이용할 수 있는 인터넷을 탐색하는 법을 알 것이다. 단어 몇 개를 구글 같은 공적 탐색 엔진에서 치면, URL로 전달되는 수 페이지의 링크들이나 혹은 일정한 자료 찾기들이 당신의 스크린에 나타난다. 우리는 이러한 방법을 항상 이용하여, 영화 시간, 식당 리뷰, 주식 가격, 새 물건들을 알아본다. 인터넷 탐색이 우리의 일상생활에서 도처에 있다는 것이 우리의 언어에서도 반영된다. 우리는 회사 이름을 동사로 바꾸어서, 무엇을 찾기 위해서는 "구글" 해보라고 말한다.

일상생활에서 그런 경험을 하다보면 인터넷을 종합적이고 신뢰할 만하다고 여기게 될지도 모른다(당신이 스마트 폰이나 청바지의 가격을 알기 위해 사용한다면, 학문적이고 전문적 연구에도 당연히 사용하지 않겠는가?). 그러나 그것은 실수이다. 다시 말하지만, 도서관의 카탈로그나 데이터베이스가 탐색 엔진으로는 얻을 수 없는 수많은 정보에 접근하게 해준다는 것을 기억하라. 인터넷을 연구를 위해 사용할 때는, 건강한 의심을 유지하라. 우리가 구글이나 다른 탐색엔진을 사용하여 얻는 대부분의 정보는 거의 믿을 만하지만, 모든 것이 믿을 만하지는 않다. 도서관의 카탈로그나 데이터베이스와 대조적으로, 인터넷은 근본적으로 모니터가 되지 않는다. 수많은 웹 사이트에서 게시되고, 보내지는 자료들의 신뢰도를 보증하는 사람은 없다. 무료 탐색엔진을 제공하는 회사들은 당신의 온라인 행동을 통해 당신에 관해 데이터를 얻으며, 광고를 팔아서 돈을 번다는 것을 유의하라. 그리고 탐색 결과가 더 높게 보이려고 웹 마스터들은 주기적으로 그들의 사이트를 수정한다. 이런 행동들이 반드시 사악한 것은 아니지만, 당신이 기억해야 할 것은 탐색 엔진회사들과 웹 사이트들이 당신이 어디를 가고 온라인으로 무엇을 보는지에 관심을 갖고 있다.

당신이 이런 한계점들을 기억한다면, 인터넷을 이용하는 것은 당신의 연구 계획의 소중한 요소가 된다. 다음은 우리 자신의 연구에서 인터넷을 이용하는 방법들이다.

- 새로운 주제에 관해 우리의 입장을 정하기 위해서—이 단계에서 우리가 배우는 모든 것은 일시적인 것으로 여기기
- 더 체계적인 탐색에 이용하기 위해 잠재적 핵심단어들을 탐색하기
- 우리 자신에게 날짜나 사실들을 알려주기 위해서—더 믿을만한 자료를 방해하는 것들을 점검하기 위해 다시 기억하기
- 우리가 연락하기 원하는 자료의 저자들을 찾기 위해서다. 많은 학자와 연구자들의 인물 소개를 대학이나 대학교 웹 사이트에서 이용할 수 있다.
- 구글 학자를 이용하여 빠른 탐색으로 전문화된 데이터베이스를 통해 우리가 찾기 쉬운 것들을 대충 알아보기 위해서

위키피디아 같이 공적으로 이용 가능한 일반적인 삼차적 자료와 빅토리안 웹 같은 전문화된 자료는 꽤 믿을 만하다. 그러나 아직도 그것들을 회의적으로 보아야한다. 일반적으로, 이차적 자료를 찾기 위해서 인터넷을 이용하지는 말라. 이런 것들은 신빙성을 위해 학문적 출판 시스템에 내재된 점검 방법, 특히 동료의 비평에 의존한다. 그러나 인터넷을 일차적 자료로 자유롭게 사용할 수 있다. 예를 들어, 당신이 일일 연속극 대사들은 그들의 애청자의 반응에 어떻게 반응하는지를 연구한다면, 애청자들의 블로그가 일차적 자료가 될 것이다(다음 섹션에서 자료를 평가하기에 대해 논한다).

저자의 권리를 존중하기. 프로젝트 구텐버그(디지털 도서관)와 구글 북스 같은 사이트는 더 이상 판권을 소유하지 않는 오래된 교재들을 믿을 만한 온라인 복사본으로 제공한다. 그러나 최근에 출판된 책(미국에서는 1923년 이후에 출판된 책들)을 게시하는 것(posting)은 저자의 판권을 어기는 것이다. 주의 깊은 독자들은 권위가 없는 복사본들이 인용되는 것을 보면 싫어한다. 왜냐하면 그것은 법을 어기는 것이고 그런 교재들이 자주 정확하지 않게 재생되기 때문이다. 그래서 최근 교재가 저자의 확실한 허락을 받지 않고 실렸다면(데이터베이스에서처럼), 온라인에 실린 것보다는 실제로 인쇄된 책을 사용하라.

5.4 자료의 관련성과 신뢰성을 평가하기

당신이 자료들을 찾기 시작할 때는 당신이 사용할 수 있는 것보다 더 많은 것을 발견할 것이다. 따라서 그 자료들이 얼마나 유용한가를 빨리 평가해야 한다. 그렇게 하려면 두 가지 근거를 사용하는데 관련성과 신뢰도이다.

5.4.1 자료의 관련성을 평가하기

당신의 자료가 책이라면, 다음의 것들을 하라.

- 당신 논문의 핵심단어에 해당되는 색인을 훑어보고, 그 단어들이 나타난 페이지들을 훑어보라.
- 핵심단어를 많이 사용하는 장에서 첫째와 마지막 문단을 훑어보라.
- 서언, 서론, 요약하는 장 등을 훑어보라.

- 마지막 장에서 특히 첫 번째와 마지막 2, 3쪽을 훑어보라.
- 여러 논문들을 모아 놓은 자료라면 편집자의 서론을 훑어보라.
- 당신의 주제와 관련이 있는 제목들을 참고문헌 목록에서 확인하라.

당신의 자료가 인터넷 책이라면 다음 단계를 따라야 한다. 그러나 핵심단어를 찾기 위해서는 책 전체를 탐색해야 한다.

당신의 자료가 논문이라면, 다음의 것들을 하라.

- 요약문이 있다면 읽어보라.
- 서론과 결론을 읽어보고 그것들이 제목으로 구별되지 않으면 처음 6, 7문단과 마지막 4, 5문단을 읽어보라.
- 구획(section)의 제목들을 훑어보고, 구획의 처음과 마지막 문단을 읽으라.
- 당신의 주제와 관련이 있는 제목들을 참고문헌 목록에서 확인하라.

당신의 자료가 온라인이라면, 다음의 것들을 하라.

- 그것이 인쇄된 논문처럼 보인다면, 학술지 논문에 대한 단계를 따르고, 또 당신의 핵심단어로 탐색하라.
- "서론", "개요", "요약" 등이라고 붙여진 구획을 읽어보라. 아무것도 없으면 "이 사이트에 관하여"라고 붙여진 것이나 비슷한 것을 찾아보라.
- 사이트에 "사이트 지도" 혹은 "색인"이라는 링크가 있으면 당신의 핵심단어가 있는지 확인하고 참고 된 쪽을 보라.
- 사이트에 "탐색" 자료가 있으면 당신의 핵심단어들을 쳐보라.

이런 식으로 빨리 읽으면 당신 자신의 글쓰기와 수정에 도움이 된다. 당신이 보고서의 틀을 갖추지 않아서 독자들이 논문을 빨리 읽고 당신 주장의 개요를 알 수가 없다면, 당신의 보고서는 문제가 있는 것이며, 이 점은 12장과 13장에서 논의한다.

5.4.2 자료의 신뢰성을 평가하기

당신이 자료를 읽지 않고는 판단할 수가 없지만 자료가 신뢰성을 보여주는 특징들이 있다.

1. 자료가 명망 있는 출판사에서 출판되거나 온라인으로 게시된 것인가?
   대부분의 대학출판사는 믿을 만하다. 특히 당신이 대학의 이름을 아는 경우에는 믿을 만하다. 어떤 상업적 출판사는 특정분야에서는 믿을 만하다. 예를 들어, 문학에서 노튼(Norton)이나, 과학에서는 아브렉스(Ablex), 또 법에서는 웨스트(West)가 그러하다. 획기적인 주장을 하는 상업적인 책을 조심하라. 비록 저자가 박사학위를 소유했다 하더라도 말이다. 특별히 조심해야 할 자료들은 줄기세포 연구, 총기통제, 지구의 온난화 같은 뜨거운 논쟁거리가 되는 사회적 문제들이다. 많은 책들과 논문들이 이념에 몰두하는 개인들이나 조직들에 의해 출판된다. 도서관들은 자주 여러 분야의 책을 소장하기 위하여 그것들을 포함시키는데, 믿을 만하다고 가정하지는 말라.

2. 책이나 논문이 동료가 검토한 것인가?
   대부분의 명성 있는 출판사나 신문들은 출판하기 전에 전문가들에게 책이나 논문의 검토를 부탁한다. 이를 동료의 검토(peer review)라고 부른다. 대학 출판사에서 출판된 수필 선집은, 자주 그러나 항상은 아니고, 오직 이름이 적힌 편집자(들)에 의해서 검토된다. 상업적 잡지들은 동료의 검토를 거의 이용하지 않는다. 만일 출판물이 동료의 검토가 없다면 의심하라.

3. 저자가 명성 있는 학자인가?

당신이 그 분야에 들어간 지 얼마 안 되었다면 이것은 답하기가 어렵다. 대부분의 출판물들이 저자의 학문적 자격을 인용한다. 이점에 관해 탐색 엔진으로 더 많이 찾을 수 있다. 대부분의 정평 있는 학자들은 믿을 만하다. 그러나 주제가 총기 통제나 낙태 같은 사회적으로 논쟁되는 문제들은 조심하라. 유명한 학자들도 위험한 경우가 있는데 그들의 연구가 특별한 이익단체에 의해 재정적으로 지원을 받는 경우에 특히 위험할 수 있다. 온라인으로 확인할 것은 저자가 후원에 대해 감사를 표현한 개인이나 재단이 있는지 확인하라.

4. 자료가 오직 온라인으로만 가능하다면, 그것은 명성 있는 단체에 의해서 후원되고 있는가?

웹 사이트는 후원자에 따라 신뢰도가 결정된다. 명성 있는 단체가 후원하고 유지하는 웹 사이트는 믿을 만하다. 그러나 사이트가 최근에 업데이트가 안 되었다면 그것은 유기된 것이거나, 더 이상 후원자가 보증하는 것이 아니다. 개인에 의해 지원되는 어떤 사이트들은 믿을 만하지만 대부분은 그렇지 않다. 사이트에 대해 더 알아보려면 후원자의 이름으로 웹 서치를 해보라.

5. 자료가 최근 것인가?

당신은 최신 자료를 이용해야 한다. 그러나 최근 것이라고 여겨지는 것은 분야에 따라 다르다. 컴퓨터과학 분야에서는 학술논문이 몇 개월 만에 구식이 될 수 있다. 사회과학에서는 10년이 한계이다. 인문학에서는 출판물이 더 오래 유지된다. 철학에서 일차적 자료는 몇백 년 동안 지속되며, 이차적 자료는 몇 십 년을 간다. 일반적으로 다른 연구자들이 인정하여, 중요한 위치나 이론으로 출발한 자료는 더 오래 생명력을 유지한다. 대부분의 교재들이 최근의 것이 아니라는 것을 생각해 보라.

만약 어떤 자료가 최근 것인지 확신이 안 서면, 그 분야에서 활동하고 있는 저명한 연구자들에게 확인하라. 당신의 분야에서 최근에 나온 자료들을 어떻게 가늠할지 모른다면, 그 자료에서 인용된 책이나 논문들의 날짜를 보라. 물론 당신은 그 목록에 있는 약간 오래된 저술들을 인용할 수 있다(그러나 안전하기 위해서는, 가장 오래된 것은 곤란할 것이다). 소설, 희곡, 서신 등과 같은 일차적 자료는 표준판을 찾도록 하라. 보통 표준판은 가장 최근의 것은 아니다. 이차적 자료와 삼차적 자료는 반드시 가장 최신판을 참고하도록 하라. 연구자들은 자주 그들의 견해를 바꾸며, 예전 책에서 주장했던 것을 거부하기도 한다.

6. 자료가 책이라면 거기에 주석이나 참고문헌 목록이 있는가?

아니라면 의심하라. 왜냐하면 그 자료가 주장하는 것들을 확인할 길이 없기 때문이다.

7. 자료가 웹 사이트라면 참고문헌에 관한 데이터가 있는가?

사이트의 신뢰성을 판단하기 어려운 경우란 누가 그 사이트를 후원하고 유지하며, 누가 거기에 게시된 것들을 썼는지, 언제 게시되고 마지막으로 업데이트된 것인지를 보여주지 않는 경우다.

8. 자료가 웹 사이트라면 그 주제를 현명하고 분별 있게 접근하는가?
독자들이 신뢰하기 어려운 사이트는 열띤 찬반이론에 끼어들거나, 찬성하지 않는 사람들을 공격하고, 거친 주장을 하며, 공격적 언어를 사용하고, 철자법과 부호와 문법이 잘못된 실수를 하는 사이트다.

다음 기준들은 고급 단계의 학생들에게는 특별히 중요한 기준들이다.

9. 자료가 책이라면 잘 검토된 것인가?
많은 분야에서 다른 사람들이 자료를 어떻게 평가하는가를 보여주는 평론들을 찾을 수 있도록 색인을 제공한다(부록에서 참고문헌 자료들을 보라).

10. 다른 사람들이 그 자료를 자주 인용하는가?
자료가 얼마나 영향력이 있는지는 다른 사람들이 그 자료를 얼마나 자주 인용하는가에 따라 대략 짐작할 수 있다. 그 점을 알기 위해서는 인용색인을 참고하라(5.2.2를 보라). 만약 어떤 자료가 다른 학자들에 의해 반복적으로 인용되었다면, 이 분야의 전문가들이 그 자료를 신뢰성 있고, 중요하게 여길 것이라고 추론할지도 모른다. 이러한 자료들은 높은 "영향 요인"이 있다고 한다. 따라서 그러한 자료들을 주의 깊게 살펴야 하며, 당신의 연구 분야에서 똑바른 위치를 알고 사용해야 한다.

위의 지표들을 지켰다고 해서 반드시 신뢰성이 보장되는 것은 아니다. 평론가들이 가끔 말하기를, 유명한 출판사도 빈약하게 주장된 것이나 별 자료가 없는 것들을 출판하는데, 그 이유는 그 주장의 다른 면들이 놓치기에는 너무 중요하기 때문이라고 한다. 따라서 논문이 유명한 연구자에 의해 쓰여 졌고, 유명한 출판사가 출판했다고 해서 무비판적으로 읽어도 된다고 가정하지 말라.

5.5 예측할 수 있는 자료들을 뛰어넘기

수업에서 제출하는 간단한 논문을 쓰기 위해서는 아마 당신의 분야에서 잘 알려진 자료들을 이용할 것이다. 그러나 고급 단계의 논문인 석사 논문이나 박사 논문을 쓰고 있다면, 잘 알려진 자료 이상의 것을 탐색하라. 예를 들어, 당신의 연구가 16세기 후기의 영국에서 농업의 변화가 경제에 끼친 영향이라면, 당신은 시골의 특징을 묘사하는 엘리자베스 시대의 희곡들을 읽고, 농경 생활을 나무에 그린 그림들을 보고 시골의 사회적 행동에 대해서 종교적 인물이 평한 것들을 찾을 것이다. 반대로, 런던의 일상생활을 시각적으로 묘사하는 연구를 한다면, 그 시대와 장소의 경제적 역사를 조사할 것이다. 그러나 당신의 질문과 관련 있는 표준적인 참고서적 이상의 것을 보게 될 때, 당신은 당신의 분석뿐만 아니라 지적 활용의 범위를 풍성하게 하는 것이다. 또한 다양한 자료를 종합하는 능력도 풍부해지는데 이 능력은 연구하는 태도에서 중요한 능력이다. 당신의 주제와 가장 관련이 깊은 참고문헌 목록에서 언급하지 않은 연구라도 무시하지 말라. 다른 사람들이 무시했던 좋은 자료를 당신이 보여주면 독창성 때문에 점수를 따게 될 것이다.

5.6 연구를 진전시키기 위해 사람을 이용하기

21세기 연구에서 역설 중의 하나는, 새로운 기술이 우리로 하여금 예상치 못했던 용이함으로 예상치 못했던 풍성한 자료들에 접근하게 할수록, 연구도 역시 더 인간적이 되었다는 것이다. 따라서 연구 과제를 맡을 때 인간적 요소를 잊지 마라.

더 분명한 것은, 사람들은 관찰, 조사나 인터뷰를 통해 수집된 일차적 자료가 될 수 있다. 사람들을 일차적 자료로 이용할 때는 창의적이 되라. 지역의 사업체, 정부, 혹은 민간단체에서 일하는 사람들을 지나치지 말라. 예를 들어 당신의 마을에서 학교 통합정책에 대해 연구하고 있다면, 문서에만 의존하기보다는 각 지역학교에 누군가 나눌 만한 기억을 가진 사람이 있는지 물어야 할 것이다. 우리는 인터뷰하는 복잡한 과정에 대해서는 설명할 수 없지만(이 과정에 대한 안내서들이 많이 있다), 당신이 알고 싶은 것이 정확하게 무엇인지를 결정하고 계획할수록, 당신이 필요한 것을 더 효율적으로 얻을 수 있다. 질문할 목록을 중심으로 인터뷰의 각본을 쓸 필요는 없다. 사실 인터뷰를 받는 사람을 긴장시킨다면 그것은 나쁜 생각이다. 그러나 준비를 잘 해서 상대에게 목표 없이 질문하지는 말라. 책을 읽다 놓친 것들은 언제나 다시 읽을 수 있지만, 당신이 준비를 잘 못해서 필요한 것을 첫 번에 얻지 못하면 다시 사람들에게 계속 찾아가서 물어볼 수는 없다. 그리고 사람들을 포함시키는 일차적 연구를 진행할 때는, 항상 엄격한 윤리적 기준을 준수해야 한다는 것을 기억해야 한다(이 장 끝에 있는 요령을 보라).

사람들은 또 당신을 좋은 이차적 자료로 이끌 수도 있으며 그들 자체가 이차적 자료가 될 수도 있다. 우리는 주제에 관한 이차적 자료들은 주제에 관한 학문적 “대화”를 구성한다는 것을 일찍이 지적했다. 그것은 하나의 비유였다. 여하간 당신은 당신의 연구에 대해서도 진정한 대화를 가질 수 있으며, 가져야 한다. 위에서 우리는 당신이 일종의 전문가인 참고 열람실 사서와 당신의 연구에 대해 토의하기를 격려했다. 사서는 도서관 연구 과정에 관해서는 전문가이다. 또 당신의 주제에 관한 전문가와 직접 얘기함으로써 많은 것을 얻을 수 있다. 전문가들에게 그 분야에서 중요한 질문들에 관해 물어보라. 그들이 당신의 연구와 잠정적 논문에 대해 어떻게 생각하는지 물어보라. 또 당신이 읽어야 할 이차적 자료를 제안해주기를 부탁하라. 이런 개인적인 지도는 초보 연구자에게는 매우 소중한 것이며, 많은 전문가들이 당신과 이야기하기를 기뻐할 것이다(혹은 간략한 이메일 연락이라도 해보라).

우리 저자들 모두는 우리가 연구할 때 매우 성공적으로 이런 질문들을 했으며, 또 우리에게 연락한 사람들을 도움으로써, 우리 모두 그들에게 답례를 했다. 한번은 우리 중 한 사람이 저명한 학자를 초청해서 일학년 대학생들에게 그의 연구 과정에 대해 얘기해주도록 부탁했다. 그가 얘기를 시작할 때 한 말은 “나는 정말 연구과정이 없어요. 나는 단지 똑똑한 친구들에게 내가 무엇을 읽어야 하는지를 물어봐요.” 이 학자는 약간 장난 투로 이렇게 말했지만, 적어도 우리가 시작할 때는, 똑똑한 친구들에게 의지하는 것보다 더 나쁜 일도 할 수 있을 것이다.

누구를 믿을 수 있는가?

상당히 존경받는 미국 의학협회지에서, 유명한 학술지에 실린 논문들의 신뢰성을 검토할 위원회를 임명했다. 그 논문들이 그 분야의 전문가들에게는 인정받았으나, 평론가들은 "통계학적이고 방법론적인 잘못들이 많았다"라고 보고했다("동료의 검토가 불건전한 과학을 만들어낼 때," 뉴욕 타임즈, 2002, 6, 11, p. D6). 그러한 발표를 듣고 어떤 사람들은 과학자들이 출판하는 것을 그저 무시한다. "과학 논문의 평론가들이 신뢰성 있는 데이터를 보장하지 못한다면 평범한 세상 사람은 무엇을 해야 하나?" 당신은 우리 모두가 하는 일을 해야 한다. 즉 최선을 다하는 것이다. 비판적으로 읽고, 자료를 보고할 때는 가능한 정확하게 보고하라. 이 질문에 관해 8장에서 다시 다룰 것이다.

실수는 나쁘지만 거짓은 더 나쁘다. 우리 저자 중 하나인 부스의 학생이 제약회사에서 여름 직장을 잡았는데, 의사들이 설문지에 응답한 수많은 응답지를 검토하고, 그 답지 중 10 중 9는 그 회사 제품의 효능을 입증할 때까지 버리는 일을 맡았다. 이 데이터는 그 제품이 효과가 있다는 것을 '입증하려고' 사용되었다. 그 학생은 환멸을 느껴 그만두었으며, 그 자리는 틀림없이 윤리적으로 덜 민감한 사람으로 대치되었다.

요령 사람들을 자료로 이용할 때 지켜야 할 윤리

최근 사람들을 이용하는 연구가 그들에게 본의 아니게 해를 끼칠 수도 있다는 것을 더 잘 알게 되었다. 단지 육체적인 해가 아니라 사람들을 당황시키거나, 사생활을 침범하는 등 여러 가지를 말이다. 모든 대학이나 대학교는 지금 인간피험자 위원회가 있어서, 연구가 학생이든 전문적 연구자에 의해 실행되든 간에, 사람들을 직·간접으로 포함시키는 모든 연구를 검토한다. 위원회는 연구자들이 의학에서처럼 연구를 지배하는 원칙인 **해를 끼치지 마시오**를 잘 따르고 있는지를 확인한다. 인터뷰, 조사, 혹은 단지 사람들을 관찰하는 경우라도 당신이 사람들을 자료로 이용한다면 위원회에 문의하라. 귀찮고 관료적인 일거리 같이 느껴지겠지만, 지키지 않으면 당신을 돕는 사람들에게 해를 끼칠 수도 있으며 당신이 속한 기관에 피해를 줄 수도 있다.

제 6 장

문헌자료의 사용

자료들이 신뢰성이 있기를 기대하듯이 당신의 연구를 신뢰성 있게 만들려면 자료들을 공정하고 정확하게 이용해야 한다. 이 장에서는 어떻게 자료를 생산적으로 사용하며, 노트를 할 것인가를 설명한다. 그래서 당신이 자료에 의존하거나 비평할 때, 독자들이 당신을 신뢰할 수 있기를 바란다.

이 장에서는 어떻게 자료, 특히 이차적 자료에서 가장 많은 것을 끄집어낼 수 있을지를 보여준다. 우리는 단순한 이유에서 여기에 초점을 두기로 선택했다. 왜냐하면 이것이 우리가 유용하고 일반적인 충고를 제시할 수 있는 주제이기 때문이다. 연구자들이 데이터를 찾고 만드는 방법과 독자들이 증거로서 기대하는 데이터의 종류는 분야마다 매우 다르다. 역사가들과 문학평론가들은 전형적으로 그들이 증거로서 이용할 수 있는 문장들 때문에 일차적 자료를 손질한다. 그러나 다른 연구자들은 일차적 자료를 전혀 사용하지 않는다. 그들의 분야에 따라서, 그들은 토양 샘플을 실험실에서 분석하거나, 조사를 하거나, 혹은 컴퓨터 모델을 세울지도 모른다. 그러나 모든 분야마다 대부분 이차적 자료가 있으며, 가끔은 문헌(literature)이라고 불리기도 하는데, 그 분야의 대화를 기록한 것이다. 그리고 모든 분야의 연구자들은 이러한 자료를 비슷하게 사용한다.

당신이 이차적 자료를 어떻게 이용하는가는 연구 과제를 위한 탐색과정에서 어디에 서있는가에 달려있다. 경험 많은 연구자들은 그들 분야의 연구와 발맞추기 위해 규칙적으로 이차적 자료를 읽고, 그래서 그들은 질문이나 문제를 마음속에 갖고 연구를 시작한다. 그러나 당신이 어떤 주제에 낯설거나, 혹은 아직도 한 가지 주제만을 가지고 있다면, 당신은 추구해야 할 문제를 찾기 위해 많은 자료를 읽어야 할 것이다. 그런 후에도 그 문제를 어떻게 해결할지를 알아내려면 더 많은 자료를 읽어야 할 것이다. 이 장에서는, 경험 많은 연구자들이 하듯이 당신이 이차적 자료를 읽는 방법을 제시한다. 그저 당신 자신의 주장에서 사용할 수 있는 데이터가 아니라, 더 중요하게 당신 자신의 생각에 박차를 가하는 질문, 문제와 주장을 위한 것이다.

6.1 완전한 참고목록 정보를 기록하기

첫 번째 것은 첫 번째로 얘기한다. 일단 어떤 자료가 읽을 가치가 있다고 결정했으면, 그 자료의 참고문헌 정보에 관한 모든 것을 기록하라. 다른 것을 하기 전에 이것을 하라. 그렇게 하는데 잠시면 된다. 그리고 약속하는데 당신이 나머지 경력을 쌓으면서 이 습관보다 더 도움이 되는 것은 없다.

당신이 자료에 대한 참고목록 정보가 필요한 이유는 당신이 읽은 것을 기억해내고, 또 당신이 보고서를 쓸 때 당신의 자료를 치하하기 위해서이다. 당신 자신의 노트에, 기록이 완전하기만 하다면, 당신이 좋아하는 어떤 형태로든 참고문헌 데이터를 기록할 수 있다. 당신의 보고서에서 자료들을 인용할 때는 당신 분야의 인용 스타일을 따라야 한다(14.5를 보라).

인쇄된 책들은 다음을 기록하라.

- 저자(들)
- 제목(부제도 함께)
- 편집자(들)와 번역자(들)(있다면)
- 개정판 회수(edition)
- 권(volume)
- 출판 장소(한 도시 이상이면 첫 번째 도시만)
- 출판사
- 출판 날짜
- 참고한 논문들의 쪽수나 장의 수
- 도서 청구번호
- ISBN

전자책들은 출판된 책에 기록하는 것들과 당신이 기록할 모든 것을 기록하라.

- URL(있으면)
- 데이터베이스의 이름(있으면)
- 접근 날짜
- 책의 전자 형태

학회지에는 다음을 기록하라.

- 저자(들)
- 논문 제목(부제도 함께)
- 학회지 제목
- 권(volume)과 회(issue)의 번호

- 날짜
- 논문의 쪽수
- 도서관 청구번호(있으면)

온라인 자료에는, 위에 해당하는 많은 정보를 기록하고, 다음도 기록하라.

- URL
- 데이터베이스의 이름(있으면)
- 접근 날짜
- 웹 마스터(밝혀지면)

인쇄된 교재를 온라인에서 접근한다면, 온라인상에서의 자료뿐만 아니라 원본 인쇄물의 참고문헌 목록자료도 인용하라.

책의 일부분을 복사할 경우에는 제목이 있는 첫 페이지와 그 뒷장에 있는 출판일자도 함께 복사하라. 그리고 안다면, 도서관 청구번호도 기록하라. 자료를 인용할 때, 청구번호는 필요한 정보는 아니지만, 알면 필요할 때 다시 자료를 쉽게 찾을 수 있다.

> 저자 중에 한명인 윌리엄스는 엘리자베스 왕정 시대의 사회역사에 관한 연구 출판을 1년 이상 미루어야 했던 적이 있다. 그 이유는 그가 자료에 대해 충분히 기록하지 못했기 때문이다. 몇 년 전에 그가 우연히 자료를 발견했는데 아무도 그것을 문제에 적용하지 않았기에, 윌리엄스가 언젠가 제기하려던 것이었다. 그러나 그 자료에 대해 완전한 정보를 기록하지 못했기에 그 자료를 사용할 수 없었다. 그는 시카고대학 도서관을 몇 시간이나 뒤지고 다녔으나 모두 허사였다. 그러던 어느 날 잠자리에 들어 생각났는데 그 자료는 시카고대학 도서관이 아니라 다른 도서관에 있었다.

이 충고가 지나치게 조심스러운 것이라고 생각할 지도 모르나, 그렇지 않다. 필기노트에서 필수적인 자료에 대한 정보나 인용 부분이 부족하거나 부정확하여 다시 찾을 수 없거나 사용할 수 없다면 매우 좌절이 될 것이다.

6.2 자료를 적극적으로 읽기

경험 많은 연구자들은 수동적으로 읽지 않는다. 그들은 자료를 적극적으로 읽으며, 자료들과 대화를 시작한다. 할 수 있다면, 중요한 자료들은 두 번 읽으라. 처음에는 관대하게 읽으면서 당신의 관심을 자극하는 것에 민감해지라. 잘 모르는 것이나 혼란스러운 부분은 다시 읽으라. 즉시 반대의견을 갖지 말라. 그리고 자료를 이해하는 방향으로 읽으라. 자료가 당신의 주장에 반대하는 입장이면, 당신은 그것의 약점을 강조하는 유혹에 빠지기 쉽다. 그런 유혹을 적어도 처음에는 물리치라.

그런데 자료가 중요해 보이거나, 당신의 입장에 반대하는 것 같으면, 그것을 천천히 더 비판적으로 두 번을 읽으라. 마음속으로 어떤 부분을 요약할 수 없다면, 그것을 반대할 정도로 충분히 이해한 것이 아니다.

권위 있는 사람이 주장했다고 해서 그 주장을 무조건 받아들이지 말라. 수십 년 동안 연구자들은 북극의 이누이트족이 눈의 종류에 대해 많은 용어를 소유했다는 '사실'을 인용했다. 그러나 다른 연구자가 오직 3개뿐이라는 것을 발견했다(혹은 그렇게 주장했다). 전문가들도 자주 동의하지 않는다는 점을 이해하라. A라는 전문가가 어떤 것을 말하면, B는 반대를 주장하고, C도 전문가라고 주장하겠지만 사실은 아니다. 어떤 학생들은 전문가들이 서로 반대하는 것을 들었을 때 냉소적이 되어 전문가의 지식을 단지 하나의 의견으로 치부한다. 정당하게 논쟁하는 문제에 대해서 유식하고 사려 깊게 토론하는 것을 단순한 의견으로 혼돈하지 말라. 실제로, 그것은 연구가 활발한 분야의 표시이다.

당신이 상급단계의 연구자라면, 당신의 주장에 중요한 모든 것들이 정확한지 확인하라. 다른 사람들에게 자신의 연구가 사용된 경험이 있는 사람들은 거의 다—자주는 아니지만—자기의 연구가 부정확하게 보고되었고, 부주의하게 요약되었으며, 혹은 무시하는 비평을 받았다고 말할 것이다. 작가들은 정기적으로 뉴욕 서적 리뷰와 뉴욕 타임즈 신문의 서적 리뷰에 글을 쓰는데, 검토자들이 그들의 생각을 왜곡시키고, 비판하며, 실수를 범한다고 지적한다.

확인하고, 또 확인하라

연구자들이 고의로 자료를 틀리게 표기하지는 않지만, 가끔은 그들도 부주의하고 지적으로 게으를 때가 있다. 저자중 하나인 컬럼이 탁월한 연구자가 고백하는 것을 들었는데, 그녀는 방금 토론한 연구를 읽은 적이 없다는 것이었다. 또 부스의 책 중 하나가 한 비평가에 의해 '논박'되었는데, 그는 오직 한 부분의 제목인 "소설은 현실적이어야 한다" 만을 읽은 것이 분명했다. 그 이상은 읽지 않았기 때문에 그 비평가는 부스 자신이 그 제목의 주장과 소설에 대한 다른 잘못된 개념을 같이 공격했다는 것을 알지 못했다. 윌리엄스의 책을 검토한 사람은 잘못 인용했으며, 자기가 윌리엄스에게 반대한다고 생각하면서, 오히려 윌리엄스가 처음에 주장한 점에 찬성하는 주장을 했다!

6.3 문제를 찾기 위해 읽기

일단 연구문제가 생겼으면, 그 문제를 이용하여 증거, 모델 이론, 대응할 주장들을 찾으라. 그러나 아직 없다면, 어떤 자료, 모델이나 주장들이 관련이 있는지 모를 것이다. 따라서 자료를 닥치는 대로 읽지 말고 문제를 찾기 위해 의도적으로 읽어라. 불분명하고, 부정확하고 단순해 보이는 주장들이나, 당신이 동의하지 않는 것들을 찾아보라. 당신이 어떤 자료에 동의하지 않을 때 연구문제를 찾기가 더 쉽지만 동의하는 자료들 속에서도 문제를 찾을 수 있다.

6.3.1 창조적으로 동의할 것을 찾으라

어떤 자료가 주장하는 것을 믿는다면 그 주장을 확장시켜보라. 그것이 어떤 새로운 경우에 적용될까? 어떤 새로운 통찰력을 제공할 수 있을까? 그 자료가 고려하지 않았던 확실한 증거가 있는가? 여기에 창조적인 동의를 통하여 문제를 찾는 방법들이 있다.

1. 추가적 근거를 제공하라.

   자료의 주장을 지지하기 위해 새로운 증거를 제시할 수 있다.

   > 스미스는 알라모 설화가 텍사스를 넘어서는 신화적 위치에 있다는 것을 보여주려고 일화들을 사용한다. 그러나 대도시 신문들의 사설들이 더 나은 증거를 제시한다.

   - 자료는 오래된 증거를 가지고 주장을 지지하지만 당신은 새로운 증거를 제시한다.

- 자료에서는 약한 증거를 가지고 주장을 지지하지만 당신은 더 강한 증거를 제시한다.

2. 지지가 미흡한 주장들을 확증하라.

자료에서는 단지 가정하거나 추론하는 것을 당신이 증명할 수 있다.

스미스는 운동 성과를 증진시키기 위해 마음으로 상상하기를 추천한다. 운동선수들의 정신적 활동에 대한 MRI 연구들은 왜 그것이 좋은 충고인지를 보여준다.

- 자료에서는 __________이 사실일거라고 추측하지만, 당신은 사실이라는 것을 보여주는 증거를 제시한다.
- 자료에서는 __________이 사실일거라고 가정하지만, 당신은 그것을 증명할 수 있다.

3. 주장을 더 폭넓게 적용하라.

당신은 입장을 확장시킬 수 있다.

스미스가 주장하기를 의대생들이 한 가지 은유보다는 많은 은유를 가지고 설명할 때 생리학적 과정을 더 잘 배울 수 있다고 한다. 그것은 공대와 법대 학생들에게도 똑같은 것 같다.

- 자료는 __________를 한 가지 상황에 정확하게 적용하지만, 당신은 그것을 새로운 상황들에 적용한다.
- 자료는 __________가 특정한 상황에서는 사실이라고 주장하지만, 당신은 그것이 일반적으로 사실이라고 보여준다.

6.3.2 창조적으로 반대할 것을 찾아라

당신이 적극적으로 읽으면, 불가피하게 당신의 자료에 반대하는 자신을 발견할 것이다. 그런 반대하는 점들을 옆으로 밀어두지 말라. 왜냐하면 그것들이 자주 새로운 연구 문제를 지적하기 때문이다. 이러한 것들을 찾아보라(목록이 철저하지는 않으며, 어떤 종류는 겹친다).

1. 종류의 반박

자료는 그것이 같은 종류라고 말하는데 사실은 다르다.

> 스미스는 벽에 하는 낙서(graffiti)가 단지 예술 파괴라고 말하는데, 그것은 대중 예술의 한 형태로서 더 낫게 이해되고 있다.

- 자료는 ______이 ______의 한 종류라고 말하지만, 그렇지 않다.
- 자료는 ______이 특징이나 질의 하나로서 항상 ______를 가진다고 했지만 그렇지 않다.
- 자료는 ______가 정상적인/좋은/중요한/유용한/도덕적인/재미있는 이라고 주장하지만, 그렇지 않다.

당신은 반대로 말하기 위해서 그런 주장들과 다음에 오는 것들을 뒤집을 수 있다.

- 자료는 ______가 ______의 한 종류가 아니라고 하지만, 당신은 그렇다는 것을 보여줄 수 있다.

2. 부분-전체 반박들

어떤 것의 부분들이 어떻게 관련이 있는지에 대해 자료가 틀렸다는 것을 보여줄 수 있다.

스미스는 코딩이 인문교육과 관계가 없다고 주장했는데, 사실은 그것은 필수적이다.

- 자료는 ______가 ______의 일부분이라고 주장하지만, 그렇지 않다.
- 자료는 ______의 일부분이 다른 부분과 어떤 식으로 연관이 있다고 주장하지만, 그렇지 않다.
- 자료는 모든 ______가 ______를 일부분으로 갖고 있다고 주장하지만, 그렇지 않다.

3. 발달적 혹은 역사적 반박들

자료가 주제의 근원이나 발달에 대해 틀렸다는 것을 보여줄 수 있다.

스미스는 세계 인구가 증가할 것이라고 주장하는데, 그렇지 않다.

- 자료는 ______가 변하고 있다고 주장하지만, 그렇지 않다.
- 자료는 ______가 ______때문이라고 주장하지만, 그렇지 않다.
- 자료는 ______가 어떤 방식으로 발달한다고 주장하지만, 그렇지 않다.

4. 외적인 원인-결과 반박들

자료가 인과관계에 대해 틀렸다는 것을 보여줄 수 있다.

스미스는 마리화나를 합법화하는 것이 십대들의 마리화나 사용을 증가시킨다고 주장하는데, 증거는 그렇지 않다는 것을 보여준다.

- 자료는 _______가 _______를 초래한다고 주장하지만, 그것/그것들은 ________에 의해 초래된다.
- 자료는 _______가 _______를 초래하기에 충분하다고 주장하지만, 그렇지 않다.
- 자료는 _______가 오직 _______를 초래한다고 주장하지만, 그것은 ________도 초래한다.

5. 관점의 반박들

대부분의 반박들이 개념적 틀을 바꾸지는 않는다. 그러나 당신이 사물에 대한 '표준적'인 견해를 반박하면, 당신은 다른 사람들이 새로운 방식으로 생각하도록 독려하는 것이다.

> 스미스는 광고가 오직 경제적 기능만을 가지고 있다고 가정하는데, 광고는 또 새로운 예술형식을 위한 실험실로서의 기능도 한다.

- 자료는 _______를 _______의 견해에서 논의하지만, 새로운 맥락이나 견해는 새로운 사실을 보여준다(새롭거나 오래된 맥락은 사회적, 정치적, 철학적, 역사적, 경제적, 윤리적일 수 있다).
- 자료는 _______이론이나 가치 체계를 이용하여 _______를 분석한다. 그러나 당신은 그것을 새로운 관점에서 분석하고 새로운 방식으로 볼 수 있다.

6.4 주장을 위해 읽기

6.4.1 대응할 주장을 위해 읽어라

주장이 완전하려면 독자의 예측 가능한 질문들과 반론을 인정하고 거기에 대응해야 한다. 당신은 이차적 자료에서 그러한 경쟁이 되는 의견들을 찾을 수 있다. 그 자료들은 당신의 주장에 대한 대안으로 무엇을 제공하는가? 그것들은 당신이 인정해야만 하는 어떤 증거를 인용하는가? 어떤 신진 연구자들은 그들의 의견에 반대되는 견해를 언급하면 자기들의 연구를 약화시킨다고 생각한다. 사실은 반대이다. 당신이 다른 사람들의 견해를 인정할 때, 그들의 견해를 알뿐만 아니라 조심스럽게 그것들을 생각하고 자신 있게 반응할 수 있다(이에 관해서는 10장을 보라).

경험 많은 연구자들은 자신들의 견해를 개선시키기 위해 반대되는 견해를 이용한다. 당신이 생각하는 것을 진정으로 이해하려면 왜 이성적인 사람이 다르게 생각하는지를 이해해야 한다. 따라서 이차적 자료를 찾을 때, 단지 당신의 주장을 지지하는 것들만 찾지는 말라. 당신의 주장을 반박하는 자료들을 주의 깊게 보라. 왜냐하면 그것들이 바로 당신의 독자들이 알고 싶어 하는 자료이기 때문이다.

6.4.2 추리와 분석의 모델을 위해 읽어라

당신은 이차적 자료를 또 다른 방법으로 이용할 수 있다. 즉 추리와 분석의 모델로서 이다. 만약 당신이 계획하는 것과 같은 주장을 전혀 한 적이 없다면, 이차적 자료에서 찾은 다른 형태의 주장을 따라할지도 모른다. 당신은 구체적 아이디어를 이용할 수는 없다(그것은 표절이 될 것이다). 그러나 자료에서 데이터를 주장하거나 분석하는 방법을 빌리는 것은 표절이 아니다(자료를 모델로 이용하면 당신의 연구가 비독창적이 될 것이라고 걱정하지 말라. 연구 주장은 자주 방법과 추론에서 비독창적이다. 독자들이 찾는 것은 당신의 문제, 주장과 증거의 독창성이다).

예를 들어, 당신이 주장하고 싶은 것이, 알라모 설화가 그 이야기를 만든 사람들의 정치적 이해관계에 도움이 되고, 이야기를 반복하는 사람들의 정서적 욕구를 충족시켰기 때문에 유지되었다고 가정하자. 당신은 당신의 주장에 특이한 논리와 증거가 필요할 것이다. 그러나 당신은 다른 설화들이 사실이든 허구이든, 그 설화들에 관한 비슷한 주장 속에서 독자들이 보는 똑같은 종류의 이슈를 제기할 수 있다. 예를 들어, 자료에서 아더 왕의 전설이 영국 사회와 정치를 형성하는데 어떻게 도움이 되었는가를 보여준다면, 당신도 알라모와 텍사스 공화국에 관한 유사한 주장을 할 수 있다. 당신은 꼭 당신의 모델을 인용할 의무는 없지만, 신용을 얻기 위해서, 그 모델이 당신과 비슷한 주장을 했다는 것을 기록해도 좋을 것이다.

> 아더 전설이 영국 사회와 정치적 정체성을 꾸며내는데 도움을 준 것처럼(웨이만 1998), 알라모 전설도 ...

6.5 데이터와 지지를 위해 읽기

6.5.1 증거로 사용할 데이터를 위해 읽어라

신진 연구자들은 데이터를 위해 정기적으로 이차적 자료를 찾아내지만, 할 수 있다면, 일차적 자료를 점검하라. 만일 중요한 인용문이 원래 형태와 맥락으로 가능하다면, 그것을 확인하지 않는 것은 위험하며 지적으로 게으른 행동이다. 그 자료를 이용하기 위해서는 반드시 자료에 동의할 필요는 없다. 실제로 그 주장이 당신의 질문과 관련이 있을 필요도 없다. 그러나 만일 통계자료들이 적절히 수집되고 분석되었는지 스스로 판단할 수 있으면 통계자료를 이용하라(당신이 통계나 확률과목을 한 두 개 들을 수 있다면 당신 자신에게 매우 도움이 될 것이다. 대부분의 미국인들은 통계에 창피할 정도로 무지하다).

6.5.2 주장에 대한 지지로 사용하기 위해서 읽으라

연구자들은 종종 그들이 이차적 자료에서 찾는 결과들을 자신의 주장을 지지하는데 이용한다. 만일 유용한 주장을 발견하면, 당신의 주장을 지지하기 위해 그것을 인용할 수 있는데, 특히 그 주장이 지지받고 널리 인정받았을 때이다. 그러나 많은 주장들이 단지 또 하나의 연구자가 당신에게 동의할 뿐 그 이상 아무것도 없다는 것을 보여준다. 그러한 주장을 증거로 이용하기 위해서는, 그 자료의 결론뿐만 아니라 추론 과정과 지지하는 증거도 보고해야 한다.

6.6 기록하기

일단 사용할 만하다고 생각되는 자료를 찾았으면, 그것을 목적을 가지고 주의 깊게 읽어야 한다. 그러나 그것을 다시 찾을 수 없거나, 기억할 수 없어서 이용하지 못한다면 별 소용이 없게 될 것이다. 그래서 다시 말하는데, 어떤 다른 것을 하기 전에, 그 자료의 전체 참고문헌 정보를 기록하라. 그리고 기록을 하되 당신이 읽은 것을 기억하고 이용하는데 도움이 될 뿐만 아니라, 당신의 사고를 확장시키는데 도움이 되는 방법으로 기록하라.

당신은 색인 카드나 노트에 기록할 수 있으며, 혹은 컴퓨터나 손에 쥘 만한 장비를 사용할 수 있다. 온라인으로도 기록할 수 있는데, 웹에 기반한 해결 번호를 이용하여 워드 프로세서부터 정교한 참고서적 관리 체계까지 가능하다. 이들 접근법은 각기 장점과 약점이 있다. 그것들을 잘 이해해서 당신에게 가장 잘 맞는 방법을 고를 필요가 있다.

6.6.1 종이 위에 기록하기

몇 년 전에는 자료에 관해 기록하는 표준 방법은 색인카드 파일을 만드는 것이었다. 왼쪽 상단에는 저자, 서명, 페이지를 적는다. 오른쪽 상단에는 연구자가 분류하는데 쓰일 핵심단어를 적으며 노트를 다른 카테고리와 순서별로 재분류한다. 카드 본문은 자료의 주요 요점을 정리하고, 직접 인용문과, 인용문과는 확실히 구별되는 차후 연구를 위한 코멘트나 생각을 적는다. 왼쪽 하단에는 자료의 도서 청구번호를 적는다.

Sharman, 욕설, p.133 역사/경제(성?)

욕설이 경제적 논제로 부상한 것은 18세기 도시라고 말함. Gentleman's Magazine, July 1751(페이지 없음)에 의하면 한 여자는 불경스러운 욕설을 하여 1실링 벌금이 부과되었으나 벌금을 갚을 수 없어 10일간 중노동에 처해짐.

> "… 한 경제학자는 상습적으로 욕설을 즐기는 부유층 사람들을 대상으로 전국적 벌금 부과 캠페인을 벌여 국가재정에 보태자는 주장을 함. 국부에 기여할 수 있다는 발상에서 나옴."

(현대에도 욕설퇴치 운동을 경제적 이슈로 부각시킬 수 있을까? 코미디언은 지저분한 욕을 많이 해서 인기가 높은 것은 아닌가? 영화를 대상으로 하는 것이 더 현실적이지 않을까? 성차별 문제와 결부? 18세기에는 여자보다 남자에게 벌금이 더 많이 부과되었는가?)

GT3080/S6

오늘날 이런 방법을 집중적으로 사용하는 연구자는 거의 없지만, 우리는 아직도 여기에서 중요한 원칙들을 배울 수 있다.

- 각 자료에 대해 완전한 참고문헌 정보를 기록해라. 그래야 그것을 적절하게 인용하며 다시 쉽게 찾을 수 있다.
- 다른 주제는 다른 페이지에 기록하라. 비록 같은 자료에서 나온다고 다른 주제들을 섞어서 기록하지 말라.
- 반드시 정확하게 기록하라. 왜냐하면 나중에 다시 볼 필요가 있기 때문이다(만약 몇 줄 이상 인용하고 싶다면, 사진 복사, 스캐닝, 구절을 잘라 붙이기, 혹은 문서 전체를 모으기를 생각해보라).

- 가장 중요한 것은 세 종류의 기록을 분명하게 구분하라. (1) 자료에서 인용한 것, (2) 자료를 풀어서 쓰고 요약한 것, (3) 당신 자신의 생각들이다. 종이에 기록할 때는 다른 종류의 기록을 구분하기 위해, 제목이나 괄호나 다른 색깔의 잉크를 이용하라. 컴퓨터를 사용하거나 온라인으로 기록하고 있다면, 다른 글씨체나 크기를 사용하여 구별하라. 우리가 강조하는 것은 당신 자신의 말과 자료에 있는 말들을 **분명하게** 구분해야 한다는 것이다. 그 이유는 둘을 혼동하기가 너무 쉽기 때문이다.

컴퓨터 파일과 비교하여, 종이 기록도 쓸모가 있다. 예를 들어, 공책이나 한 묶음의 색인카드는 값도 싸고, 들고 다니기 편리하며, 종이는 기계가 다닐 수 없는 곳을 갈 수 있다. 아직도 어떤 기록보관소는 이용자가 종이와 연필을 갖고 기록하기를 요구한다. 몇 연구자들이 아직도 종이에 기록하는 주 이유는 그것이 생각하는데 도움이 되기 때문이다. 모든 것을 다 쓸 수가 없기 때문에, 종이를 이용하면 가장 중요한 것에 대해서 생각하게 만든다. 그처럼, 당신의 기록들이 카드나 종이라면, 그것들을 그룹으로 나누거나, 섞거나, 책상이나 마루에 펼쳐놓을 수 있다. 그리고 쓰는 행동 자체가 기억하는데 도움이 될 뿐만 아니라 연관성을 보게 하며 생각을 전개시키는데 도움이 된다.

오늘날 아직도 종이 노트에만 의존하는 연구자들은 거의 없으며, 대부분이 컴퓨터를 사용한다.

6.6.2 컴퓨터에 기록하기

컴퓨터를 이용하여 기록을 할 때는 여러 가지 선택이 있다.

- 가장 단순하게, 워드 프로세서를 이용할 수 있다. 각 자료마다 다른 파일(적어도 다른 페이지)을 만들어라. 그리고 반드시 당신 자신의 말과 자료에 있는 말들을 분명하게 구분하라. 워드 프로세서는 사용하기가 쉽지만, 기록을 분류하고, 정리하며, 탐색하는데 한계가 있다. 그래서 특별히 길고 복잡한 연구를 위해서는 다른 선택을 고려할 지도 모른다.

- 당신은 노트를 만들고 정리하기 위하여, 충실하게 손으로 기록하는 방법을 사용할 수도 있다. 그러한 방법은 기록한 것을 찾고, 분류하며 접근하기가 쉽다. 하지만, 노트 기록은 소유자만의 방식을 이용하기 때문에, 당신의 노트를 다른 사람과 공유하거나 다른 프로그램과 함께 이용하기가 어렵다.

- 당신은 참고도서-관리체계를 이용할 수 있다. 그런 시스템들은 당신의 노트를 정리하고 접근하는데 많은 도움을 준다. 또 그것들은 온라인 도서관 카탈로그와 데이터베이스에서 직접 정보를 꺼낼 수도 있으며, 당신이 글을 쓸 때 당신의 인용문과 참고문헌들을 형식을 갖추어 업데이트 할 수도 있다. 어떤 것들은 참고도서-관리체계 내에서 자료를 완전한 전자 사본으로 저장까지도 한다. 그렇게 당신이 자신의 개인 자료도서관을 만들어 유지하는데 도움을 준다. 그러나 노트 필기하는 프로그램처럼, 이 체계들도 가끔은 소유자 특유의 형식들이 있어서, 이용하려면 그 형식을 배워야 한다.

세 가지 방법 모두 웹에 근거한 버전으로 가능하다. 이 말은 방법과 노트가 당신 자신의 컴퓨터에 있는 것이 아니라 "클라우드" 안에 있다는 것이다. 이것이 당신의 데이터가 뜻하지 않게 분실되거나 파괴되지 않도록 지켜주며(당신은 하드 드라이브가 망가지는 것을 걱정할 필요가 없다), 다른 연구자들과 정보를 공유하고 협력하는데 도움을 준다.

그러나 당신이 어떤 기술을 사용하더라도, 몇 가지 기본 질문들을 고려해야 한다.

- 어떻게 항상 정리를 할 것인가? 예를 들어, 각 자료마다 독립된 워드-프로세싱 기록을 만들 계획이라면, 파일에 이름을 붙여서 저장할 시스템이 필요하다. 그러한 시스템이 없으면, 하드 드라이브에 있는 기록을 잃기가 매우 쉽다.
- 당신의 노트를 어떻게 이용할 것인가? 당신은 작은 과제와 큰 과제, 비연속적 과제와 연속적 과제, 개인 과제와 공동 과제마다 다르게 노트를 저장하기로 결정할 수도 있다.
- 당신의 학교나 도서관을 통해 어떤 방법이 가능한가? 많은 학교들이 기록하기나 참고도서-관리 시스템을 교수나 학생들에게 제공하며, 가끔은 이런 도구들을 카탈로그와 통합하기도 한다. 당신의 학교가 이런 자원을 제공한다면, 그들을 이용하기를 고려해보라.
- 가장 중요한 것은 어떤 접근 방법이 당신 자신이 쓰고, 생각하고, 일하는데 가장 잘 맞는가이다. 당신이 작가나 연구자로서 성장하면서, 당신에게 독특한 작업 방식을 개발할 것이다. 다른 사람들에게는 그 방법이 귀찮거나 혼란스러울지도 모른다. 기억할 점은 당신의 목표는 정교한 기록 모음을 만드는 것이 아니고, 유능하고 현명

하게 연구하며 글을 쓰는 것이다. 만약 어떤 소프트웨어가 당신에게 그러한 도움이 안 된다면, 그것은 당신에게 유용한 것이 아니다.

6.6.3 언제 인용하고, 풀어쓰고, 요약할지를 결정하라

자료를 사진 복사, 스캔, 혹은 다운로드 받을 수 있거나, 글을 쓸 때 온라인으로 자료에 접근할 수 있다면, 정확한 단어를 보존하기보다는 당신 자신이 자료를 읽는데 더 초점을 둘 수 있다. 이것은 대단한 이점이다. 자료를 요약하라, 그러면 자료를 이해하는데 도움이 된다. 그리고 글을 쓸 때 인용하거나 풀어쓰고 싶은 구절들을 유의하라. 또 자료에 대한 당신 자신의 반응도 유의하라. 어느 부분에서 동의하는 자신을 발견했는가? 동의하지 않는 곳은? **그래서 어쨌다는 거야?**라고 말하고 싶은 부분은?

자료를 보존할 수 없고, 나중에 자료에 다시 접근할 수 있을지를 모른다면 참 힘든 경우이다. 흥미롭고 유익한 모든 구절의 모든 단어를 옮겨 적는 것은 많은 시간이 걸린다. 그러나 당신이 요약만 했던 것을 나중에 인용하고 싶어진다면 그것도 성가신 일이다. 그래서 기록을 할 때는, 언제 인용하고, 풀어쓰고, 요약할지를 상황에 따라 선택해야 한다. 일반적으로, 인문학 연구자들이 가장 자주 인용을 한다. 사회과학이나 자연과학자들은 보통 풀어쓰거나 요약한다. 그러나 모든 선택은 자료를 이용하기 위해 어떻게 계획하는 가에 달려있다.

- 요약할 경우는 구절, 구획, 혹은 전체 논문이나 책일지라도 오직 핵심 포인트만 필요할 때이다. 요약은, 관계는 있지만 구체적으로 관련이 없는 맥락이나 견해를 보여줄 때 유익하다. 자료의 요약은 절대로 좋은 증거가 되지 않는다.

- 풀어쓸 경우는 한 구절의 구체적 단어들이 의미보다 덜 중요할 때이다. 풀어쓰기는 단지 단어 한두 개를 바꾸는 것을 뜻하지 않는다. 대신에 원래 단어와 구(phrase) 대부분을 당신의 말로 대치해야 한다. 풀어쓰기도 직접 인용만큼 좋은 증거가 절대 아니다.
- 정확한 인용문을 기록할 때는 다음의 목적을 위해서다.
  - 인용된 말이 연구 이유를 뒷받침하는 증거이다. 예를 들어, 당신이 지역마다 알라모 전쟁에 다르게 반응했다고 주장했다면, 다른 신문들에 실린 정확한 단어들을 인용할 것이다. 그러나 그들의 일반적 정서에 관한 정보만 필요했다면, 풀어쓰기를 할 것이다.
  - 인용된 말이 당신이 의존하거나, 도전하려는 권위자로부터 온 것이다.
  - 말이 놀랍도록 독창적이고 강력해서 인용문이 토론의 나머지를 판가름 지을 수 있다.
  - 자료가 당신이 동의하지 않는 주장을 해서, 그 주장을 정확하게 말하고 싶다.

절대로 인용문을 줄이지 말라. 당신은 그것을 나중에 정확하게 복원시킬 수 없다. 만약 잘못 인용한다면, 당신의 신용도를 떨어뜨리게 될 것이다.

6.6.4 원문의 맥락을 정확히 제시하라

당신은 모든 것을 기록할 수는 없지만, 자료의 의미를 정확하게 표현할 만큼 충분히 기록해야 한다. 자료에서 일부를 이용할 때, 자료가 말하는 것만 기록하지 말고 어떻게 그 정보를 이용했는지도 기록하라.

1. 문헌을 인용하고, 풀어쓰고, 요약할 때, 그 맥락을 조심하라.

맥락을 훼손 없이 전달하려면 모든 내용을 인용해야 하기 때문에 완벽한 재현은 불가능하다. 그래서 인용문을 풀어쓰고, 요약하고, 복사할 때는 원문의 가장 중요한 맥락을 벗어나지 않도록 하라. 또 타인의 주장의 일부분을 기록할 때는, 그 주장에 도달하기 위해 저자가 추구한 사고의 체계(line of reasoning)를 주목하라.

- **부적합** : 바톨리(123쪽) : 전쟁이 발생한 이유는 Z이다.
- **부적합** : 바톨리(123쪽) : 전쟁이 발생한 이유는 X, Y 그리고 Z이다.
- **적　절** : 바톨리(123쪽) : 전쟁이 발생한 이유는 X, Y, Z이다(123쪽). 그러나 가장 중요한 이유는 Z 때문이다(123쪽). 그렇게 생각하는 첫 번째 이유는 124~126쪽에서, 두 번째 이유는 126쪽에서, 그리고 세 번째 이유는 127~128쪽에서 설명하고자 한다.

가끔 당신은 오직 결론에만 신경 쓰겠지만, 독자들은 결론이 어떤 주장에서 나왔는지 알고 싶어 한다. 따라서 노트를 할 때는 결론뿐만 아니라 결론을 지지하는 주장들도 기록하라.

2. 문헌 속의 어떤 주장을 기록할 때, 원문 속에서 그 주장이 차지하는 상대적 중요도에 주목하라.

그것이 핵심적 주장인가? 사소한 주장인가? 조건부 주장인가 아니면 양보인가? 잘 구별하면서 다음과 같은 실수를 피하라.

- **존스의 원전** : "연구자들이 인정하는 것은 폐암에 몇 가지의 원인이 있는 데, 유전적 소인과 석면, 라돈과 미세먼지 같은 환경적 요인들에 노출을 포함한다. 그러나 데이터를 연구한 누구도 폐암

의 주요 원인이 흡연이라는 것을 의심하지 않는다."

- **존스의 주장을 잘못 표현한 예**: 흡연은 폐암의 많은 원인 중 단지 하나이다. 예를 들어, 존스가 "폐암에 몇 가지의 원인이 있는데, 유전적 소인과 석면, 라돈과 미세먼지 같은 환경적 요인들에 노출을 포함한다."라고 주장했다.

존스의 주장은 이와 전혀 다르다. 그는 단지 마지막 문장에 나와 있는 자신의 결론을 내기 위하여 비교적 사소한 점을 양보한 것이다. 이런 식으로 고의적으로 잘못 보고하는 것은 진실을 추구하는 학자의 기본규범을 파괴하는 것이다. 그러나 당신은 의식하지 못하는 가운데 이런 실수를 할 수 있다. 특히 자료의 단어들만 보고, 어떤 주장에서 그 단어들의 역할이나 중요성을 보지 못하면 말이다.

이러한 실수를 피하려면, 주장에서 중심적 진술과, 저자가 인정하나 중요시 하지 않는 단서 조항이나 양보 진술을 구별하라. 만일 당신이 저자의 의도에 '거슬려서', 예를 들어 숨겨진 경향을 폭로하려고 읽는 것이 아니라면, 연구의 사소한 점을 마치 주요한 주제인 것처럼 보고하지 말라. 더 심한 경우는 사소한 점을 마치 그것이 보고서의 전부인 것처럼 보고하는 것이다.

3. 주장의 범위와 확신을 기록하라.

다음과 같은 진술들은 똑같은 것이 아니다.

- 감자튀김 안에 있는 화학약품은 암을 유발한다.
- 감자튀김 안에 있는 화학약품은 암의 요인일지도 모른다.
- 감자튀김 안에 있는 어떤 화학약품은 어떤 암의 높은 발생률과 상관관계가 있다.

4. 다른 사람의 견해를 요약한 것을 마치 저자가 요약한 것처럼 혼동하지 말라.
어떤 사람들은 그들이 다른 사람의 주장을 요약할 때 그 점을 분명히 나타내지 않는다. 그래서 저자가 말한 내용을 정반대로 인용하기가 쉽다.

5. 자료들이 왜 일치하고 불일치하는지를 주목하라.
두 명의 사회과학자들은 사회문제가 환경적 요인이 아니라 개인적 요인에 의해서 발생하는 것이라고 주장할지도 모른다. 그러나 한 사람은 유전적 특성에서 증거를 제시할 수도 있고, 다른 사회과학자는 종교적 신념을 제시할 수도 있다. 어떻게, 그리고 왜 자료들이 일치하는지가 일치한다는 사실만큼 중요하다. 같은 맥락에서 자료들이 불일치할 수도 있는데, 이유는 자료들이 똑같은 증거를 다르게 해석하거나 아니면 똑같은 문제에 대해 다른 접근방법을 취하기 때문이다.

어떤 주제에 대하여 어느 한 학자의 말에 자신을 결부시키는 것은 위험하다. 다른 사람의 논문을 무비판적으로 단순히 요약하는 것은 '연구'가 아니다. 비록 당신의 자료가 세계적으로 신뢰받고 있어도 조심하라. 적어도 두 자료들을 자세히 관찰하면, 보통은 서로 완전히 일치하지 않는다는 것을 발견할 것이다. 여기서부터 당신 자신의 연구가 시작되는 것이다. **누구의 주장이 더 나은가? 누가 더 증거를 중시하는가?** 실제로 바로 여기에 연구문제가 있는 것이다— 우리는 누구를 믿어야 할까?

폭넓은 독서의 가치

우리는 연구의 초점을 맞추기 위해서는 좋은 질문을 갖는다는 것이 매우 중요하다는 것을 강조했다. 그렇지만 당신이 관련 없는 자료를 읽는 것이 시간 낭비라고 생각하지 말라. 실제로, 당신이 이용할 수 있는 것보다 더 많이 읽고 기록할 때, 당신은 좋은 사고(good thinking)를 연습하는데 필요한 지식의 기초를 쌓고 있는 것이다. 좋은 사고는 배울 수 있는 기술이다. 그러나 좋은 사고를 연습하는 것은 당신이 깊고 넓은 지식의 바탕이 있을 때이다. 따라서 당신이 오늘 묻는 질문에 답하기 위해서만 자료를 읽지 말고, 당신이 계속 연구를 하면서 묻게 될 모든 질문에 대해 더 잘 생각하는데 도움이 되기 위해서 자료를 읽으라.

6.7 자료에 주석 달기

6.7.1 약간의(marginal) 주석들

종이나 컴퓨터에 기록하는 대안으로서, 직접 많은 자료들을 프린트나 디지털 형태로 주석을 달 수 있다. 주석 달기는 하나의 기술로서, 코멘트, 질문과 다른 본문에 앞뒤 참조하기를 통해 본문을 부각시키는 기술이다. 여백에 주석 달기가 단순하게 부각시키는 것보다는 일반적으로 더 생산적이다. 왜냐하면 주석 달기는 자료가 당신의 연구에 관련이 있다는 것을 선명하게 하기 때문이다.

주석을 달 때, 이 장에서 논의된 적극적 독서 활동을 증명하는 것이다. 자료의 주장과 핵심단어들을 찾아내거나, 혹은 이유, 증거와 보증들(3부를 보라)을 질문(혹은 확장)함으로써 자료와 "논쟁"하기 위해 주석 달기를 이용할 수 있다. 당신의 연구가 진전함에 따라, 이전에 당신이 생각하고 있었던 것을 보기 위하여 주석을 단 본문으로 돌아갈 수도 있다.

물론 모든 본문이 주석 달기에 똑같이 가능한 것은 아니다. 당신이 도서관 책이나 당신이 소유하지 않은 문서의 여백에 글을 쓸 수는 없다. 또 많은 문서가 오직(혹은 가장 편리하게) 디지털 형식으로만 접할 수 있다. 다행히, 디지털 환경에서 읽은 것을 기록하게 할 수 있는 디지털 주석달기 도구가 있다. 이 도구를 사용하여, 이미지를 포함한 넓은 범위의 원문들에 주석 달기를 할 수 있다. 또 추후 인출을 위해 탐색 가능한 데이터베이스를 구축하기 위한 다양한 원문들을 연결시키기 위해서도 이런 도구를 이용할 수 있다.

6.7.2 주석 달린 참고문헌

흥미로운 자료에 접근하는 한 방법은 주석 달린 참고문헌으로, 이것은 가능한 자료의 목록으로, 자료에 대한 인용과 짧은 요약을 싣고 있다(인용에 관해서는 14.5를 보라). 주석을 만든 동기에 근거한 다양한 형태의 주석이 있다. 연구 과제를 위해서는, 주석 달린 참고문헌은 다양한 자료들과, 그 자료들이 당신의 보고서에서 할 역할들을 한 눈에 볼 수 있게 한다. 자주, 주석 달린 참고문헌을 모아 정리하는 일은 연구 단계에서 독특한 단계로, 당신(과 당신의 교사)이 수집한 자료들에 대해 생각하게 만든다. 각 주석은 자료의 신용성을 평가하고, 주장을 요약하며, 자료가 연구과제에 관련 있다는 것을 설명할 수 있는 기회이다.

주석 달린 참고문헌을 편집하는 일은 체크포인트의 역할을 할 수 있다. 즉 당신이 얼마나 철저하게 연구를 수행했는지, 그리고 당신이 수집한 자료를 얼마나 깊게 읽었는지를 측정하는 점검의 기회가 된다. 만일 당신이 당신의 자료들을 요약할 수 없거나, 그들의 관련성을 설명할 수 없다면, 아직은 보고서를 쓸 준비가 안 되어 있는 것이다.

요령 정상적인 불안의 순간들에 대처하라

연구과제 속으로 깊게 들어 갈수록, 모든 것이 절망적인 혼란 속으로 달려가는 것과 같은 순간을 경험할 것이다. 그런 일이 일어나는 것은 노트들이 정리가 덜 된 상태에서 쌓이기만 할 때 보통 일어난다. 나쁜 소식은 그런 일을 피할 수가 없다는 것이다. 좋은 소식은 결국은 그런 순간들도 지나간다는 것이다.

당신이 그런 공포를 최소화할 수 있는 방법은, 기회만 되면 모아 놓은 것들을 정리하고 요약하는 것이다. 또 계속 쓰면서 중심적인 질문으로 돌아가는 것이다. **내가 묻고 있는 질문은 무엇인가? 내가 제시하는 문제는 무엇인가?** 이 공식을 계속 연습해보라. **나는 X에 관해 더 알기 위하여 Y에 관해 연구하고 있다. 그렇게 해서 나의 독자들은 Z에 대해 더 잘 이해할 수 있다.** 이러한 질문들에 관해 규칙적으로 써 가면 당신이 초점을 유지하는데 도움을 주며, 그 이상으로 당신이 생각하는 것을 도와준다.

또 친구, 급우, 교사 등 누구든지 동감하면서 비판적인 청중이 될 수 있는 사람에게 도움을 청할 수 있다. 당신이 알고 있는 것이 어떻게 당신의 질문과 연관이 있는지와, 그것이 당신의 문제를 해결하는데 어떻게 도움이 되는지를 설명하라. 그들에게 물어보라. **이것이 이해가 됩니까? 내가 중요한 것을 놓치지는 않았나요? 그밖에 더 무엇을 알고 싶나요?** 당신은 그들의 반응에서 많은 것을 얻을 수 있다. 그리고 당신의 생각을 비전문가에게 설명한다는 행위만으로도 더 많은 것을 얻을 수 있다.

제3부 논증을 제시하기

서설

연구논증을 작성하기

논증을 계획하는 것은 마지막 부분의 데이터까지 모두 모으고, 모든 관련 있는 자료를 마지막까지 다 찾았을 때야 가능한 것은 아니다. 우선, 그 모든 것을 할 수는 없다. 둘째는, 그렇게 한다면 결국은 기계적으로, 혹은 목표도 없이 연구를 하면서, 무엇을 할지 알지도 못한 채 더욱 더 많은 것을 쌓아 두거나, 혹은 아무도 알지 못하는 빵부스러기로 이어진 길을 따라가면서 계속 찾다가 끝나게 될 것이다. 물론, 당신의 과제를 잘 다루기 위해 어느 정도 연구를 해야 한다. 그러나 당신의 문제와 가능한 해결책을 어느 정도 생각했으면, 논증을 계획하기 시작해야 한다. 당신의 계획은 연구가 진행됨에 따라 변할 것이다. 만약 그렇지 않다면, 아마도 당신은 최선을 다해 생각하고 있는 것이 아니다. 그러나 계획을 일찍 세우고, 진행하면서 수정해 나가는 것은 자료를 더 잘 이해하고, 더 목적을 갖고 연구하는데 도움이 된다. 그리고 독자로부터 예상되는 질문들에 답하는 연구논증(research argument)을 만들려고 노력할 때만이 당신이 무슨 연구를 해야 하는지를 알 수가 있는 것이다.

연구논증은 우리가 매일 듣는 열띤 토론과 같은 것은 아니다. 그러한 주장들은 보통 분쟁을 내포한다. 아이들이 장난감을 놓고서 논쟁하고, 룸메이트끼리 연주할 음악에 대해 논쟁하고, 운전자들이 누가 통행권을 갖는지에 대해 논쟁한다. 그러한 논쟁들은 공손하거나 거칠며, 대부분은 갈등을 내포하고, 승자와 패자가 있다. 확실히 연구자들은 가끔은 서로의 추론(reasoning)과 증거에 대해 옥신각신하고, 가끔은 부주의, 무능력, 그리고 사기라는 비난까지도 분출하기도 한다. 그러나 이런 종류의 논쟁을 위해 연구자들이 존재하는 것은 아니다.

다음 5장에 걸쳐서, 우리는 승자와 패자 사이의 과민한 논쟁과는 거리가 멀고, 친한 동료들과 생생한 대화를 나누는듯한 논쟁방식을 살펴볼 것이다. 이것은 당신과 당신이 상상하는 독자들 모두가 중요하게 생각하는 문제를 해결하기 위하여 합심해서 문제를 탐색하는 대화이다. 또 서로가 동의하도록 강요하는 것이 아니라, 중요하지만 도전적인 질문에 대해 최고의 답을 찾도록 협조하는 목표를 가진 대화이다.

이 대화에서는 공손하게 의견을 교환하는 것이 전부가 아니다. 우리 모두는 우리의 의견을 갖고 있으며, 어떤 법도 우리의 의견을 설명하거나 방어하라고 요구하지 않는다. 그러나 연구논증에서 우리는 주장을 하고 싶어 한다. 그 이유는 그것들이 사실이라고 믿어서가 아니라, 우리가 생각하기에 그것들이 독자들이 생각하는 것을 바꿀 만큼 새롭고 중요하기 때문이다. 그리고 우리는 그러한 주장을 건전한 이유들과 좋은 증거를 가지고 지지한다. 마치 독자들이 우리에게 아주 합당하게 왜 내가 그것을 믿어야 하나요?라고 묻고 있는 듯이 말이다.

실제로, 우리가 열띤 논쟁을 더 쉽게 주목하지만, 이처럼 공동으로 이루어지는 논쟁은 매일 일어난다. 우리가 무엇을 할지를 결정하면서 좋은 이유를 교환할 때마다, 가령 친구와 어떤 셀 폰을 살지, 어떤 책을 읽을지, 심지어 피자를 먹을지 아니면 중국음식을 먹을지를 토론할 때마다 일어난다. 그러한 친구 사이의 토론처럼 연구논증은 독자에게 주장을 강요하지 않는다. 대신에 당신은 독자들이 시작하는 곳에서 시작한다. 왜 그들이 당신의 주장을 받아들여야 하는지에 관한 질문들과 당신의 논증을 피하기 위해서가 아니라, 그것을 시험하기 위해서, 또 당신들 모두가 가치 있는 진리를 찾고 이해하는 것을 돕기 위해서 묻는 질문들을 가지고 시작한다. 물론 당신이 논증을 쓸 때 당신에게 친히 그런 질문을 하는 사람은 없다. 따라서 당신이 독자들을 대신해서 질문들을 상상해야 한다. 바로 그렇게 상상하는 질문들과 당신의 대답이 당신의 논증을 계속되는 대화로 만드는 것이다. 7장에서는 연구논증을 구성하는 요소들을 조사한다. 8-11장에서는 각 요소를 자세히 설명한다. 4부에서는 어떻게 논증을 글로 옮길 것인지를 보여준다.

당신을 알아가기

당신은 당신의 청중들에 대해 생각하라고 끝없이 들어왔다. 그러나 당신이 모르는 사람으로부터 받을 질문을 상상하기는 매우 어렵다. 경험 많은 연구자들은 많은 독자들을 개인적으로 아는 데서 오는 장점을 누린다. 그들은 독자들과 연구과제에 대해 얘기하고 보고서를 쓰기 전에 여러 가지 생각들을 시험해본다. 당신이 신진 연구자나 학생이라면 당신의 독자들을 아직 이렇게 개인적으로 알지는 못할 것이다. 그러나 그들이 어떻게 쓰고, 논쟁하고, 생각하는지를 이해하기 위해서 약간의 숙제를 할 수 있다.

- 당신의 연구와 비슷한 연구들을 출판하는 학회지를 읽으라. 그 논문들이 수용하고 대답하는 질문의 종류들을 주목하라.
- 더 경험 많은 연구자나 교사와 함께 당신의 논증을 얘기해보라. 당신이 계획을 갖고 초안을 쓰기 전에, 당신의 생각에 대해 얘기하고 의심스럽거나 혼돈스러운 것이 있는지를 물으라.
- 당신이 신뢰하는 몇 사람에게 당신의 초안을 읽고, 질문과 대안이 있는지를 말해달라고 부탁하라. 당신이 의도하는 독자와 매우 비슷한 사람들을 찾으라.

당신은 실제로 몇 명의 독자들을 알려고 시도할 수도 있다. 예를 들어, 한번은 한 그룹의 물리학자들이 생물학자들이 자기들의 연구를 주목해 주기를 원해서 생물학 학회지에 첫 번째 원고를 보냈더니 거절당하여 실망했다. 그래서 그들은 생물학 학회에 참가하기 시작했고, 생물학 학회지를 읽었으며, 심지어는 생물학과 교수 라운지에서 어슬렁거리기도 했다. 그들이 생물학자들이 어떻게 생각하는지를 짐작한 후에, 그들의 논증을 다시 써서 그 분야에 영향을 주던 논문을 출판했다. 당신은 학회에 참가하거나 교수 라운지에서 어슬렁거릴 수는 없겠지만, 당신의 분야에서 일하고 있는 교수나 학생들을 캠퍼스에서 알아갈 수는 있다. 당신이 그들을 더 잘 알수록, 그들이 당신에게 묻게 될 질문들을 더 잘 상상할 수 있다.

제 7 장

좋은 논증을 만들기

개관

이 장에서는 연구 논증과 5가지 질문들을 설명한다.

제2부에서, 진정한 연구는 한 주제에 대해 정보를 섞어놓는 것 이상을 의미한다고 주장했다. 또 연구는 당신과 당신의 독자들이 신경 쓰는 문제에 대한 해결책을 개발하는 것이라고 주장했다. 비슷하게, 연구 결과를 나누는 것은 단지 독자들에게 여기 내 주제에 관한 몇 가지 사실들이 있어요라고 말하는 "데이터 쏟아 붓기" 이상을 뜻한다. 연구란 연구 논증에서 당신의 문제를 설명하고, 해결책을 정당화시키는 것이다.

7.1 독자와 하는 대화로서의 논증

연구 논증에서 당신이 **주장**을 하는데, **증거**에 의해 지지되는 **이유**를 가지고 주장을 지원한다. 또 당신은 다른 견해를 **수용**하고 **반응**하며, 가끔은 당신이 추리하는 **원칙들**을 설명하기도 한다. 이 중 어떤 것도 비밀스럽거나 불가해한 것은 없다. 왜냐하면 해결되지 않은 문제에 대해 신중하게 물어보는 대화를 할 때마다, 당신은 위의 과정을 그대로 하게 된다.

애비 : 지난 학기는 약간 힘들었다고 들었어. 이번 학기는 어떨 거라고 생각하니? [애비는 질문의 형태로, 그녀에게 관심 있는 문제를 제기한다]

브렛 : 더 나아지기를 바래.
[브렛은 질문에 답하는 주장을 한다]

애비 : 왜 그렇게 생각하니?
[애비는 브렛의 주장을 믿어야 하는 이유를 묻는다]

브렛 : 이제 드디어 전공과목을 수강하기 시작할거야.
[브렛은 이유를 제시한다]

애비 : 그러면 왜 달라지는데?
[애비는 브렛의 이유가 그가 더 잘 지내리라는 주장과 어떻게 관련이 있는지 알지 못한다]

브렛 : 나는 내가 흥미를 가진 과목을 수강하면 높은 점수를 받거든.
[브렛은 그의 이유를 자기의 주장과 연관 짓는 일반적 원칙을 제시한다]

애비 : 어떤 과목들인데?
[애비는 브렛의 이유를 지지하는 증거를 묻는다]

브렛 : 건축 역사와 디자인 개론이야.
[브렛은 그의 이유에 대한 구체적 예들을 제시한다]

애비 : 네가 다시 들어야 하는 수학과목은 어떻게 됐는데?
[브렛의 이유를 반박하는 사항을 제시한다]

브렛 : 지난 번에 그 과목을 중단해야 했는데 정말 좋은 개인교사를 만났어.
[브렛은 애비의 반대의견을 인정하면서 거기에 대응한다]

애비 : 그런데 너 5과목이나 수강해야 한다면서?
[애비는 또 다른 궁금증을 제기한다]

브렛 : 맞아. 쉽지는 않을 거야.
[브렛은 양보를 하지만 논박하지는 못한다]

애비 : 평균 점수를 끌어 올릴 거니?
[애비는 브렛이 내놓은 주장의 한계에 대하여 묻고 있다]

브렛 : 그래야 해. 부업을 하지 않으려면 3.0을 받기를 바래.
[브렛은 주장의 범위에 한계를 달고 있으며 조건을 추가한다]

당신 자신이 이런 대화를 한다고 상상하면, 연구 논증을 모은다는 것이 별 이상한 일이 아님을 알게 될 것이다. 왜냐하면 논증의 5가지 요소가 애비가 브렛에게 묻는 질문들에 대한 답이기 때문이다. 이 질문들은 당신이 독자들을 대신해서 스스로에게 물어야 한다.

1. **주장(claim)** : 내가 무엇을 믿기를 바라는가? 너의 요점이 뭐야?
2. **이유(reason)** : 왜 그것을 말하는데? 왜 내가 동의해야 하는가?
3. **증거(evidence)** : 어떻게 아는가? 그것을 지원할 수 있어?
4. **수용과 반응(acknowledgment and response)** : 그렇지만 어떠하니?(But what about..?)
5. **보장(warrant)** : 어떻게 그렇게 되는 거지? 너의 논리가 무엇이야? 너의 논법이 무엇이야?

사실, 연구는 이런 질문들에 대한 답을 찾아내는 과정으로 볼 수 있다.

용어들을 명확히 하기

지금까지 당신의 연구결과를 요약하는 진술을 부르기 위해 두 용어를 사용했다. 질문의 맥락에서, 우리는 그것을 해답(answer)이라고 불렀고, 문제의 맥락에서는 그것을 해결책(solution)이라고 불렀다. 그러면 논증의 맥락에서는 그것을 주장(claim)이라고 부를 것이다.

- 주장은 지지를 요구하는 주장(한 문장이거나 그 이상일 수도 있다)이다: 기후 변화는 해변 도시들을 위협하고 있다. 토니 모리슨의 가장 유명한 소설은 《사랑(Beloved)》이다. 주요 주장은 전체 연구 논증이 지지하는 주장이다. 혹자는 이 주장을 논제라고 부른다.
- 이유는 주장을 지지하는 주장이다: [왜냐하면] 기후 변화는 바다 수면을 높인다. [왜냐하면] 《사랑》에서, 모리슨의 주요 주제들이 최고조에 달했다.
- 증거는 이유를 지지하기 위해 제시되는 데이터이다. 주장이나 이유와 달리, 증거는 항상 주장의 틀 안에 있지는 않다: 지난 십년 동안 바다 수면 높이를 기록하는 데이터나, 모리슨의 주요 주제들을 나타내는 사랑에서 인용된 글들이 증거의 형태들이다.

이런 용어들은 혼란스러울지도 모른다, 왜냐하면 이유도 더 많은 이유들에 의해 지지될 수 있는 하나의 주장에 속하기 때문이다. 또 이유와 증거 모두 일종의 지지의 종류들이다. 당신이 우리 설명을 계속 들으면, 왜 이런 구분들이 중요한지를 알게 될 것이다.

7.2 주장을 지지하기

모든 연구 주장의 핵심에는 연구질문에 대한 답과 문제에 대한 해결이 있다. 당신은 주요 주장을 두 종류의 지지로 지원해야 하는데, 그것들은 이유와 증거이다.

7.2.1 이유를 갖고 주장을 지지하라

지지의 첫째 종류인 이유는 독자들이 당신의 주장을 받아들이도록 이끄는 진술이다. 우리는 자주 주장에 대한 이유를 나타내기 위해 **때문에**(because)를 붙인다.

- 초등학교는 외국어 수업에 우선순위를 두어야 한다. (주장)
- 왜냐하면 우리가 어렸을 때 언어를 가장 잘, 가장 쉽게 습득하기 때문이다. (이유)

주장을 지지하기 위해서는 하나 이상의 이유가 자주 필요하다. 그리고 복잡한 논증에서는, 당신이 제시한 이유는 보통 더 많은 지지가 필요하다.

- 초등학교는 외국어 수업에 우선순위를 두어야 한다. (주장 1)
- 왜냐하면 우리가 어렸을 때 언어를 가장 잘, 가장 쉽게 습득하기 때문이다. (주장 1을 지지하는 이유 1 / 주장 2)
- 실제로, 성인이 되어 제2언어를 시작하는 사람들은 어려서 배운 사람들의 능숙한 단계에 거의 도달하지 못한다. (이유 1과 주장 2를 지지하는 이유 2 / 주장 3)

- 초등학교 수준에서 외국어를 가르치는 것은 아동의 윤리 발달에도 기여한다. (주장 1을 지지하는 이유 3 / 주장 4)
- 왜냐하면 외국어 학습이 아동들 자신의 문화와 사회를 뛰어넘어 다른 문화와 사회에 대한 의식을 키우기 때문이다. (이유 3과 주장 4를 지지하는 이유 4 / 주장 5)

7.2.2 증거에 대한 기본 이유들

두 번째 종류의 지지기제는 이유들을 지지하는 증거이다. 이유들은 여전히 더 많은 이유들에 의해 지지될 수 있으나, 이런 지지의 고리는 영원히 계속되는 것은 아니다. 결국에는 어느 정도의 자료를 보여주어야 한다. 그것이 증거이다. 이유와 증거 사이의 구분은 그저 의미론적 문제처럼 보이는데, 어떤 맥락에서는 이유와 증거라는 단어들이 상호 교환적으로 보인다.

- 당신의 주장은 좋은 이유들에 근거를 두어야 한다.
- 당신의 주장은 좋은 증거들에 근거를 두어야 한다.

그러나 이유와 증거는 동의어가 아니며, 그 둘을 구분하는 것이 건전한 논증을 만드는데 중요하다. 다음 두 문장을 비교해보라.

- 무슨 증거가 있어서 당신의 이유를 말합니까?
- 무슨 이유가 있어서 당신의 증거를 말합니까?

두 번째 문장은 이상한 것 같다. 우리는 이유에 근거해서 증거를 대는 것이 아니고, 증거에 근거해서 이유를 대는 것이다.

다른 차이점도 있다.

- 우리는 이유를 생각해 내려고 우리의 마음을 사용한다.
- 우리는 세상의 "밖에서" 증거를 찾아야 하며, 그런 후에 그것을 모든 사람이 볼 수 있도록 해야 한다.

당신의 이유를 보기 위하여 내가 어디로 가야 할까요?라고 묻는 것은 이상하다. 그러나 **당신의 증거를 보기 위하여 내가 어디로 가야 할까요?**라고 묻는 것은 이해가 된다.

가벼운 대화에서 우리는 보통 단 하나의 이유를 갖고 주장을 지지한다.

우리는 떠나야 한다. (주장) 비가 오는 것 같다. (이유)

비가 오는 것 같다는 증거가 무엇입니까?라고 묻는 사람은 거의 없다. 그러나 당신이 심각한 문제를 얘기할 때, 독자들은 당신이 증거의 기초 위에서 각 이유를 대기를 기대한다. 왜냐하면 주의 깊은 독자들은 이유를 액면 그대로 받아들이지 않기 때문이다. 그들은 증거, 데이터, 이유에 깔려있는 사실들을 요구한다.

- 초등학교는 외국어 수업에 우선순위를 두어야 한다. (주장 1)
- 왜냐하면 우리가 어렸을 때 언어를 가장 잘, 가장 쉽게 습득하기 때문이다. (주장 1을 지지하는 이유 1 / 주장 2)
- 실제로, 성인이 되어 제2언어를 시작하는 사람들은 어려서 배운 사람들의 능숙한 단계에 거의 도달하지 못한다. (이유 1과 주장 2를 지지하는 이유 2 / 주장 3)
- 백 명이 넘는 제2언어 학습자들을 대상으로 하는 연구에서, 존스(2013)는 제2언어 실력과 – 사이에 부정적 상관관계가 있음을 밝혔다(표 1 참조). (이유 2를 지지하는 증거)

이유와 증거를 가지고, 우리는 연구논증의 핵심을 구성한다.

그러나 대부분의 경우에는, 이 핵심만으로는 충분하지 않다. 당신은 연구논증을 다른 견해를 **수용하기**와 **반응하기**를 추가해서 풍성하게 만들어야 한다. 또 가끔은 하나의 이유가 주장과 어떻게 **관련이 있는지**를 보여주는 **보장**도 제시해야 한다.

7.3 예상된 질문과 반대를 인정하고 수용하기

주의 깊은 독자들은 당신 논증의 모든 부분을 질문할 것이다. 따라서 가능한 한 그들이 할 많은 질문을 예상하고, 가장 중요한 질문을 인정하고 반응해야 한다. 예를 들어, 학교에서 외국어 교육을 우선순위에 두어야 한다는 주장을 독자들이 생각할 때, 그들이 궁금해 하는 것은 그렇게 한다는 것이 다른 과목 교육은 줄여야 하는가이다. 만일 독자들이 그 질문을 할 거라고 생각하면, 그것을 인정하고 반응하는 것이 현명하다.

- 초등학교는 외국어 수업에 우선순위를 두어야 한다. (주장 1)
- 왜냐하면 우리가 어렸을 때 언어를 가장 잘, 가장 쉽게 습득하기 때문이다. (주장 1을 지지하는 이유 1 / 주장 2)
- 물론 학교가 외국어에 보내는 관심을 늘리면, 다른 과목에서 교육의 질은 떨어질지 모른다. (수용)

• 그러나 그러한 두려움을 지지하는 증거는 거의 없으며 많은 연구가 그 두려움을 일소한다. (반응)

모든 연구자들이 직면하는 도전은 단지 독자의 질문, 대안과 반대에 대응하는 것이 아니라, 먼저 그것들을 상상하는 것이다(우리는 10장에서 그것에 대해 논의할 것이다). 모든 연구논증은 수용과 반응이 없으면 완전하지 않으므로, 그것들이 논증의 모든 다른 부분과 관련이 있다는 것을 보여주기 위해서 도표에 인정과 반응을 추가한다.

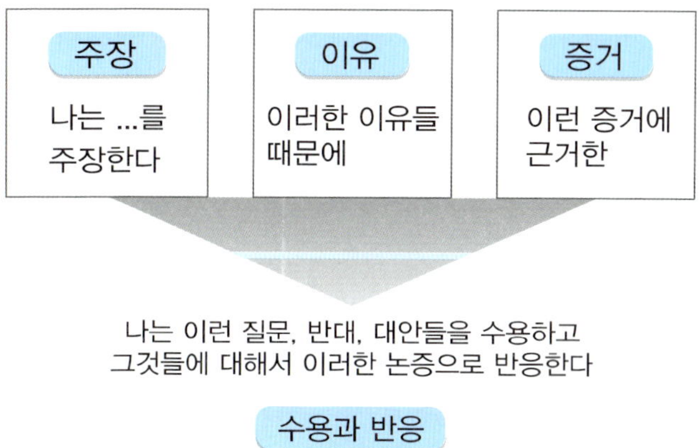

7.4 주장과 이유를 보장과 연결하기

독자들이 이유가 사실이라는 데 동의할 때조차도, 그 이유가 아직 당신의 주장과 관련이 없다고 반대할지 모른다. 다음 주장을 고려해보라.

- 우리는 유럽과 북아메리카에서 매우 높은 건강비용의 문제에 직면하고 있다. (주장)
- 왜냐하면 기후 변화가 결빙을 북쪽으로 계속 밀어올리기 때문이다. (이유)

독자들은 이유가 사실이라는 것을 받아들일지는 모르나 주장에 대한 관련성에 대해 질문할지도 모른다. 높은 건강 비용과 결빙이 무슨 상관이 있는가? 나는 관련성을 모르겠는데. 이에 답하려면 당신이 왜 특정한 이유를 특정한 주장과 연관 지었는지를 정당화하는 일반적 원칙을 제시해야 한다.

> 한 지역에 결빙이 적으면, 그런 결빙에 죽는 아열대 곤충들이 새로운 병을 잘 옮기기 때문에 병들과 싸우는데 더 많은 비용이 든다.

모든 보장(warrants)처럼, 일반적인 상황이 존재하면(한 지역은 결빙이 적다), 우리는 일반적인 결과를 추론할 수 있다(그 지역은 새로운 병들과 싸우느라 더 많은 비용이 들것이다). 모든 보장 뒤에 있는 논리는 일반화된 내용이 사실이거나 합당하다면, 그 중의 구체적 경우도 사실이라는 것이다.

그러나 그 논리가 통하려면, 독자들이 4가지에 동의해야 한다. 그 중 둘은 이해하기가 쉽다.

1. 보장이 사실이거나 합당하다: 적은 결빙은 실제 높은 의료비용을 뜻한다.
2. 이유가 사실이거나 합당하다: 결빙이 사실 북쪽으로 움직이고 있다.

다음 두 개는 더 어렵다.

3. 이유에 속한 구체적 상황이 보장 안에 있는 일반적 상황에서 가능한 사례로서 자격이 있다.
4. 주장에 속한 구체적 결과가 보장 안에 있는 일반적 결과에서 가능한 사례로서 자격이 있다.

이 논리는 다음과 같이 설명할 수 있다.

이런 일반적 상황	예측건대 … 로 이끈다.	이런 일반적 결과
한 지역에 결빙이 적다.		결빙 속에서 살아남지 못하는 아열대 곤충들이 옮기는 질병에 대처하기 위해 높은 비용을 치루어야 한다.
▼		▼
이것은 이것의 좋은 예이다.		이것은 이것의 좋은 예이다.
지구 온난화는 결빙을 북쪽으로 계속 밀어올리고 있다. (이유)	그래서	우리는 매우 높은 건강 비용 문제를 직면하고 있다. (주장)
이런 구체적 상황	우리를 추론하게 한다.	이런 구체적 결과

우리가 보듯이, 언제 보장이 필요한지를 결정하기는 쉽지 않다. 경험 많은 연구자들은 보통 오직 두 경우에만 보장을 언급한다. 그들이 생각하기에 그들 분야에 속한 독자들이 어떻게 이유가 주장과 관련이 있는지를 물을 때이거나, 혹은 그들이 일반 독자들에게 그들 분야의 추론 방식을 설명할 때이다. 만약 당신의 독자들이 주장과 이유 사이의 연결을 보지 못할 거라는 생각이 들면, 그것을 정당화하기 위해 보장을 추가해야 한다.

> 한 지역에 결빙이 적으면, 얼음 속에서 죽는 아열대 곤충들이 옮기는 질병들에 대처하기 위해 더 높은 의료비용을 예상해야 한다. (보장) 유럽과 북아메리카는 그래서 더 높은 건강비용을 예상해야 한다. (주요 주장) 왜냐하면 기후 변화가 결빙을 북쪽으로 계속 밀어 올리기 때문이다. (이유) 지난 백 년 동안 2주 이상 지속되는 결빙선이 대략...의 비율로 북쪽으로 움직였다. (증거)

우리는 보장이 주장과, 주장을 지지하는 이유를 연결시켜 준다는 것을 보여주기 위해 보장을 도표에 추가할 수 있다.

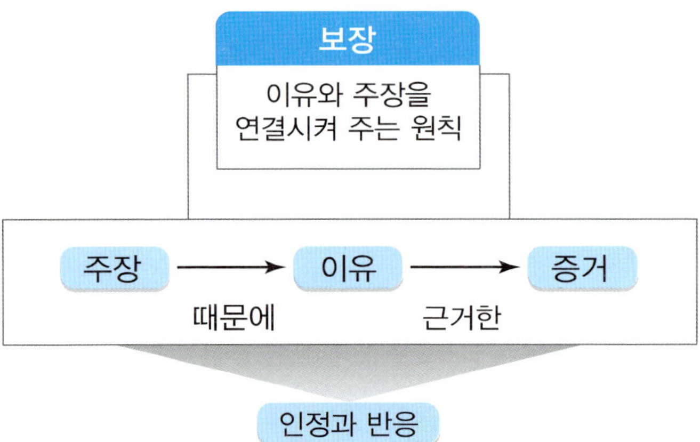

(이 보장의 문제는 파악하기가 쉽지 않다는 것을 안다. 11장에서 더 자세히 설명할 것이다).

7.5 단순한 논증에서 복잡한 논증을 세우기

위의 5가지 요소가 "기본적" 논증을 구성한다. 그러나 연구 주장은 더 복잡하다.

- 우리는 거의 항상 두 개나 그 이상의 이유를 갖고 주장을 지지한다. 그리고 각 이유는 다른 이유들과 증거에 의해 지지되며, 아마도 가정에 의해 정당화된다.
- 독자들이 어떤 복잡한 논증에 대해서 많은 대안과 반대를 생각하기 때문에, 주의 깊은 연구자들은 그것들에 대해 반응해야 한다.

더욱 더, 반대에 대한 각 이유, 보장, 혹은 반응(모두가 진술이거나 주장의 형태이다)은 하나의 부주장(subclaim)으로 다루어져야 하고 주장에 의해 지지되어야 한다. 오직 증거만이 "스스로 존재 한다." 그러나 그때에도 어디서 그 증거를 얻었으며, 왜 그것이 믿을 만한지, 그리고 그것이 어떻게 이유를 지지하는지를 설명해야 한다, 그리고 그것은 또 하나의 논증을 요구한다. 그리고 마지막으로, 대부분의 논증도 독자들이 이해하지 못하는 이슈들에 대한 배경, 정의, 설명 등을 포함한다. 예를 들어, 당신이 경제 이론에 친숙하지 않은 독자들에게 인플레이션과 화폐 공급에 관한 관계에 대한 논증을 만들고 있다면, 당신은 경제학자들이 그런 개념을 어떻게 이해하는지를 설명해야 한다. 진지한 논증은 복잡한 구조이다(8-11장이 그것들을 자세히 설명한다).

인지적 과부하: 안심시키는 말들

바로 이 시점에서 연구에 익숙하지 않은 많은 학생들이 압도당하는 느낌을 받기 시작한다. 그렇다면 당신의 불안은 능력보다는 무경험에서 오는 것이다. 저자들 중 하나는, 많은 1학년 법대생들이 초보자이기 때문에 무능한 작가처럼 느끼는 것에 대해서 법학 작문을 가르치는 교사들에게 설명하고 있었다. 강의 마지막에 한 여성이 말하기를 자기는 인류학 교수였는데 자기가 출판한 책이 명확하게 쓴 책으로 칭찬받았다고 했다. 그런데 그녀가 진로를 바꾸어서 법대에 갔는데, 처음 6개월 동안 너무 조리 없이 글을 써서 자기가 퇴행성 뇌 질병을 앓고 있는 것 같아 두려웠다고 말했다. 물론 아니었다. 그녀는 고통스러운 전환에서 오는 경험을 겪고 있었다. 그것은 우리 모두가 경험하는 것으로, 우리가 잘 이해하지 못하는 청중에게, 완전히 이해하지 못하는 것들에 대해서 쓸 때 경험하는 것이었다. 그녀는 나중에 법에 대해 더 잘 이해할수록, 그것에 대해 더 잘 쓰게 되었다는 것을 알고 안심했다. 만일 당신이 압박감을 느낀다면, 우리에게 다음과 같은 이메일을 보낸 한 독자처럼 이 이야기에서 위로를 얻을 수 있다.

> 논문작성법에서 당신들이 인류학에서 법대로 바꾼 후 갑자기 명확하게 글을 쓸 수 없었던 여성의 이야기를 쓰셨지요. 저도 그래픽 디자인에서 5년간 조교수를 하다가 최근에 인류학으로 바꾸었는데 갑자기 인류학 논문을 쓰는 것이 이를 뽑는 것처럼 힘들게 느껴졌어요. 저도 제가 퇴행성 뇌 질병을 가지고 있는지도 모른다고 생각했어요. 그러다 법으로 바꾼 인류학자에 대해 읽고는 크게 웃었어요. 그 글은 제 기분을 조금 나아지게 만들었지요.

7.6 당신의 논증을 굳게 해서 윤리성을 창조하기

독자들은 당신의 논증을 당신이 제시하는 이유와 증거로만 판단하지는 않는다. 그들은 당신이 얼마나 독자들의 질문과 관심을 잘 예측하고 표현하는가에 의해서도 판단한다. 이렇듯 논증을 "굳히는" 과정에 의해서 당신은 독자들로부터 신뢰를 얻으며, 전통적으로 윤리성(ethos)이라고 불리는 것들을 쌓게 된다. 윤리성은 당신이 당신의 논증 안에서 투사하는 것이다. 당신은 모든 측면에서 문제를 고려하며, 독자들이 수용하는 증거를 가지고 주장을 지지하고, 또 다른 견해도 사려 깊게 배려하는 사람 같은가? 아니면 자신에게 중요한 것만 보고, 다른 사람들의 견해는 무시하는 사람 같은가?

당신이 다른 견해를 받아들이고 가정하는 사고의 원칙을 설명할 때, 당신은 독자들에게 새로운 생각을 개발하고 시험하는데 있어 당신과 함께 일해도 좋다는 생각을 하게 될 것이다. 결국은 당신이 개인적 논증에 투사하는 그 윤리성이 당신의 평판을 두텁게 하는 것이다. 모든 연구자는 평판에 신경을 써야 하는데, 당신의 평판은 당신이 쓰는 모든 논증에서 6번째 요소이기 때문이다. 그것은 또 내가 당신을 믿을 수 있나요?라는 질문에 대한 답이 된다. 답은 예이어야 한다.

요령 흔한 실수 – 기존 지식에 의존하기

당신이 경험이 적은 연구자라면, 익숙하게 느껴지는 것에 심하게 의존하고 싶은 유혹을 느낄 것이다. 예를 들어, 아마도 당신이 많은 연구를 하기 전에도, 당신이 그것을 입증할 수 있다는 것을 "알기"때문에, 어떤 주장을 너무 일찍 받아들일지 모른다. 그러나 그런 종류의 확신에 의존하는 것은 당신이 최고의 생각을 하는 것을 방해한다. 연구자라는 것은 당신에게 당신의 발견과 통찰에 깜짝 놀라도록 허락하는 것이다. 그래서 당신이 연구 과제를 시작할 때, 당신이 입증할 수 있다고 아는 주장을 가지고 시작하지 말라. 대신 당신이 탐색하고 해결하기를 원하는 문제를 갖고 시작하라.

비슷하게, 당신이 새로운 분야에 들어갔을 때, 당신은 당신의 교육이나 경험에서 얻은, 당신에게 익숙한 논증 방법에 의존하려는 유혹을 느낄지 모른다. 예를 들어, 당신이 문학 수업에서 인용문을 어떻게 제시하고 분석하는지를 배웠다면, 생물학이나 실험심리학처럼 "객관적 데이터"를 강조하는 분야에서도 똑같이 할 수 있다고 가정하지 말라. 반대로, 생물학이나 심리학 전공자로서 데이터를 모으고 통계분석을 배웠다고 예술 역사에서도 똑같이 할 수 있다고 가정하지 말라. 이 말은 한 수업에서 배운 것이 다른 수업에서는 쓸모없다는 것이 아니다. 모든 분야가 여기에서 우리가 설명하는 논증의 요소들을 공유한다. 그래도 당신은 특정 분야에서 그런 요소들을 다루는 방법을 배워야 하며, 융통성을 가지고 적응하고, 당신이 배운 기술을 믿어야 한다.

그리고 당신이 당신 분야에 익숙해졌을 때는, 다른 방법으로 과잉 단순화시키고 싶은 유혹을 느낄지도 모른다. 어떤 신진 연구자들은 한 종류의 논증을 만드는데 성공하면, 똑같은 것을 계속 또 만든다. 복잡한 한 가지에 성공했다는 것이 다른 것에는 눈을 감게 만든다. 그들이 보지 못하는 것은, 그들의 분야가 만약 활발한 분야라면, 그런 분야의 특징은 경쟁이 되는 방법론과 해결책, 경쟁이 되는 목적과 목표들로 이루어진다는 것이다. 따라서 쉽게 가려는 유혹에 빠지지 말라. 만약 당신이 한 종류의 논증에 통달했다면, 다른 종류도 시도해보라. 대안적인 방법들도 추구하고, 다양한 해결책뿐만 아니라 그것들을 지지하는 다양한 방법들도 설정하고, 다른 사람들은 당신의 문제를 다르게 접근할 것인지를 물어보라.

당신이 한 주제나 분야가 새롭다면, 복잡한 새로운 생각들과 새로운 사고방식을 관리하는 방법이 필요할 것이다. 그리고 새로운 문제에 익숙한 방법을 무비판적으로 사용하는 것을 조심하라. 당신이 더 많이 배울수록, 더 많이 깨닫는 것은, 사물이 당신이 처음에 두려워하듯이 맹목적으로 복잡하지도 않고, 또 당신이 바라듯이 단순하지도 않다는 것이다.

제 8 장

주장하기

이 장에서는 연구질문에 답하는 주장의 종류를 인지하고, 당신의 주장이 논증의 주요 요점이 될 수 있을 만큼 구체적이고 중요한지를 구별하는 방법에 대해 논한다.

당신은 연구질문에 대한 잠정적 답변이 필요한데, 이유는 그 답변을 시험하고 지지하는 증거에 대한 탐색의 초점을 맞추기 위해서이다. 답변을 시험할 때는, 그것을 수정하기가 쉽다. 그러나 논증의 틀을 갖추기 시작할 때는, 당신이 하고 있는 주장의 종류를 이해해야 한다. 또 당신의 주장이 단지 확고할 뿐만 아니라, 충분히 중요해서 먼저 논증이 필요한지 확신이 있어야 한다. 자신에게 3가지 질문을 하라.

1. 나는 어떤 종류의 주장을 해야 할까?
2. 주장이 충분히 구체적인가?
3. 나의 독자들은 지지하는 논증이 필요할 정도로 주장이 중요하다고 생각할까?

위의 3가지 질문에 답할 수 있을 때 당신의 논증을 모을 준비가 된 것이다.

8.1 주장의 종류를 결정하기

당신이 제시하는 문제(problem)의 종류가 주장(claim)의 종류와 주장을 지지하는 논증(argument)의 종류를 결정한다. 4장에서 보았듯이, 학문적 연구자들은 보통은 **실제적** 문제보다는 **개념적** 문제를 제시하는데, 개념적 문제는 독자들이 **행동**하기 보다는 **이해**하기를 바란다.

- 2008-2011년의 경기후퇴는 은행들이 너무 많은 위험을 지게 내버려 둔 태만한 금융 규제에 의해서 주로 초래되었다.

8.1.1 개념적 주장하기

실제적이고 개념적 주장을 구분하는 것을 넘어서, 주장들이 일정한 범위의 질문을 부른다는 것을 깨닫는 것은 유익하다. 한 사물이나 상황이 존재하는가? 그렇다면 어떻게 그것을 특징지을 것인가? 어떻게 그것이 이렇게 되었지? 그것은 좋은가, 나쁜가? 그것에 대해 무엇이 행해질 수 있거나, 혹은 행해져야 하는가? 주장에 내재되어 있는 질문에 따라서, 그것을 지지하는 다른 종류의 증거가 요구될 것이다. 한 주제에 대해 당신이 하는 주장들은 다음 중 한 가지(혹은 더) 부류에 속할 것이다.

- **사실 혹은 존재에 대한 주장**

  지구의 평균온도가 지난 십 년 동안 전례 없는 수준까지 올라갔다.

- **정의와 분류에 대한 주장**

  파충류가 아닌 새들이 공룡의 직계 후손들이다.

- **원인과 결과에 대한 주장**

  석면에 노출되는 것이 폐암의 주요 원인이다.

- **평가와 사정에 대한 주장**

  셰익스피어의 최고의 희극은 당신이 좋은대로이다.

- **행동이나 정책에 대한 주장**

  펜실베니아는 교육에 투자하기 위해서 자연 가스를 추출하는 비용을 올려야 한다.

처음 4가지 부류들—사실, 정의, 원인과 가치—은 개념적 주장에 관한 것이다. 사실과 존재에 관한 주장을 위해서는, 어떤 상황이 당신이 기술한대로 있다는 증거를 제시해야 한다. 정의와 분류에 관한 주장은 한 사물을 더 넓은 부류에 집어넣거나 혹은 다른 사물과 구별 짓는 것으로 유사점이나 차이에 관한 추론에 달려있다. 평가와 사정에 대한 효과적인 주장은 왜 어떤 것이 좋거나 나쁜지(혹은 다른 것보다 더 낫거나 나쁜지)를 정당화하는 판단의 기준에 달려있다. 마지막으로, 원인이나 결과에 대한 주장은, 어떤 상황은 또 하나의 상황으로 이끌거나 혹은 그 상황에서 나온다는 것을 보여주기 위해 사실들을 서로 연결 짓는다.

8.1.2 실제적인 주장하기

실제적인 주장은 어떤 행동이나 정책을 찬성하는 주장이다. 그것은 일반적으로 일련의 개념적 주장에서 세워지는 것이다. 문제가 존재한다는 것을 보여주는 하나의 주장이 있고, 무엇이 문제를 초래하는가를 보여주는 또 하나의 주장과 여전히 또 다른 주장은 당신이 제안하는 것이 어떻게 그 문제를 해결하는가를 설명한다. 독자들은 또 다음과 같은 것을 당신이 설명하기를 기대할 것이다.

- 왜 당신의 해결이 가능한지, 또 어떻게 그것이 적당한 시간과 노력으로 이행될 수 있는지
- 왜 그것을 이행하는 것의 대가가 문제의 대가보다 적은지
- 왜 그것이 해결하는 것보다 더 큰 문제를 만들어내지 않는지
- 왜 그것이 대안적 해결책들보다 더 싸고 빠른지 — 자주 지지하기 어려운 주장

만일 당신이 실제적인 주장을 제시했으나, 위의 4가지 하위논증(subarguments)을 만들지 않는다면, 당신의 독자들은 당신의 논증 전체를 거부할 지도 모른다.

그래서 논증을 모을 때(assemble), 당신이 하는 주장의 종류에 대해 명확히 하라. 그것이 실제적인 주장인지, 개념적 주장인지를 말이다. 실제적 행동위에 덧붙여서 개념적 주장의 중요성을 부풀리려 하지 말라, 적어도 보고서 처음 부분에서는 말이다. 만일 개념적 주장의 실제적 적용을 제시하고 싶으면, 결론 부분에서 그렇게 하라. 결론에서 그것을 고려할 가치가 있는 행동으로 제시할 수 있다(16장에서 이것을 다시 논의한다).

8.2 주장을 평가하기

어떻게 좋은 주장을 찾는지는 말할 수 없지만, 당신의 독자의 입장에서 당신의 주장을 어떻게 평가하는지는 보여줄 수 있다. 가장 중요한 것은, 독자들이 당신의 주장이 구체적이고 중요하기를 기대한다는 것이다.

8.2.1 주장을 구체적으로 하라

막연한 주장은 막연한 논증으로 이끈다. 주장이 구체적일수록, 그 주장은 당신이 논증을 계획하고, 독자가 읽으면서 궤도를 유지하는데 더 도움이 된다. 당신이 주장을 더 구체적으로 만드는 것은 정확한 언어와 명백한 논리를 통해서이다.

정확한 언어 다음 두 주장들을 비교해보라.

- TV는 범죄율을 부풀린다.
- 지역뉴스에서 폭력을 생생하게 보도하는 것은 일반 시청자들로 하여금 이웃의 범죄율과 자신과 가족에 대한 위험을 150퍼센트나 과대평가하게 한다.

첫 번째 주장은 너무 막연해서, 무슨 일이 일어나는지 알 수가 없다. 두 번째는 더 구체적인 개념을 제시해서 독자가 그 주장을 분명하게 이해하는데 도움이 될 뿐만 아니라, 글을 쓴 사람에게도 다음에 전개해야 할 더 풍부한 생각들을 제공한다. 정말로, 주장의 정확성은 논증이 어떻게 진행될 것인지를 나타내는 신호이다.

우리는 길고 말이 많은 주장을 추천하는 것이 아니다. 그러나 주장을 처음 설명할 때, 마지막에 쓰게 될 것보다는 더 많은 용어를 포함시키면 도움이 된다. 마지막 주장은 독자가 필요한 만큼만 구체적이어야 하고, 당신이 논증에서 주제로 전개할 개념들만 포함해야 한다.

명백한 논리 주장의 논리도 명백할 수가 있다. 다음 주장은 비교적 정확한 언어를 사용했지만, 오직 하나의 명제만을 제시한다.

- 일반 시청자들은 이웃의 범죄율과 자신과 가족에 대한 위험을 과대평가한다.

자연과학과 사회과학에서 그러한 주장들은 흔하며, 선호되기까지 한다. 그러나 인문학에서는 그러한 주장은 약간 빈약해 보인다. 그래서 주장에 대해 초안을 잡을 때, 주장의 논리를 2가지로 자세히 설명하도록 해보라.

- 주장을 시작할 때 **비록**(although) 혹은 **비록~일지라도**(even though) 같은 수식절로 시작하라.
- 결론을 내릴 때는 이유-절(reason-clause)인 **때문에**(because)로 시작하라.

예를 들어:

비록 폭력범죄가 사실상 감소하고 있지만, 일반 시청자들은 이웃의 범죄율과 자신과 가족에 대한 위험을 150퍼센트나 과대평가한다. 왜냐하면 지역 TV 저녁뉴스가 익숙한 지역에서 일어나는 무차별 폭력과 살인을 정기적으로 생생하게 보도하여, 많은 사람들로 하여금 자기 현관 밖에서 밤마다 범죄가 일어난다고 믿게 만든다.

이 주장은 정도가 지나쳐 보이지만, 그래도 완전한 논증에서 필요한 5가지 요소 중에서 3가지를 예시한다. (1) **비록 내가 X를 인정하지만**, (2) **나**

는 Y를 주장한다, (3) Z라는 이유 때문에.

당신은 비록으로 시작하는 절을 3가지 종류의 대안적 견해를 인정하기 위해서 사용할 수 있다.

- **독자들은 믿지만 당신의 주장은 도전하는 것**
  비록 대부분의 사람들은 자기들의 안전을 잘 판단한다고 생각하지만, 일반 시청자들은 과대평가한다...
- **당신의 견해와 갈등을 일으키는 견해**
  비록 많은 보안 전문가들은 두려움이 안전 조심에 최고의 동기라고 생각하지만, 일반 시청자들은 과대평가한다...
- **주장의 범위와 자신감을 제한하는 조건**
  비록 개인 안전에 대한 진실한 감정을 측정하기는 어렵지만, 일반 TV시청자들은 과대평가한다...

만일 독자들이 그런 단서달기를 생각한다면, 그것들을 먼저 인정하라. 그것은 당신이 그들의 견해를 인정할 뿐만 아니라, 논증의 과정에서 그들에게 성실하게 반응하고 있다는 것을 의미한다.

당신이 마지막 때문에 절을 추가할 때, 당신의 주장을 지지하는 이유 중의 몇 가지를 예시하는 것이다.

> 비록 많은 사람들이 학교 교복이 공립학교에서 폭력의 발생을 낮춘다고 믿지만 (자격), 증거는 약하다 (주장), 왜냐하면 연구자들이 교복처럼 동시에 제도화된 다른 변수들을 통제하지 않았고 (이유 1), 보고된 데이터가 통계적으로 의심스럽기 때문이다 (이유 2).

다시 말하지만, 당신의 최종 초안이 이처럼 부풀린 주장을 제시해야 된다는 것은 아니다. 그러나 주장이 더 풍성할수록, 논증도 더 만족스럽기가 쉽다.

8.2.2 주장을 중요하게 만들라

주장의 정확성 다음으로, 독자들은 주장의 중요성을 가장 세밀하게 보는데, 중요성은 독자로 하여금 그들의 생각을 얼마나 많이 바꾸도록 요구하는 가로 측정하는 특성이다. 우리는 중요성을 수량화할 수는 없지만 대강은 짐작할 수 있다. **만약 독자들이 주장을 받아들인다면, 그들은 얼마나 많은 신념들을 바꿔야할까?** 가장 중요한 주장들은 연구공동체로 하여금 그들의 가장 깊은 신념들을 바꿀 것을 요구한다(따라서 그들은 그러한 주장들에 저항할 것이다).

어떤 연구공동체는 어떤 주장이 그들에게 상호관심이 있는 주제에 대해서 단지 새로운 증거를 제공하면 그것만으로도 충분히 중요하다고 생각한다.

> 나는 여기에서 웨일즈 언어의 13세기 라틴 문법들을 6가지 묘사한다. 바로 최근에 발견된 이 문법들은 그러한 종류에 속한 유일한 예들이다. 그것들은 중세에 쓰인 문법의 범위를 우리가 더 잘 이해하는데 도움을 준다.

(2.3.3에서 언급된 새로 발견된 필름을 보라)

독자들이 연구를 더 높이 평가하는 때는, 연구가 새로운 자료를 제공할 뿐만 아니라, 혼란스럽고, 일관적이지 못해서, 혹은 문제가 많았던 것을 해결하기 위해서 그 자료를 **사용할** 때이다.

소비자의 자신감이 주식시장에 어떻게 영향을 주는가에 대해 오랜 논쟁이 있었다. 그러나 새로운 통계방법들에 따르면 거의 관계가 없는 것으로 나타났다.

그러나 독자들이 새로운 사실이나 추측들을 가장 가치 있게 여길 때는, 그 사실이 오래 전에 해결되었던 것처럼 보이는 것들을 뒤엎을 때이다.

빛의 속도는 어디서나 항상, 모든 조건에서도 동일하다는 것은 현대 물리학에서 오랫동안 확실히 믿는 조항이었다. 그러나 새로운 데이터는 그렇지 않을 거라고 제안한다.

이와 같은 주장은 수많은 물리학자들에 의해 논쟁될 것이다. 왜냐하면 그것이 사실이라면, 그들은 빛의 속도 이외에도 많은 것들에 대해 그들의 생각을 바꿔야 하기 때문이다.

당신의 경력 초기에는, 당신 분야의 사람들은 그 분야에서 수정되어야 하는(혹은 할 수 있는) 것을 초보자인 당신이 알거라고 기대하지 않는다. 그러나 당신 주장의 중요성은 독자들이 그것에 대해 얼마나 강하게 논쟁할 것인가를 질문함으로써 짐작할 수 있다. 그렇게 하는 한 가지 방법은 반대주장을 고려해보는 것이다.

햄릿은 피상적인 인물이 아니다.
이 보고서는 벌들의 사라짐에 대한 최근 연구를 요약한다.

각 주장이 논쟁할 가치가 어느 정도인지를 평가하기 위해서는, 긍정적 주장을 부정적 주장으로, 혹은 반대로 바꾸어보라.

햄릿은 피상적인 인물이다.

이 보고서는 벌들의 사라짐에 대한 최근 연구를 요약하지 않는다.

만일 주장의 반대가 분명하게 틀린 것처럼 보이거나(첫 번째처럼), 혹은 사소하게 보인다면(두 번째처럼), 독자들은 원래 주장이 논증할 가치가 없다고 생각하기 쉽다(물론 어떤 위대한 사색가들은 분명하게 자명한 주장을 성공적으로 반론했다. 코페르니쿠스가 그 당시에 보기에는 어리석게도, 태양이 지구 주위를 도는 것이 아니라고 주장한 것처럼 말이다).

만일 당신이 노련한 연구자라면, 당신 주장의 중요성을 측정할 수 있는 방법은 그 주장이 당신의 연구공동체의 생각과 연구방법을 얼마나 바꾸었나를 측정해 보면 알 수 있다. 어떤 발견도 크릭과 왓슨의 DNA 구조만큼 중요한 것은 없다. 그 발견은 생물학자들이 유전학에 대해서 다르게 생각하도록 만들었을 뿐만 아니라, 또한 새로운 연구방향을 열어놓은 것이다.

그렇다고 학문에 유익한 기여를 하기 위하여 거대한 주장을 할 필요는 없다. 작은 발견도 새로운 사고의 방향을 열 수 있다. 예를 들어, 아브라함 링컨이 어떤 애매모호한 철학자의 책을 읽었다는 것을 발견했다면, 역사학자들은 그 영향의 흔적을 찾으려고 링컨의 기록을 샅샅이 뒤질 것이다.

만일 당신이 연구를 시작하는 입장이라면, 당신의 주장은 전문가들에게 도전이 될 필요는 없고, 단지 당신의 교사를 감동시키면 된다. 그것을 예측할 수 없으면, 당신의 독자가 당신과 비슷한 사람이라고 상상하라. 연구를 시작하기 전에 당신은 무슨 생각을 했는가? 당신의 주장이 당신의 현재 생각을 얼마나 많이 바꾸었는가? 전에는 이해하지 못했으나 지금은 이해하는 것은 무엇인가? 이것이 독자들이 언젠가 당신에게 물어 볼 가장 가혹한 질문이며, 모든 연구자들이 언젠가는 대면할 질문에 대비하는 최고의 방법이다. **내가 왜 그것을 믿어야 하나요?**가 아니라 **내가 왜 그것을 신경 써야**(care) **하나요?**이다.

8.3 신뢰성을 높이기 위해 주장을 제한하기

어떤 신진 연구자들은 그들의 주장을 가장 강력하게 진술했을 때 가장 믿을 만하게 보인다고 주장한다. 그러나 오만한 확신만큼 당신의 윤리성을 해치는 것은 없다. 모순되게 보이겠지만, 당신의 주장을 더 강하고 더 확실하게 만드는 것은 주장의 한계를 겸손하게 인정했을 때이다. 당신이 독자의 신뢰를 얻을 때는 독자들의 견해를 인정하고 그에 반응하면서, 당신이 그들의 입장을 이해할 뿐만 아니라, 고려한다는 것을 보여줄 때이다. 그러나 독자들의 지지를 속이는 주장을 하면, 그들의 신뢰를 잃을 수 있다. 주장의 범위와 확실성을 한정하여, 당신의 주장을 논증이 실제로 지지할 수 있는 범위 내로 한정시키라.

8.3.1 제한하는 조건들을 인정하라

모든 주장에는 제한하는 조건들이 있다.

- 도구가 정확하다고 가정할 때, 지진의 중심은 도쿄의 남서쪽에서 50마일 떨어진 곳이라고 결론짓는다.
- 세계의 새로운 갈등이 군대 비용을 증가시키지 않으면, 비행기 제조는 지난 20세기 수준을 넘지 못할 것이라고 생각한다.

그러나 모든 주장에는 많은 조건들이 따르게 마련이다. 따라서 독자들이 타당하다고 생각하는 그런 조건들만 언급하라. 과학자들은 그들의 주장이 도구의 정확성에 달려있다는 것을 거의 인정하지 않는다. 그러나 경제학자들은 자주 그들의 주장에 대한 한계를 인정한다. 왜냐하면 그들의 예측이 변하는 조건들에 영향을 받고, 독자들이 어떤 조건들에 주의를 기울일 것인지 알고 싶어 하기 때문이다.

중요한 제한적 조건들을 언급하라. 비록 당신이 느끼기에 독자들이 그것들을 생각하지 않는다고 느껴도 말이다. 예를 들어, 다음 예에서 글쓴이는 그녀가 조심스럽다는 것을 보여줄 뿐만 아니라, 주장에 대해 더 풍성하고 정확한 진술을 한다.

> 오늘날 프랭클린 루즈벨트는 우리가 가장 칭찬하는 역사적 인물로 존경받고 있지만, 그의 두 번째 임기 마지막쯤에는, **적어도 미국사회의 어떤 부류에게는** 매우 인기가 없었다. (주장) 예를 들어, 신문들은 현대 정부에 문제의 징후인 사회주의를 증진시켰다고 그를 공격했다. 1938년에는 70%의 중서부 신문들이 정부가 은행제도를 관리하려는 것과 관련하여 그를 공격했다. ...니콜슨(1983, 1992)과 위긴스를 포함한 어떤 사람들은 다르게 주장했는데, 두 사람은 루즈벨트가 항상 존경받았다는 예화들을 보고했다. (인정) 그러나 이 보고들은 루즈벨트를 신격화하는데 관심있는 사람들만 기억하고 있다. (반응) 루즈벨트를 비판하는 신문들이 특별한 이해관계에 의해 통제되고 있었다는 것이 밝혀지지 않는다면 (주장에 대한 제한), 그들의 공격은 루즈벨트의 대통령의 지위에 대한 대중의 심각한 불만족을 나타낸다. (주장에 대한 재진술)

8.3.2 확실성을 제한하기 위해 방어벽(hedges)을 사용하라

우리가 올바른 양심을 가지고 있다면, 우리의 주장이 절대적으로 옳다는 것을 100% 확신한다고 말하기는 거의 불가능하다. 조심스러운 저자들은 **방어벽**이라 불리는 단어나 구절들을 사용하여 확실성을 제한한다. 예를 들어, 자기주장이 강하다고 불릴 만한 사람들이 있다면, 크릭과 왓슨인데 그들은 DNA의 나선형 구조를 발견한 사람들이다. 그들은 자기들의 발견을 발표할 때, 그들 주장의 확실성을 제한하는 방어벽을 쳤다(방어벽은 굵은 글씨체로 된 것이며, 서론은 압축되었다).

> 우리는 소금의 디옥시리보스 핵산(DNA)의 한 구조를 **제안하고 싶다**(wish to suggest a)....핵산구조는 폴링과 코리에 의해 이미 제시되었다... **우리 의견에는** (In our opinion) 이 구조는 2가지 이유 때문에 불만족스럽다. (1) **우리가 생각하기에**(we believe) X-ray표를 준 물질은 소금이지, 산이 아니고...(2) 반데 발스 간격 중 몇은 너무 작아 **보인다**(appear). (왓슨과 크릭, "핵산의 분자구조")

방어벽을 사용하지 않았다면, 크릭과 왓슨의 글은 더 간결하지만, 더 공격적으로 보였을 것이다. 그들의 조심스러운 구절과 다음의 강력한 글을 비교해보라(공격적인 어조가 많은 것은 제한이 적어서이다).

> 우리는 소금의 디옥시리보스 핵산(DNA)의 그 구조를 **발표한다**... 핵산구조는 폴링과 코리에 의해 이미 제시되었다... 이 구조는 2가지 이유 때문에 불만족스럽다.
> (1) X-ray표를 준 물질은 소금이지, 산이 아니고... (2) 반데 발스 간격 중 몇은 너무 작다.

물론 방어벽을 너무 많이 사용하면, 머뭇거리거나 불확실해 보인다. 그러나 대부분의 분야에서, 독자들은 **모두**, **아무도**, **항상**, **결코** 등의 단어들에서 나타나는 단호하고 확신에 찬 표현을 불신한다. 어떤 교사들은 모든 방어벽 사용에 반대한다고 말한다. 그러나 그들 대부분이 실제로 반대하는 것은, 모든 사소한 주장도 제한하는 방어벽인 것이다. 어떤 분야는 다른 분야들보다 방어벽을 덜 사용하는 경향이 있다. 이를 다루는 데는 기술이 필요하다. 방어벽을 너무 많이 쓰면 완곡하게 보인다. 그렇다고 너무 적게 쓰면 독선적으로 보이기 쉽다. 불행히도, 둘 사이의 경계선은 미세하다. 따라서 당신의 분야에 속한 사람들이 불확실성을 어떻게 다루는지를 관찰하고 비슷하게 하라.

제9장

이유와 증거 모으기

이 장에서는 주장을 지지하는 2가지 종류인 '이유'와 '증거'에 대해서 논의한다. 이 둘을 구별하는 방법과, 논증을 정리하기 위해 이유들을 사용하는 법과 증거의 질을 평가하는 방법을 설명한다.

독자들이 처음에 찾는 것은 논증의 핵심인 주장과 이를 지지하는 것들이다. 독자들은 주장의 타당성을 판단하기 위해 특별히 이유들을 보며, 논리를 판단하기 위해서는 이유의 순서들을 본다. 만일 그 이유들이 뜻이 통한다고 생각하면, 독자들은 당신이 제시하는 증거를 볼 것이다. 그리고 증거야말로 모든 논증의 기반이 되는 것이다. 만일 그들이 증거를 안 믿으면, 그들은 이유들도 거절하고, 더불어 주장도 거부할 것이다.

그래서 논증을 모아 정리할 때, 독자들에게 타당한 이유들을 명백하고 논리적인 순서로, 그들이 인정할 만한 증거에 근거해서 제시해야 한다. 이 장은 그것을 어떻게 하는지 보여준다.

9.1 논증을 계획하기 위해 이유들을 사용하기

당신이 이유들의 순서를 정할 때, 논증의 논리적 구조를 세우게 된다. 그 구조를 시험하기 위해서, 전통적 틀을 만들거나, 혹은 다른 방법으로 계획을 형상화할 수가 있다. "화판(storyboard)"이라고 알려진 차트 비슷한 윤곽을 만들면 유용할 것이다. 화판을 시작하려면, 주요 주장과 각 이유(와 하위 이유들)를 다른 색인카드나 페이지 꼭대기에 적으라. 그리고 각 이유(혹은 하위 이유) 아래에는 그것을 지지하는 증거의 목록을 쓰라. 아직 증거가 없다면, 당신이 필요하게 될 증거의 종류를 주목하라. 마지막으로, 그들의 논리적 관계를 한 눈에 볼 수 있도록 탁자나 벽에다 색인카드나 페이지들을 정리하라.

서론적 주장					결론
	이유1	이유2	이유3	이유4	
	증거1	증거2	증거3	증거4	

그 순서가 뜻이 통하는지 보기 위해서, 세부적인 것은 말고, 오직 이유들을 읽어보라. 뜻이 안 통하면, 통할 때까지 다른 순서대로 시도해 보라. 이 시점에서는 보고서가 아니라, 오직 논증의 개요만 잡는 것이다. 첫 번째 초안을 계획할 때, 당신은 독자의(그리고 당신의) 이해에 비추어 이유들을 다시 생각해 보고 새로운 순서로 정리할지도 모른다(부분들의 순서를 잡기에 관해서는 12.1.3을 보라).

9.2 증거와 이유를 구분하기

일단 이유들을 타당한 순서대로 정리했으면, 각 이유를 지지할 충분한 증거가 있는지 확인하라. 독자들은 이유가 **그들이** 생각하기에 확실한 사실에 근거하고 있을 때 비로소 수긍한다. 문제는 당신이 그것을 결정하는 것이 아니고, 독자가 결정한다는 것이다. 증거로 인정되려면, 그 진술은 독자들이 질문하지 않기로 동의한 분명한 사실을 보고해야 한다. 이 사실은 적어도 논증을 위해 독자들이 질문하지 않기로 동의한 것이다. 그러나 만일 독자들이 그 사실을 질문하면, 당신이 생각하기에는 견고한 사실적 증거가 그들에게는 단지 이유에 불과한 것이므로, 당신은 아직 논증의 기반이 되는 탄탄한 증거가 부족한 것이다.

다음 논증을 생각해보라.

- 미국 고등교육은 상승하는 등록금을 저지해야 한다. (주장)
- 왜냐하면 대학 비용이 아메리칸 드림을 이루는데 방해가 되고 있기 때문이다. (이유)
- 오늘날 대다수의 학생들이 짓누르는 채무부담으로 대학을 떠나고 있다. (증거)

마지막 문장에서, 글쓴이는 이유를 지지할 증거로서 충분히 견고하다고 믿는 "사실"을 제시한다.

그러나 회의적인 독자는 물을 것이다. **그것은 단지 일반화시키는 것이다. "대다수의 학생"이나 "짓누르는 채무부담"을 지지할 만한 확실한 숫자가 있는가?** 그러한 독자는 그런 말을 질문의 여지가 없는 사실로 보는 것이 아니라, 이유가 약하다며 확고한 증거가 필요하다고 한다. 따라서 글쓴이는 다음과 같은 것을 추가해야 할 것이다.

> 2013년에 거의 70%의 학생들이 대학을 다니기 위해 평균 $30,000의 대출을 받았는데, 이 빚은 많은 이들로 하여금 집을 사고, 가족을 이루며, 혹은 더 높은 학위를 추구하는 것에 방해가 된다.

물론 정말로 회의적인 독자는 다시 물어볼 수도 있다. 무엇이 그런 숫자를 지지하는가? 이 상황이 위기라는 주장을 무엇이 정당화하는가? 그렇다면, 글쓴이는 최근 졸업생들의 채무 결과를 보도하기 위해 숫자들을 분석하면서, 더 견고한 데이터를 제시해야 한다. 만일 글쓴이 자신이 연구를 했다면, 그(녀)는 자신의 원 자료(raw data)를 보여줄 수 있다. 만일 이차 자료에서 데이터를 얻었으면, 그것을 인용할 수 있다. 그래도 그녀의 이차적 자료가 믿을 만한지를 증명하라고 요구할 수 있다. 정말로 회의적인 독자들은 절대로 쉽게 포기하지 않는다.

만일 당신이 상상하기를, 독자들이 한 번도 아니고 여러 번 **당신은 그것을 어떻게 압니까? 어떤 사실들이 그것을 정말이라고 합니까?** 라고 물어본다면, 당신은 아직도 독자들이 원하는—논쟁의 여지가 없이 명백한 증거의 기반에 도달한 것이 아니다. 또 이른바 전문가들이 우리에게 무엇을 할지 서둘러 말하면서, 우리가 전혀 보지 못한 자료에 근거한 연구를 검토할 때, 주의 깊은 독자들은 증거에 대한 보고들을 회의적으로 바라보도록 배웠다. 당신은 자신이 좋은 증거를 가졌다고 생각할 때도, 그 증거가 어떻게, 누구에 의해 수집되었는지에 대해 명백히 밝히라. 만일 다른 사람들이 증거를 수집했다면, 구할 수 있으면, 증거에 가까운 자료를 찾고 인용하라.

9.3 증거와 증거를 보고하는 것을 구별하기

곤란한 일: 연구자들은 보고서에 증거 자체를 거의 포함시키지 않는다. 당신이 들판에 있는 토끼를 세거나, 무직자들과 면담하면서, 자신의 자료를 수집한다 해도, 당신의 보고서는 단어, 숫자, 그래프, 사진 등으로 그 토끼들과 무직자들을 언급하거나 보여주는 것이지, 실제의 토끼를 보여주지는 않는다. 예를 들어, 검사가 법정에서 **존스는 마약 장사였다. 여기 그것을 입증하는 증거가 있다.** 라고 말할 때, 그는 코카인 봉지를 들고 배심원들에게 그들 손에 들어 보라고 할 수도 있다(물론 검사와 배심원들은, 그 봉지가 존스에게서 받은 똑같은 봉지라고 말하는 경찰관과, 그 흰 물질이 실제로 코카인이라는 것을 말한 화학자를 믿어야 한다). 그러나 검사가 이 케이스에 대한 보고서를 쓸 때, 그 봉지를 종이에 스테이플로 찍을 수는 없다. 그는 단지 그 봉지를 언급하거나 묘사할 뿐이다.

그와 똑같이, 연구자들도 독자들에게 "증거 자체"를 보여줄 수는 없다. 예를 들면:

- 정서는 많은 사람들이 생각하는 것보다 이성에 더 큰 역할을 차지한다. (주장)
- 실제로, 뇌의 정서적 기관이 없으면, 우리는 이성적 결정을 내릴 수 없다. (주장을 지지하는 이유 1) 뇌의 정서적 기관에 신체적 상해를 입은 사람들은 가장 단순한 결정도 내릴 수가 없다. (이유 1을 지지하는 이유 2) 예를 들어, Y씨의 경우를 생각해 보자. 그는.... (증거의 보고)

이 논증은 증거로서 손상된 뇌를 가진 실제 사람들을 제시하지는 않는다. 이것이 보고하는 것은 그들의 행동에 대한 관찰과 그들의 뇌 사진들을 복사한 것과 그들의 반응시간에 대한 표 등일 뿐이다(사실, 우리는 우리 자신이 실제로 두뇌를 시험하거나 MRI 영상을 읽기보다는 차라리 다른 사람들의 보고서를 읽는 게 더 좋다).

이렇게 증거와 증거를 보고하는 것 사이의 구분은 미세한 것처럼 보인다. 그러나 그것은 2가지 중요한 이슈를 강조한다. 첫째, 당신이 자료에서 얻은 데이터는 그 자료에 의해 형성된 것으로, 그것들을 틀리게 보여주지 말고, 그 자료의 목적에 알맞은 형태로 집어넣어야 한다. 예를 들어, 당신이 유명인들이 갖는 이단 종교가 이성적 보상작용을 왜곡시킨다는 것을 보여주고 싶다고 가정하자. 그리고 당신은 운동선수와 연예인들이 최고 의사, 장군과 정부 관리들보다 훨씬 더 많은 돈을 받는다는 증거가 필요하다. 정부 관리들의 월급은 공식적 보고에서 찾을 수 있다. 그러나 오프라와 타이거 우즈의 세금 보고서를 볼 수 없다면(그리고 그 보고서가 얼마나 믿을만한지 누가 알겠는가), 더 먼 소식통으로부터 그들의 수입에 대해 수집되고 편집된 보고에 의존해야 한다. 당신이 원래 데이터를 계산하고 정리하고, 보고한 사람들과 직접 얘기할 수 없다면, 당신의 목적을 위해 증거를 사용하기 이전에 이미 그 증거 자체에서 서너 단계 떨어져 있는 것이다(그리고 그 소식을 전달하는 과정에서 적어도 한사람은 거의 확실하게 데이터 몇 개는 잘못 전달할 수가 있다).

둘째로, 당신이 그 데이터를 자신의 증거로 제출할 때는, 적어도 그것들을 새로운 맥락 속에 넣게 됨으로써, 그 데이터를 한 번 더 조작하는 것을 피할 수 없게 된다. 당신 자신이 데이터를 수집한다고 해도, 당신은 실제로 보고, 계산하고, 노트에 기록한 것들보다 더 일관성 있게 보이게 하려고 그것들을 정리할 것이다. 사실, 어떤 사실들을 수집하기 시작하기도 전에, 당신은 무엇을 계산하고, 숫자들을 어떻게 분류하고, 어떻게 순서를 정할지, 또 표나 막대그래프로 제시할 것인지를 결정해야 한다. 사진이나 비디오 녹음조차도 특정한 견해를 반영한다. 간략히 말해, 사실들은 그것들을 수집하는 사람들과 사용하는 사람들의 의도에 의해 형성되는 것이다.

이러한 보도에 대한 보고의 불분명한 특징 때문에, 연구보고를 많이 읽는 사람들은 증거의 신뢰성에 대해 매우 까다롭다. 당신이 직접 데이터를 수집했다면, 그들은 그 수집과정을 알고 싶어 할 것이다. 당신이 자료에 의존한다면, 당신이 일차적 자료를 사용하기를 기대할 것이며, 그렇지 않으면 가능한 가장 가까운 자료를 사용하기를 기대한다. 그들은 또 완전한 인용과 참고문헌 목록을 원한다. 그래서 그들이 원할 때 당신의 자료를 직접 볼 수 있기를 원한다. 간단히 말해, 그들은 "밖에 있는"것을 보고하여, 자기들이 읽고 있는 것을 믿을 수 있는지 알고 싶어 한다.

증거에 대한 기초적 은유들

우리가 증거를 얘기할 때, 전형적으로 기초적 은유들을 사용한다. 좋은 증거는 확실하고, 확고하며, 논증을 세울 만한 기반이며, 우리 스스로가 알 수 있는 것들이라고 말이다. 나쁜 증거는 연약하고, 약하며, 미미하다. 이와 같은 표현은 독자들로 하여금, 증거가 사람의 해석이나 판단과 관계없이, 독립된 현실로 생각하게 만든다. 그러나 데이터는 그것을 증거로 수집하고 사용하는 사람들에 의해 항상 구성되고 형성된다. 당신이 논증을 세울 때, 독자들이 그 순간만이라도 질문 없이 증거를 받아들일 때만 당신의 증거가 참된 증거로서 인정된다는 것을 유의하라.

3백 년 전과 지금 증거를 신뢰하기

실험과학의 초기에, 연구자들은 그들이 부르는 "증인들" 앞에서 실험을 실시했는데, 이 증인들은 유명한 과학자들로서, 실험을 관찰하고 보고된 증거의 정확성을 입증할 수 있었다. 지금 연구자들은 증인들에 의존하지 않는다. 대신에 각 분야마다 신뢰성을 확인하기 위해서 증거를 수집하고 보고하는 방법론을 표준화하였다(비록 어떤 연구자들은 아직도 거짓말을 하지만). 당신이 당신 분야의 표준적 연구과정을 잘 지킨다는 것은, 독자들이 실제로 확인할 필요 없이 당신의 증거를 말 그대로 믿기를 독려하는 것이다. 따라서 이차적 자료들을 읽을 때, 그들이 인용하는 증거의 종류와 인용 방법에 주목하고 그대로 따라 해라. 사회학 안에 있으면, 사회학자들이 하듯이 하라.

우리 모두는 기껏해야 의심스러운 정도이고, 최악의 경우에는 가짜 연구보고서들과 의견조사의 지배를 받고 있는 시대에 살고 있다. 그래서 당신은 독자들에게 그들이 당신의 데이터를 믿을 수 있다는 확신을 주어야 한다. 신뢰도의 고리에서 마지막 연결자는 당신이므로, 당신이 누구의 데이터를 사용하는지와 어떻게 사용하는지에 대해서 신중해야 한다.

9.4 당신의 증거를 평가하기

당신의 독자들이 기대하는 증거의 종류를 알았으면, 당신 증거의 신뢰성을 시험해야 한다. 그것은 **충분하고**, **대표적이며**, **정확하게** 보고되었으며, **권위 있는** 자료에서 가져온 것인가? 이것들은 학문적 연구에만 해당되는 이상한 기준들이 아니다. 우리 모두는 일상적 대화에서 그것들을 적용한다. 다음에서 "부모"는 "자녀"가 모든 기준에서 잘못되었다고 지적한다.

자녀 : 나는 새 운동화가 필요해요. (주장) 이 운동화는 너무 작아요. (증거)

부모 : 한 달 동안 발이 그렇게 커질 수는 없어. 그리고 그 운동화가 많이 조이는 것도 아닌 것 같아.
[네가 증거로 제시한 것이 너의 주장과 관련이 있을 수 있지만, 그러나 그 증거를 거부하는 이유는, 그것이 사실과 다르고, 비록 사실이라고 해도 "너무 작아요" 라는 말은 충분히 정확하지 않기 때문이다]

자녀 : 하지만 학교에는 신고 갈 수 없어요. (이유) 이 더러운 것과 너덜너덜한 레이스 끈을 보세요. (증거)

부모 : 더러우면 빨면 되고, 레이스 끈은 바꾸면 된다. 그 이유는 새 운동화를 사기에 충분하지 않아.
[네가 한 말이 사실일 수도 있다. 그러나 운동화 끈이 너덜하거나, 때가 묻었기 때문에 학교에 신고 가지 못한다는 것은 충분한 증거가 되지 못한다]

자녀 : 운동화를 신으면 아파요. (이유) 내가 절룩거리는 것을 보세요. (증거)

부모 : 너는 1분 전에는 잘 걸었어.
[너의 증거는 대표적인 것이 아니다]

자녀 : 모든 사람들이 내가 새 운동화를 사야한다고 생각해요. (이유) 해리도 그렇게 말했어요. (증거)

부모 : 이 집에서 해리의 의견은 중요하지 않아.
[해리가 그렇게 말했는지 모르나 그의 의견은 권위가 없다]

독자들은 부모가 사용하는 것과 똑같은 기준에 따라 증거를 판단한다. 그들은 증거가 정확하고, 정밀하며, 충분하고, 대표적이고, 권위 있기를 바란다(독자들은 또 증거가 **관련이 있기를** 기대하는데, 이 점은 11장에서 논의할 것이다). 당신이 증거를 모을 때, 화판에 추가하기 전에 그런 기준에 맞추어 구별하라.

9.4.1 증거를 정확하게 보고하라

주의 깊은 독자들은 회의적이라서, 당신의 증거에서 가장 사소한 실수도 비신뢰성의 표시로 삼을 것이다. 당신의 논문이 실험실이나, 현장이나, 도서관에서, 혹은 온라인으로 수집된 데이터에 의존한다 해도, 그런 데이터를 완전하고 명백하게 기록하라. 논문을 쓰기 전에도, 또 쓴 후에도 이중으로 확인하라. 쉬운 일들을 올바르게 하는 것이 독자에 대한 존중이며, 어려운 일을 다루는데 최고의 훈련이 된다. 당신은 가끔, **증거의 의심스러운 특성을 인정한다면**, 의심스러운 증거를 사용할 수 있다. 실제로 당신의 주장을 지지하긴 하지만 신뢰성이 부족하여 거부한 증거를 당신 스스로가 지적한다면, 당신 스스로가 조심스럽고 비판적이어서 믿을 만한 사람임을 보여주는 것이다.

9.4.2 적절하게 세밀하라

독자들은 당신이 증거를 정확하게 언급하기를 원한다. 그들은 당신이 주장에 방어벽을 쳐서 그 본질을 이해하지 못 할 때 경고의 종소리를 듣는다.

> 산림청은 산불을 방지하기 위해 상당한 돈을 썼으나, 아직도 크고, 높은 비용의 불이 일어날 높은 확률이 있다.

얼마나 많은 돈이 **상당히** 많은 돈인가? **높은 확률**은 어느 정도인가? 30퍼센트? 80퍼센트? **크고 높은** 비용은 얼마인가? **약간**, **대부분**, **거의**, **자주**, **보통**, **일반적으로** 등의 단어들을 조심하라. 그런 단어들은 적절하게 주장의 폭을 제한할 수 있지만(8.3을 보라), 연구자가 정확한 숫자를 알기 위해 열심히 일하지 않으면 주장을 희미하게 할 수도 있다.

그러나 세밀하다고 여겨지는 기준은 분야마다 다르다. 물리학자는 입자들의 생명을 나노 초의 분수로 측정하기에 오차가 거의 미미하다. 소비에트 연방이 언제 붕괴의 시점에 있었는지를 측정하는 역사가는 그것이 몇 달 사이라고 할 것이다. 고생물학자는 새로운 종자가 나타나는데 대략 수 만년이 걸린다고 추정한다. 그들 분야의 기준에 따르면 세 사람 모두 적당하게 세밀하다(증거는 또한 너무 세밀할 수도 있다. 오직 무모한 역사가만이 소비에트 연방이 피할 수 없는 붕괴점에 도달한 것이 1987년 8월 18일 2시 13분이라고 주장할 것이다).

9.4.3 충분하고 대표적인 증거를 제공하라

초보자들은 전형적으로 증거를 너무 적게 제시한다. 그들은 생각하기를 하나의 인용, 한 숫자, 하나의 개인적 경험으로 하나의 주장을 입증할 수 있다고 생각한다(가끔은 오직 하나의 증거로도 그것을 논박하기에 충분하다).

> 셰익스피어는 여자들을 혐오했음이 틀림없다. 왜냐하면 햄릿이나 멕베스에 나오는 여자들이 사악하거나 약하기 때문이다.

독자들이 그렇게 중요한 주장을 받아들이기 위해서는 그 이상의 것이 필요하다.

비록 당신이 많은 증거를 제시해도, 독자들은 가능한 모든 것들 중에서 가장 **대표적인** 것을 기대한다. 한 두 개의 셰익스피어 희곡들에 나오는 여자들이 그의 모든 여자들을 대표하지는 않는다. 독자들은 여론 조사처럼, 당신의 증거가 큰 데이터 덩어리에서 작은 표집을 택했을 때 매우 경계한다. 따라서 표집 된 데이터를 사용할 때마다, 당신의 데이터는 대표적인 것이어야 하고, 또 그렇다는 것을 보여주어야 한다.

당신의 증거가 대표적이 아니라는 주장에 관련된 비난은 증거가 **일화적**(anecdotal)이라는 것이다. 그것이 대표적인 것 일수도 있으나, 아닐 수도 있다. 주장이 한 두 개의 예에 달려있다면, 그것이 아무리 대표적이라 해도, 그 증거는 일종의 불완전한 증거로서 거절될 위험이 있다. 물론, 일화적 증거는 데이터의 통계적 대표성이 갖지 않는 설득력이 있다. 뚜렷한 실례가 갖는 설득력은 사례 연구, 혹은 예외적인 경우가 그 원칙을 입증하는데, 일화에 의한 논증은 매력적이나 위험하다. 왜냐하면 논증의 강도는 그 증거에 의해 정해지기 때문이다.

9.4.4 권위의 무게를 고려하라

분야마다 증거를 다르게 정의하고 평가한다. 만일 당신이 초보자라면, 당신의 분야에서 독자들이 인정하거나 거절하는 증거의 종류에 대해 배울 시간이 필요하다. 그런 경험을 얻는 가장 고통스러운 방법은 독자들의 비판의 대상이 되는 것이다. 덜 고통스러운 방법은, 증거가 믿을 만하지 못해서 실패한 논증의 실례들을 찾아보는 것이다. 당신의 교사가 증거가 약하다고 비판하는 논증을 토론하는 강의나 수업을 들어보라. 실패한 논증은 성공한 논증보다 당신에게 신뢰할 만하게 인정받는 논증에 대해 더 잘 이해하게 만든다.

특별히 미약한 종류의 증거는 독자들이 권위 있다고 인정하지 않는 자료에서 유래한다. 20세기 초기에 뉴욕사람들은 한 지역 신문의 말을 곧이곧대로 받아들였다. "만약 선 지(紙)에서 보았다면, 그런 것이다." 일반적으로 독자들은 자료의 권위의 정도를 엄격함과 객관성에 대한 그들의 평판에 근거해서 정한다. 예를 들어, 대부분의 사람들은 연구자가 미국 질병 관리 센터에서 얻은 바이러스의 전이에 대한 데이터를 믿을만한 증거로 인정하며, 실수의 가능성조차도 인정한다. 그러나 위키피디아에서 가져온 증거는 많은 분야에서는 인정되지 않는다. 왜냐하면 위키피디아는 권위 있는 증거로 간주되지 않기 때문이다. 따라서 "자료를 고려하라"는 명령은 권위의 부족으로 거절된 증거에 대한 회의론자의 항변이다.

제 10 장

수용과 반론

다른 사람들의 견해를 수용하지 않는 주장은 완벽할 수가 없다. 이 장에서는 당신의 주장에 대해 독자가 문제를 제기하거나, 반박하거나, 대안을 거론할 때 어떻게 대응할 것인가 논의한다. 다른 사람들의 견해를 수용하고 반론을 펼치면 당신의 주장은 한층 더 설득력을 가질 수 있다.

논증(argument)의 핵심은 주장이며 그것은 증거(evidence)를 갖춘 이유(reason)가 지탱해주고 있다. 논증은 이유가 더 추가되고, 그것은 다시 하위의 이유나 증거로 보강되면서 한층 탄탄해진다. 그러나 독자에게 단지 주장, 이유, 그리고 근거만 제시한다면 — 그런 주장이나 이유가 아무리 탁월할지라도 — 독자는 당신의 논증체계가 심도가 낮다거나, 아니면 당신이 독자들의 견해를 전혀 모르거나 무시하고 있다고 믿는 상황이 벌어진다. 따라서 성공적으로 논증을 펼치려면 단순히 주장, 이유, 그리고 근거만 쌓아 거대한 체계를 만드는데 급급해서는 안 된다. 필요한 것은 당신의 주장이 독자와 함께 나누기로 한 대화(제7장 참조)의 약속을 지키면서 독자가 견지하고 있는 견해와 어떻게 연결되고 있는지 설명해주어야 한다.

이것은 당신의 논증의 주요 핵심은 독자가 고민하고 있는 문제의 해결에 도움이 된다는 식으로 서문에서 소개하는 식으로 접근하면 된다(서론 작성을 어떻게 하면 좋은지는 제16장에서 다시 논의한다). 그러나 이런 독자와의 대화는 논증체계의 모든 부분에서 지속적으로 나눌 수도 있는데, 독자가 당신의 논문을 읽으면서 주요 주장에 대해 문제를 제기하거나 혹은 반박할 것을 미리 예측하여 수용하고 반론을 펼칠 수도 있다. 물론 논문을 기획하고 쓰는 처음 단계에서 문제 제기를 하고 자신의 견해를 제시하는 독자는 있을 수가 없겠지만 당신이 그런 독자를 상상하면서 글을 써야 한다. 이렇게 독자와 대화를 나눈다고 생각하는 과정을 거치면서 저자와 독자는 협조적 관계를 만들어 가는 것이다.

이 장에서는 독자들이 당신의 논증에 관해 던질 수 있는 두 종류의 질문을 예측하는 방법을 설명할 것이다.

- 독자는 논증체계의 내재적 건전성에 대해 의문을 제기할 것이다. 당신의 주장이 명확한가, 주장에 대해 적절한 이유를 붙였는가, 근거 자료는 질적으로 우수한가, 등.
- 독자는 논증의 외재적 건전성에 대해 의문을 제기할 것이다. 문제를 다른 대안적 인식의 틀에서 볼 수 있지 않은가, 당신이 간과하고 있는 다른 증거가 있다, 그 주제에 대해 다른 사람들의 연구 성과가 있다, 등 여러 대안적 이해의 방식에 대해 평가를 요구하는 것이다.

이러한 두 종류의 문제 제기를 미리 예상하고, 수용하며, 대응하는데 성공한다면 독자는 당신의 논증체계를 신뢰하게 되고 수용할 가능성이 높아진다.

10.1 독자의 입장에서 질문하기

논증체계를 기획하고 초안을 작성하는 초기에 제기될 수 있는 모든 반대 의견을 예상하면서 작업한다면 아마 당신은 한 발자국도 앞으로 나가지 못할 것이다. 따라서 처음에는 당신이 말하고자 하는 바가 무엇인가에 초점을 두고 주장, 이유, 그리고 증거를 수집하여 당신의 논증의 핵심을 구성해야 한다. 일단 그 핵심이 형성된 후에 독자가 어떤 반응을 보일지 상상해 본다. 아마 독자의 반응을 상상한다는 것이 쉽지만은 않을 것이다. 그 이유는 당신은 이미 그 논증체계에 대해 너무 잘 알고 있으며 흠을 잡힐 것으로 생각할 수가 없기 때문이다. 친한 친구, 멘토 혹은 동료에게 먼저 보여줄 수 있다면 그것을 먼저 해보면 좋다. 다른 사람들이 당신의 논증에 대해 어떤 문제 제기, 반론 혹은 대안적 주장을 할 것인가를 파악하는데 도움이 된다. 이것이 어렵다면 그 대안으로 당신의 주장에 대해 실제보다도 훨씬 신랄하게 부정적인 태도를 갖는 일단의 가상 독자를 머리 속에 그려 보는 것이다.

이 작업을 진행할 때는 일단 독자와 함께 추구하는 상호 협력의 탐구라고 생각하는 것을 보류하면 좋다. 독자에게 전쟁 포고를 하는 것이 아니라 열띤 토론을 벌이고 있다고 생각하면 좋다. 당신의 주장이 틀리기를 바라고 있는 사람, 잘못된 방향으로 가고 있다고 생각하는 사람의 눈으로 당신의 논증체계를 살펴보는 것이다.

우선, 당신이 제기한 문제를 검토한다. 다음은 가상의 독자가 던질 수

있는 질문과 그에 대한 답을 제시한 것이다:

1. 왜 문제가 있다고 생각하고 있는가? "당신이 설정하고 있는 문제 제기는 별로 중요하지 않다, 혹은 해결이 되지 않더라도 치러야 할 대가가 별로 크지 않다."
2. 문제를 정확하게 정의하고 있는가? 개념적 문제인가 아니면 실용적 문제인가? "당신은 문제의 핵심을 잘못 짚고 있다. 문제는 그게 아니라 다른 데 있다."

그리고 다음과 같이 해결책을 제시한다:

3. 당신의 해결책은 실용적인 것인가 개념적인 것인가? 다시 말해, 독자에게 어떤 일을 하면 된다는 것인가 아니면 이해하기를 주문하는 것인가? 문제의 해결책으로 적합한가(실용적 문제에 대한 답은 실용적 해결책이어야 하며 개념적 문제는 개념적인 해결책이 제시되어야 한다)? "당신은 문제를 제기하고는 있지만 그것을 어떻게 해결할지 답을 주고 있지 않다." "현재의 학계의 이해 수준이 부족하다는 점을 지적하고는 있지만 다른 대안을 제시하지 못하고 있다."
4. 당신은 주장을 너무 강하게 하고 있는 것은 아닌가? "나는 당신의 주장에 맞지 않는 예외적 사례나 오류를 제시할 수 있다."

5a. 당신의 실용적 해결책은 다른 해결책보다 낫다고 생각하는 이유가 무엇인가? "나는 당신이 제시하는 해결책은 비용이 너무 많이 들기 때문에 새로운 문제점을 야기한다고 생각한다."

5b. 당신이 제시한 개념적 해결책이 왜 다른 것보다 더 낫다고 생각하는가? "우리가 잘 알고 있는 정설에 부합되지 않는 해결책을 제시하고 있다."

만일 당신이 해결책을 제시할 수가 없는 질문에 부딪쳤다면 앞으로 계속 나가지 말고 현시점에서 그 질문에 대한 답을 고민해야 한다. 이것을 편하게 생각하지 말고 자신에게 엄한 태도를 가져야 된다. 논증의 오류를 바로 잡는 것은 문제가 발견되는 바로 그 시점이라는 것을 잊지 말아야 한다.

논증체계가 표면적으로 좀 약해 보이지만 사실은 전혀 그렇지 않을 수도 있다는 점을 유념해야 한다. 예를 들어, 만약 독자가 당신의 해결책이 실제는 많은 비용을 들 것으로 생각할 것 같다면, 당신이 해야 될 일은 그런 우려를 수용하고 그에 대해 대응하면 된다:

> 특정 은행의 행위에 초점을 맞추다 분석하다 보면 금융위기를 초래한 제도적 요인들이 미치는 영향을 너무 축소하는 것은 아닌지 의구심이 들 것이다. 그러나 우리가 분석한 자료에 따르면 그런 우려는 근거가 없다는 것이 밝혀질 것이다.

다음으로, 논증체계의 증거를 문제시할 때 어떻게 대응하면 좋은가? 독자는 증거 자료의 성격에 대한 의문을 제기할 수 있다:

1. "나는 다른 증거의 **유형**을 제시해야 된다고 생각한다 — 일화적 사례가 아니라 정량적 자료가 필요하다(혹은, 숫자만 나열할 것이 아니라 실제의 구체적 사례가 필요하다)."

독자는 증거의 유형이 제대로 제시되었을 경우에도 그 내용의 질적 수준을 문제 삼을 수도 있다.

2. "숫자가 문제가 있다. 합산해도 그 답이 나오지 않는다."
3. "정확성이 없다. '많다'라는 말의 의미가 구체적으로 무엇인가?"

4. "최근 자료가 아니다. 이보다 더 최근 연구가 있다."
5. "대표성이 떨어진다. 모든 집단을 아우르는 자료를 수집해야 한다."
6. "권위를 인정할 수 없다. 스미스는 이 분야의 전문가가 아니다."

대응하기 가장 어려운 반론은 통상 다음과 같은 것이다.

7. 더 많은 증거 자료가 필요하다. 자료 하나(인용, 숫자, 일화)로는 충분하지 않다.

대부분의 연구자들은 좋은 증거 자료를 충분하게 수집하여 논증의 근거로 제시하지 못한다. 특히 마감 시간이 짧은 경우는 더욱 그렇다. 논문을 지도할 때 교수가 자주 겪는 불만스러운 상황은 학생이 처음으로 찾아낸 증거 하나를 가지고 필요한 모든 것을 제시한 것처럼 우기면서 나올 때이다.

독자가 당신의 해결책과 다른 어떤 해결책을 추종하고 있을 때 그것을 포기해야 할 상황에 놓이게 되면 아주 공격적으로 반박하고 나온다. 따라서 당신의 증거가 흠결의 여지가 없이 완벽하다는 확신이 서지 않는다면 솔직한 태도를 보이는 것이 좋다. 당신이 주장을 너무 강하게 하고 있다면서 논증체계를 전면 거부하고 나오는 것을 막고 싶다면 당신의 증거 자료가 갖는 한계점을 겸허하게 인정하는 것이 좋다.

마지막으로, 독자들은 당신의 논증체계가 그것을 성립시키는 이유와 관련성이 없다고 느낄 수도 있다. 즉, 당신의 주장을 성립시키는 이유가 자연스럽게 연결되지 않는 것이다. 이 문제는 제11장에서 집중적으로 논의할 것이다.

결론적으로, 논증의 체계를 수립할 때는 가장 회의적 태도를 가진 독자를 머리 속에 상상하면서, 주장, 증거, 이유 등을 꼼꼼히 검토해야 한다. 실제로 그렇게까지 나쁜 독자는 존재하지 않을테지만 그 정도로 최악의 경우를 상상해야 한다. 그렇게 해야 독자들이 상상하는 중요한 반론이 차단될 수가 있다. 그리고 독자가 당신의 논증을 추궁하기 전에 이미 당신 자신을 혹독하게 추궁했음을 보여주어야 한다.

10.2 주장에 대한 대안의 예측

논증체계의 취약점을 스스로 인정하고 나오면 독자는 당신이 아주 정직한 마음을 갖으려고 노력하며 독자의 견해를 인정해주고 있다는 느낌을 받기 때문에 당신에 대한 신뢰심을 갖게 된다. 그러나 이것은 어디까지나 방어적 태도일 뿐이다. 더 중요한 것은 자신의 논증이 갖는 장점과 취약점을 잘 알고 있을 뿐만 아니라 그에 대한 대안적 반론에 대해서도 충분히 대응할 수 있다는 것을 독자에게 보여주어야 한다. 이를 위해선 대안적 견해를 당신의 논증체계 속에 흡수하여 인정할 것은 인정하고 반론할 것은 반론해야 한다.

만일 당신이 주제나 독자를 잘 알고 있다면 대안적 주장을 당신 스스로 상상해내는 것이 가능하다. 그러나 대개는 문헌 저자를 통해 그런 대안적 주장을 찾는 것이 흔하다. 제6장에서는 문헌 속의 저자와 적극적으로 대화하는 것을 강조하였다. 문헌 속에는 대안적 관점이 풍부하여 아주 쉽게 발견할 수 있다. 문헌을 증거로서 사용할 뿐만 아니라 당신의 사고를 풍요롭게 하는 자극제로도 사용하는 것이다.

제2의 문헌 자료는 당신이 주제에 대한 대화, 질문, 그리고 문제점 등을 기록한 문서로서 저자들과 나눈 대화는 앞으로 독자와의 대화에 보탬이 된다. 문헌을 읽을 때에는 당신의 주장과 다른가, 접근법이 다른가, 문제의 초점을 다르게 정의하고 있지는 않는가, 등에 주목한다. 특히 문헌의 저자가 당신과 의견이 일치하지 않을 때, 그 이유가 무엇인지 기록하며, 특히 저자들 사이에 서로 의견이 다를 때 어떤 이유에서 다른지 잘 메모해 놓아야 한다. 이렇게 주장이 엇갈리는 쟁점을 알게 되면 당신의 주장 속에서 수용하고 넘어가야 할 대안적 주장을 찾아낼 수 있다. 문헌을 읽으면서 특정 저자의 주장에 대해 반박을 할 수 있다면 그것도 잘 기록해두어야 한다.

인용하려는 문헌의 저자가 신뢰성이나 관련성이 떨어지는 증거를 사용하고 있다면 그것도 잘 기록해두어야 한다. 독자 중에는 이런 증거를 아주 중요하다고 생각할 수도 있기 때문이다. 당신이 논증을 펼칠 때에는 그런 부족한 점을 언급하면서 그 주장을 배제한 이유를 설명하면 좋다.

마지막으로 인용 문헌을 잘 살펴보면 독자를 상상하거나 그들의 반응을 미리 예측하는데 도움이 된다. 독자는 보통 당신이 인용하는 문헌의 저자들과 아주 흡사한 사람들이며, 때로는 그 저자가 당신의 독자층에 포함될 때도 있다.

10.3 수용할 내용의 결정

독자가 제기할 수도 있을 것 같은 질문이나 대안, 그리고 반론이 몇 개 모아지면 중요한 결정의 순간이 다가 온 것이다. 수용을 너무 남발하면 독자는 당신이 주장하는 바가 무엇인지 혼란스럽다고 할 것이고, 반대로 너무 인색하면 자신의 관점을 고려를 하지 않았다거나 혹은 아예 무시한다는 느낌을 받을 것이다. 따라서 어느 정도가 적정한지 그 수준에 대해 고민해야 한다.

10.3.1 대응이 필요한 내용의 선정

대안과 반론의 제시가 필요한 것을 목록화하고 다음과 같은 우선순위에 따라 축소해 나간다.

- 논증체계에서 있을 수 있는 약점으로서 반박이 가능한 것
- 학계에서 통용되는 중요한 대안적 주장
- 독자가 사실이기를 바라는 대안적 주장
- 독자가 알고 있는 대안적 증거 자료
- 중요한 반박의 예증으로서 당신이 꼭 짚고 넘어가야 할 것

대안적 반론 중에서 당신의 주장을 일부 다시 반복해서 설명할 수 있는 기회가 들어 있는 것을 찾아내야 한다. 예를 들어, 독자가 사실은 틀린 예외적 사례를 들고 나오면서 당신이 내린 정의가 잘못 되었다고 주장하면 그것이 사실이 아니라고 설명하는 과정에서 자연스럽게 당신의 주장을 한층 더 강화할 수 있다:

> 일부 학자는 음식물조차도 중독성이 있다고 주장한다. 그러나 우리가 여기서 논의하고자 하는 것은 중독성이 항상 수반된 물질일 뿐이며 그 외 물질은 관심 대상이 아니다.

만일 독자가 당신의 주장과 아주 흡사한 대안적 주장을 제시하고 있다면 그것을 당신의 논점을 강화시키는 기회로 삼아 당신의 해결책이 갖는 우수성을 더욱 강조하는 것이다.

> 연구자가 보고서를 쓸 때 규칙이나 형식을 따르려고 하면 긍정적인 효과보다는 오히려 좋은 글을 쓰는데 방해가 된다는 점은 대부분 연

> 구자들이 동의한다. 그 이유는 글쓰기는 "의미를 창조하는 비의식적 행동"이며 의식적으로 규칙에 따른 행동이 아니기 때문이다. 이것은 글쓰기 과정의 일부에는 맞는 말이다. 연구자가 초안을 쓸 때는 규칙을 따르려고 고민할 필요가 없다. 그러나 글쓰기는 그런 초안말고도 다른 의식적 과정이 많이 있다. 우리가 이곳에서 밝히고자 하는 것은 어떤 형식이 글쓰기의 의식적 과정에서 도움이 되며 어떤 것이 도움이 되지 않는지를 찾아내는 것이다.

마지막으로 독자들에게 인기가 높은 대안적 주장이 있을 경우 그것을 가능하면 언급해줄 필요가 있다. 물론 당신이 독자로부터 건방진 사람이라는 비난을 받지 않고도 당신의 논리를 펼칠 수 있다면 그렇게 하지 않아도 된다. 그러나 독자가 좋아하는 것을 짓밟는 것보다는 그냥 무시하고 지나가는 것이 현명하다.

10.3.2 논증의 흠결 인정

만일 논증체계 속에서 오류가 발견되었고 도저히 수정하거나 설명해낼 재간이 없다면 연구 문제를 재정의하거나 혹은 그런 오류에 노출되지 않는 논증체계를 구축하도록 노력해야 한다. 그러나 그것도 도저히 불가능하다면 아주 어려운 결정을 해야 한다. 독자가 그런 오류를 발견하지 못하기를 기대하면서 그냥 무시하고 넘어가는 방법이 있다. 그러나 이것은 정직한 태도가 아니다. 만일 독자가 그 문제점을 찾아내면 당신의 능력에 의구심을 갖는 더 큰 문제를 일으키게 된다. 그리고 만일 당신이 약점을 숨기려고 했다는 생각이 들면 독자는 당신이 부정직한 인격을 가진 것은 아닌가 의심할 수 있다. 순진한 충고라고 생각될지 모르지만 언제나 통용이 되는 처방은 솔직하게 문제를 인정하고 다음과 같이 대응하는 것이다.

- 오류가 있는 것은 사실이지만 그러나 강점이 더 많은 논증체계이다.
- 오류가 심각한 것은 사실이지만 앞으로 연구를 좀 더 한다면 해결책을 찾을 수 있다.
- 이 논증체계는 오류가 있기 때문에 전적으로 수용하는 것은 불가능하지만, 그러나 해당 문제의 해결에 매우 중요한 시사점을 제공하고 있다. 앞으로 어떤 방향으로 이 문제를 해결할 것인가에 대해 큰 기여를 하고 있다.

연구자들은 종종 실패를 성공으로 바꾸기도 한다. 주장하고 싶었지만 근거 자료가 없어 내세우지 못한 주장을 가설로 만들어 사람들에게 제시한다. 아주 그럴싸하다고 생각하지만 문제가 있다는 점을 지적하면서 설명하는 자료로 사용한다:

> 소송 사건에서 피해자에 초점을 맞춰 그의 고통을 강조하는 식으로 재판을 이끌어 가면 배심원은 가해자가 잘못했다고 판단할 것처럼 생각한다. 실은 이것이 바로 피해자의 변호사가 구사하는 전략이다. 그러나 우리의 연구에서 이들 행위의 상관성을 발견하지 못했다.

10.3.3 답을 내놓을 수 없는 질문의 인정

초보 연구자는 종종 해당 주제에 대해 최종적으로 완벽한 설명을 하지 않으면 안 된다고 믿는다. 즉, 반박이 있을 수 없고 전적으로 수용할만한 설명을 생각하고 있는데 이것은 잘못된 판단이다. 연구의 경험이 많은 연구자나 교수는 어떤 논증체계도 완벽하게 공격을 회피할 수가 없으며, 현상의 기술은 다르게도 기술할 수 있게끔 항상 복합적 성격을 띠고 있다고 믿는다. 사실 아주 혁신적 논문이란 우리가 이미 알고 있는 문제에 대한 답을 내놓는 것이 아니라 아직 생각해보지 못한 일단의 새로운 질문을 던지는 논문인 경우가 많다. 이런 현상은 개념적 문제를 다루는 연구에서 특히 잘 나타나고 있지만, 응용 연구에서도 해당되는 이야기이다.

성숙한 독자일수록 모든 문제에 대한 해답을 갖고 있는 것처럼 행세하지 않고, 논증체계가 갖는 있는 제한점을 인정하고, 자랑보다는 숨기고 싶은 문제점을 터놓고 인정하면, 논증 내용뿐만 아니라 당신 자신에 대해 더 호의적 태도를 보인다.

10.4 반박에 대한 대응을 하위 주장으로 설정하기

독자의 대안 주장이나 반론 제기에 대해 인정하는 태도를 취하면 좋은 대응의 기회가 생겨난다. 그러나 그렇다고 바로 비슷한 다른 주장을 무턱대로 늘어 놓으라는 것은 아니다. 이런 식의 반응을 조금이라도 하게 되면 이미 인정하고 들어간 내용을 한정하거나 혹은 다시 거부하는 것으로 비춰질 수가 있다:

> 일부 학자는 음식물조차도 중독성이 있다고 주장한다. (반박의 인정) 그러나 우리가 여기서 논의하고자 하는 것은 중독을 항상 유발하는 물질일 뿐이며 그렇지 않은 다른 것은 관심의 대상으로 하지 않고 있다. (반박이 주장과 관련이 없는 이유)

이렇게 처음 대응한 것으로 충분할 수도 있다. 그러나 이것은 독자가 그 말의 전제를 인정할 때만 가능하다. 즉, 그 대응이 아주 자명하다든지 혹은 이전에 이미 그런 주장을 했다든지 하는 경우에 가능한 대응이다. 그렇지 않다면 적절한 증거나 이유를 추가하면서 그 이유를 설명해야 한다:

> 어떤 사람들은 음식도 중독될 수 있다고 주장한다. (반박의 인정) 그러나 우리가 여기서 논의하고자 하는 것은 중독을 항상 유발하는 물질일 뿐이며 다른 것은 관심의 대상이 아니다. (반박이 주장과 무관하다는 이유) 초콜릿을 한번 맛본 사람들 중에는 나중에 그것을 거부하는 것이 불가능하여 중독이 될 수도 있다. 그러나 그 숫자는 마약인 크랙 코카인을 한번 흡입하고 즉시 중독된 사람들의 숫자에 비하면 아주 적다. (하위 이유) 쉐노위츠(Chernowitz, 1998)의 연구에 의하면 마약은 한번 노출되면 중독으로 발전하는 사람이 ... (증거의 제시)

이보다 더 적극적으로 대응하려면, 다양한 이유와 증거가 포함된 논증체계까지 만들어야 한다. 새로운 인정과 대응, 그리고 보장성 전제도 넣어야 할지도 모른다(인정과 대응이 들어가야 할 위치는 논증체계를 처음 기획하는 단계에서 필요한 위치에 넣는 것으로 이해하면 되겠다. 제12장에서는 논문의 초안 작성 단계에서 다시 이것을 넣어야 된다면 어느 곳이 좋은지 구체적으로 논의할 것이다). 다시 말하면, 독자의 대안적 해결책에 대응은 너무 길어도 혹은 너무 짧아도 안 된다는 점을 주의해야 한다. 적절한 균형은 오직 경험을 통해서만 감각적으로 습득할 수 있다. 따라서 전문가들이 균형을 어떻게 지키는지 유심히 관찰할 필요가 있다.

10.5 인정과 대응의 어휘

연구자 중에는 독자의 대안 제시를 전혀 인정하지 않는 사람도 있는데 이들은 반박을 미리 생각해내지 못하기 때문이다. 이 장에서는 그러한 문제를 극복하는데 도움이 되는 전략을 논의할 것이다. 어떤 연구자는 다른 사람들의 견해를 논증체계에 포함시키면 자신의 주장이 맥이 빠진다고 생각하기도 한다. 그러나 대부분의 독자는 그런 인정을 하면 오히려 연구자의 신뢰도가 더 높아진다고 생각한다. 또 다른 연구자는 독자의 반론이나 대안 제시를 인정하거나 대응하는 방법을 잘 모르기 때문에 주저할 수도 있다. 이들은 글로 쓰거나, 혹은 인쇄면이나 영상 화면에 그것을 어떻게 표현하면 좋을지 잘 모른다. 이 절에서는 이들에게 도움이 되는 전략을 제시할 것이다.

독자의 반박이나 대안적 견해를 인정하고 대응할 때, 우선 어느 정도의 중량감을 부여할지 결정해야 한다. 단지 언급하고 끝내는 것도 있지만 아주 길게 논의하는 것까지 그 선택의 폭은 넓다. 이제부터 간단하게 언급하는 것부터 아주 존중하는 반응의 순서로 그 전략을 제시한다(괄호나 사선은 다른 방법을 의미한다).

10.5.1 반박이나 대안 제시를 인정하는 말

독자의 반박이나 대안 제시를 인정/반론할 때 중량감 부여의 표현은 다음과 같은 선택이 있다.

1. **… 임에도 불구하고 … 일지언정 … 설령 그렇다손 치더라도** 등과 같은 말로 독자의 반박이나 대안의 격을 낮추며 소개한다.

- 의회가 세금을 낮춰주려는 의도가 [있음에도 불구하고, 사실일지언정, 사실이라 치더라도], (인정) 최근 예결산서를 보면… (대응)
- 홍콩이 경제적 문제 [… 에 봉착했지만, … 가 있는 반면, … 때문에 어려움을 겪고 있다 해도], (인정) 동아시아는 아직 건재하다. (대응)

2. 독자의 반박에 대하여 [… 은 맞을 듯 싶지만, …인 것처럼 보인다, … 얼핏 그럴 수도 있겠지만, … 좀 놀랍기도 하지만, … 확실한 것 같다] 등과 같은 표현으로 반박에 대한 인정을 간접적으로 시사할 수 있다.
   - 링컨은 그의 편지에서 우울증의 증세라고 보이는 표현이 [나타나지만, (인정) 그를 자세히 알고 있는 주변 사람들에 따르면 … (대응)
   - 이 제안은 어느 정도 [… 맞을 것 같지만, … 사실일 가능성이 있지만, … 사실 같지만] (인정), 그러나 우리 생각에는 … (대응)

3. 독자의 반박이나 대안의 출처에 대해 언급하지 않고 인정하거나 반론에 나서면 중요도를 아주 적게 부여하는 것이다:
   - 세금을 올려야 된다고 [생각/상상/주장/설명할 수도 있겠지만] (인정) 그러나 다른 [주장/설명/논점/가능성]을 고려하면 우리는 세금을 … (대응)

4. 독자의 반박이나 대안을 언급할 때 일반적 화자의 견해로 제시하면 중요도가 조금 높아진다.
   - 쿠바는 … 을 하지 않을 것 같다고 말/주장/생각/반박하는 사람이 [몇몇/많이/약간] 있지만 (인정), 그러나 사실은 … 이다. (대응)
   - 일부 [학자/비평가/연구자]가 … 라고 주장하고 있지만, (인정) 우리가 수행한 연구에 의하면 … (대응)

독자의 반론을 소개하기 전부터 그 권위에 먹칠하는 단어를 쓰면 당신의 주장은 오히려 약화될 수도 있다:

- 일부 [순진한] 연구자 중에는 … 라고 주장하는 사람도 있다.
- [종종 조심성이 없기로 알려진] 역사학자 H는 … 라고 주장하였다.

비판의 화살은 인격이 아니라 반론의 내용으로 향하게 해야 한다.

5. 반론이나 대안 제시를 언급할 때 그 화자를 당신의 목소리로 하여, **나** 혹은 **우리**로 시작하여 **인정하건대, 인정하지만, 이해하지만, 알고 있지만** 등과 같은 동사를 사용하면 주장하는 바가 어느 정도 타당하다는 것을 의미한다:
    - 나는 진보적 인사라면 … 라고 믿고 있다고 (인정) [이해하고/인정하고/알고 있다]. 그러나 (대응)
    - 전자 담배는 일반 담배보다 발암 물질이 적게 들어 있는 것은 [사실이다/사실일 것이다/사실일 가능성이 있겠지만], (인정) 그러나 … (대응)
    - 어떤 증거를 대도 …을 입증할 수 없다는 것은 [동의하지만/수용하지만/양해하지만/강조하지만, (인정) 그럼에도 불구하고, … (대응)
    - 아담이 … 라고 주장한 것은 [동의하지만/진실이지만/확실하지만/물론 맞지만]. (인정) 그러나 … (대응)
    - 우리는 주사기 무료 교환과 같은 공중보건 정책이 … 을 증가시킨다고[생각/주장/말할 수도 있을지 모르지만], (인정) 그러나 그 효과는 … 를 고려하면 아주 미미하다. (대응)

10.5.2 반론과 대안에 대한 대응

대응을 시작할 때는 **하지만**, **그러나**, **반면에** 등과 같이 반대의사를 뜻하는 단어나 구절을 쓴다. 독자가 그런 대응을 잘 이해하지 못하면 그 이유, 혹은 하위 주장도 곁들여 주어야 한다.

대응 어조는 점잖은 것부터 직설적인 것까지 다양하다.

1. 저자가 모호해서가 아니라 내가 잘 이해가 가지 않아서 미안하다는 식으로 말하는 것이다.
   - 그러나 X가 … 라고 주장하는데 나는 어떻게 그럴 수가 있을까 [잘 이해가 가지 않는다/이해하기 어렵다/분명하지 않다]. (대응)

2. 혹은 미해결된 쟁점이 남아 있다고 말한다:
   - 그러나 이와 관련된 여러 주장이 있다 …. 그러나 이들은 … 과 같은 미해결된 쟁점이 남아 있다 …. (대응)

3. 반박의 입장이 당신이 주장하는 것과 거리가 있거나 혹은 신뢰성이 없는 것이라면 직설적으로 대응하면 된다:
   - 그러나 이것은 매우 통찰력이 있는 반박이기는 하지만, (인정) 현안[의 논점에서 벗어난/과 관련이 없는/을 간과하고 있는] 주장이다. (대응)
   - 그러나 [증거/추정]가(이) [신뢰할 수 없다/깊이가 없다/부실하다]. (대응)
   - 그러나 논점은 [증거가 부족하여/약하여/혼란스러워서/단선적이어서] … (대응)
   - 그러나 논점이 … 와 같은 핵심적 요소를 [간과한다/무시한다/놓치고 있다]. (대응)

어조는 어느 정도 직설적이면 좋을지는 고민을 해봐야 한다. 만약 제시된 대안적 주장에 결정적 오류가 있다면 물론 그대로 그것을 말하되, 비판의 초점을 연구자가 아니라 연구자의 논문이라는 점을 유념해야 한다.

4. 만일 어떤 연구자가 문제를 충분히 이해하지 않고 반박한다고 생각되면 예의를 갖춰서 그 점을 지적해야 한다. 다음과 같은 몇 가지 방법을 생각해볼 수 있겠다.
   - 스미스가 말한 증거는 중요한 것은 맞지만, (인정) 그러나 우리는 다른 모든 증거도 고려해야 한다. (대응)
   - 그 주장은 문제의 일부를 잘 설명하고 있는 것은 사실이지만, (인정) 그러나 복합적인 현상을 너무 단순화시켜 설명하고 있다. (대응)
   - 그 원칙은 적용받는 사례가 많은 것은 사실이지만, (인정) 그러나 모든 사례에 다 적용되는 것은 아니다. (대응)

요령

예상되는 세 개의 반론

다음과 같은 세 가지의 대안적 주장은 독자가 늘 제기하는 것들이다.

1. 당신이 말하는 원인 이외에 다른 원인도 있다.

논증체계가 원인과 결과의 관계를 다룰 경우, 어떤 결과도 원인이 단 하나인 것은 없고 또 어떤 원인도 결과가 하나 밖에 없는 것은 없다는 점을 잊지 말아야 한다. 당신이 X가 Y의 원인이라고 주장하면 독자는 다른 원인이 또 있을 것이라고 생각한다. 유럽에서 꿀벌 개체군이 사라지고 있는데 그 이유가 살충제 때문이라고 주장하면, 사려가 깊은 독자라면 그 요인말고 꿀벌의 서식지 파괴, 질병, 유전자 변형 농산물, 그리고 기생충과 같은 요인을 생각해낸다. 그래서 많은 원인 중에 한 원인에 초점을 맞추며 논증을 펼칠 때는 다른 원인도 있다는 점을 인정해야 한다. 독자가 당신이 지적한 원인말고 다른 원인을 더 중시해야 할 것을 요구하면 일단 그 견해를 인정한 후에 왜 그것을 상대적으로 덜 강조하였는지 이유를 설명하면 좋다.

2. 이런 반증 사례도 있지 않은가?

논증의 증거를 아무리 풍성하게 제시해도 독자는 그 논증체계를 무력화시키는 예외나 반증의 예를 찾아낼 가능성이 높다. 따라서 당신이 먼저 그런 예외적 사례를 찾아내도록 하고, 독자가 아주 적절한 반증 사례를 제시하면, 특히 아주 강한 반박으로 이어질 수 있는 사례라면, 우선 그대로 인정한 후에 그것이 독자가 생각하듯이 당신의 주장을 완전히 무효화시킬 수가 없다는 식으로 설명해야 한다.

변화의 폭이 아주 심한 현상, 예를 들어, 기후와 같은 현상을 논할 때는 경각심을 늦춰서는 안 된다. 통계적 지식이 없는 독자는 아주 극한적 사례를 거론하면서 공격하려고 한다. 정상분포에는 극한 사례가 포함된다는 사실을 생각하지 않는 것이다. 7월 4일 독립기념일인데도 불구하고 플로리다 주 지역에서 날씨가 영하로 떨어졌다고 그것이 지구의 어떤 기후 현상을 입증할 수 없듯이, 같은 이치로 동북부 지역에서 영상의 기온 속에서 성탄절을 맞이하는 날이 있다고 지구 온난화 현상이 입증될 수가 없는 것이다.

3. 나는 X를 당신과 같이 정의하지 않는다. 나는 X를 ...로 정의한다.

독자가 당신이 주장하는 것을 수용하기 위해서는 당신이 내린 개념의 정의를 인정해야 한다. 개념 정의는 주장의 밑바탕이 되는 (연관성을 보장하는) 중요한 요소이다(다음 장 참조). 니코틴 중독을 연구한다면 그 용어를 어떤 의미로 쓰고 있는지를 독자에게 설명해서 이해하고 있어야 한다. 중독이란 의미는 모든 사람이 전혀 거부할 수 없는 욕망을 지칭하는 것인가? 아니면 일부의 사람들에게만 거부하기가 어려운 욕망이라는 뜻인가? 정의는 사전에서 몇 줄로 내린 것도 있지만 의학 서적과 같은 곳에서는 수 페이지에 걸쳐서 자세하게 설명한다. 독자는 넓게 통용되는 정의와 상관없이 자신이 갖고 있는 견해에 맞춰서 정의를 내리곤 한다. 담배 제조 회사는 오랫동안 담배는 중독성이 없다고 주장해 왔다. 사람에 따라 담배를 끊고자 하면 잘 끊을 수 있기 때문이다. 이에 반론을 제기하는 사람은 담배를 끊고 싶어도 끊지 못하는 사람의 숫자가 훨씬 많기 때문에 담배가 중독성이 있다고 주장한다.

용어의 의미가 중요하게 작용하는 논증체계라면 당신의 주장을 성립시키는데 도움이 되도록 정의를 내려야 하며 그렇게 정의하는 이유를 설명할 수 있는 하위 주장도 만들어야 한다. 사전적 정의를 거론하면 권위가 떨어질 수 있다(예를 들어, 웹스터 사전에 따르면 중독이란 ...을 의미한다). 다른 대안적 정의가 있을 수 있음을 염두에 두고 그런 내용을 언급하고 인정해줄 필요가 있다. 일반적 정의도 있고 전문적 정의도 있는 개념을 사용할 경우에는(**사회 계층**, 혹은 **이론**과 같은 개념처럼), 일반적 정의를 우선 언급하고 왜 전문적 정의를 사용하기로 결정했는지 이유를 설명해야 된다. 반대로, 전문가 독자 집단을 상대할 경우 전문적 정의를 사용해야 함에도 불구하고 일반적 정의를 사용했다면 우선 전문적 정의를 언급한 후에 일반적 의미로 사용하는 결정을 내린 까닭을 밝혀주어야 한다.

제 11 장

보 장

보장*이란 주장과 이유를 연결해주는 일반적 원칙을 말한다. 이 장에서는 보장을 어떻게 그리고 언제 사용하는지에 대해서 설명한다. 일반적으로 보장은 독자가 그것의 도움이 없이는 논증체계를 잘 이해하지 못할 때 혹은 독자가 논증체계를 반박할 것으로 생각될 때 사용한다. 학계의 전문가를 대상으로 하는 글에서는 보장을 대부분 굳이 언급하지 않고 생략한다. 그 이유는 독자가 이미 보장을 숙지하고 있으며 당연하게 받아들이기 때문이다.

* [역주] 이 용어(warrant)는 논리학적 논증의 (대)전제, 경험과학의 이론이나 법칙과 같은 의미로 쓰이고 있다. 대전제는 그 속에는 소전제를 포함하고 있다. 마찬가지로 일반화된 이론은 특정한 사례에 대한 설명이 내포되어 있다. 경험과학의 가설은 바로 이렇게 도출되며 실증적 관찰을 통해 그 진위가 가려진다. 보장이란 다소 생소한 용어는 논리학적 전제에 더 가까운 말로 이해하면 된다. 어떤 구체적 사안에 대한 주장의 이유나 근거를 상위의 일반적 원칙으로부터 도출하거나 혹은 그 원칙의 보호 아래 제시하는 측면을 강조하는 개념이며, 삼단논법과 같은 의미로 이해할 수 있다. 보편적 원칙, 보장 전제 등과 같은 말로 번역할 수 있겠으나 원문에 충실하게 그냥 보장이라고 번역한다.

다음과 같은 주장을 생각해보자:

> 러시아 연합은 생활수준이 떨어지는 상황에 놓여있다. (주장) 그 이유는 출생률이 1,000명 당 겨우 13.2%이고, 남자 기대 수명이 겨우 약 63세이기 때문이다. (이유)

이 주장을 듣고 이렇게 반응하는 사람이 있다:

> 그래? 러시아 연합의 출생률과 기대 수명이 그렇다손 치더라도, 그것이 어떻게 생활수준이 떨어지고 있다는 주장의 이유가 되는가? 어떻게 연결이 되는가?

이 주장을 내놓은 사람은 어떻게 답할까? 더 중요한 질문으로, 만일 이 주장을 글로 쓴다면, 이런 물음을 미리 예상하여, **독자가 질문하기 전에,** 그 답을 제시할 수가 있을까? 이러한 물음은 논증체계의 다섯 번째 요소로서 가장 이해하기 어려운 보장에 관한 것이다. 보장이란 주장과 그 이유를 연결시키는 원리를 말한다. 보장이 중요한 이유는 독자가 주장에 떠받드는 이유가 타당한지 뿐만 아니라 그 적합성도 문제시할 수 있기 때문이다.

이 장에서는 보장의 작동 원리, 검증 방법, 그리고 사용할 때와 사용하지 말아야 할 때를 설명할 것이다. 기본적으로 말하면, 독자가 보장을 모를 경우 당신의 사고 논리를 이해할 수가 없을 때만, 혹은 독자의 반론이 예상될 때만, 명시한다고 생각하면 된다.

이 논의를 시작하면서 유념해야 할 것이 있다: 보장을 이해하는 것은 매우 어렵게 느껴지는데, 그것은 종종 우리 모두에게 해당되는 말이다. 따라서 이 장의 끝에 가서도 풀리지 않는 질문이 아직 남아 있다고 하더라도 그것은 당신 혼자만 해당되는 것이 아니라는 점을 이해하기 바란다.

11.1 일상생활 속의 보장

보장은 애매하여 이해하기가 힘들지만 누가 속담을 사용하면서 논리를 펼치는 것을 보면 쉽게 그 존재를 알아차릴 수 있다. 그 까닭은 그 속담이 바로 보장이기 때문이다. 예를 들어, 누가 다음과 같이 말한다고 하자:

> FBI가 시장의 참모를 불러 조사를 하고 있다는 소문이 들리던데. 이유는 아마 시장이 불미스러운 사건에 연류되어 있기 때문일거야. (주장)

다른 사람이 이렇게 반론한다: 맞아, FBI가 시장의 참모를 조사하고 있어. 그런데 불미스러운 사건이라니 그건 왜? 첫 번째 사람은 그런 결론을 내리게 된 이유를 속담으로 설명한다. 아니 땐 굴뚝에 연기가 나겠는가? 뭔가 잘못되어 가는 것 같은 조짐이 있다면 잘못된 일이 실제로 있다고 추정하는 것이다.

이 사유 과정에 깔려 있는 논리는 이렇다. 속담은 대부분 두 가지의 요소로 상황을 묘사하고 있다: 어떤 하나의 상황조건(불을 지핀다)과 그 결과(연기가 난다). 상황조건과 결과가 일반적인 사실적 관계라면, 혹은 합리적으로 연결되어 있다면, 개별적 사례에서도 그런 관계가 성립되어야만 한다.

다음은 연기, 불, FBI, 그리고 시장의 사례를 도식화한 것이다:

이런 일반적 상황조건은	예측할 할 수가 있다	이런 일반적 결과를
불미스러운 사건의 표시가 나타나면 일반적 상황조건		불미스러운 행위가 실제로 존재할 것이다 일반적 결과
↑		↑
이것은 좋은 예가 된다		이것은 좋은 예가 된다
↓		↓
FBI가 시장의 참모를 조사하고 있다 개별적 이유	따라서	시장이 불미스러운 행위에 연류되다 개별적 주장
이런 개별적 상황조건에서	추론할 수 있다	이런 개별적 결과를

우리는 속담을 이용하여 일상생활 속에서 여러 유형의 추론을 합리화한다: 원인과 결과(서두르면 일을 그르친다); 행동의 규칙(돌다리도 두들겨 보고 건넌다); 합리적 사유(제비가 하나 왔다고 여름이 온 것은 아니다). 그러나 우리는 생활 속에서 이런 속담의 보장과 같은 것뿐만 아니라 다른 보장을 많이 사용한다. 삶의 모든 영역에서 보장을 사용하는 것이다: 스포츠 분야(방어가 최선이다); 요리 분야(굴은 'r'자로 끝나는 달에만 먹는다) 수학 정의(정수는 자신과 1로만 나눠진다); 연구 분야(독자는 증거 한 부분에 오류를 발견하면 다른 증거를 모두 불신한다).

11.2 학술적 논증체계의 보장

학술 논증에서도 보증은 똑같은 방식으로 작용한다. 그러나 속담이나 다른 일상생활 속에서의 보증과 달리 학술적 보장은 다음과 같은 세 이유 때문에—특히, 어떤 분야에 처음으로 진입하는 연구자에게는—사용법을 이해하기가 매우 어렵다.

먼저, 학술적 보증은 모든 사람이 공유하는 것이 아니다. 그것은 특정 학계에서 행해지는 구체적 사고 논리의 원칙이며 그 수도 셀 수 없이 많다. 그래서 새로운 분야에서 연구를 시작하는 사람들은 보장을 파악하는 데 오랜 시간을 보낸다.

둘째, 노련한 연구자는 자기가 속한 특정 분야의 독자를 대상으로 쓰는 글 속에는 보장을 명시적으로 밝히는 경우가 드물다. 그 이유는 독자가 이미 그런 보장을 다 알고 있을 것으로 가정해도 된다는 점을 잘 알고 있기 때문이다(뻔히 알고 있는 것을 굳이 밝히면 친절하다는 것보다는 독자의 자존심을 건드리는 오해를 받을 수 있다고 생각한다). 이것은 전문 분야의 독자에게는 익숙한 관행이다. 그러나 초보 연구자에겐 배우기가 쉽지 않은 큰 도전인데, 그 이유는 주장에 붙는 이유 중 어떤 것은 적합하고, 어떤 것은 그렇지 않은지를 판단하기가 쉽지 않기 때문이다. 어느 학문 분야이건 노련한 연구자는 보장을 아주 쉽게 받아들이지만 초보 연구자는 논증의 논리 체계를 파악하는데 진땀을 흘린다.

다음 예는 학술 논증의 보장이 실제로 작동하는 것을 보여준다:

> 고래는 소보다 하마에 더 가까운 종이다. (주장) 그 이유는 하마와 DNA를 더 많이 공유하고 있기 때문이다. (이유)

생물학자라면 이런 질문을 하지 않는다: **DNA가 왜 생물 종 간의 근접성을 측정하는 도구로 사용되는가?** 따라서 생물학자는 동료를 대상으로 글을 쓸 때 이 질문에 대한 답을 제공하는 보장을 넣지 않는 것이다. 그러나, 만약, 생물학자가 아닌 독자가 있어 그런 질문을 던졌다면, 생물학자는 다른 생물학자들이 당연한 것으로 여기지만 그 보장을 밝히면서 설명할 것이다:

> **어떤 생물의 종이 DNA를 다른 종과 더 많이 공유하고 있다면,** (상황조건) **그 종은 상대적으로 더 가까운 관계라고 추론할 수 있다.** (결과)

아마도 그 생물학자는 이 보장의 내용이 무엇인지에 대해서도 설명하려고 했을 것이다. 요지는 이렇게 말할 수 있다: 보장을 명시적으로 밝혀야 하는가 아닌가는 논증 내용뿐만 아니라 독자가 누구인가에 따라서도 좌우된다. 전문 연구자가 보장을 밝히는 것은 다른 전문가에게는 당연시되는 원리이지만 그것을 모르는 비전문가와 소통해야 하는 경우, 혹은 반론이 예상되는 경우에만 국한된다.

셋째, 학술적 보장은 상황조건과 그 결과를 압축시켜서 진술된다. 속담에는 대부분 이런 요소가 분명하게 드러난다: 연기가 난다면, (상황조건) 불이 있다. (결과) 그러나 이 두 요소를 합쳐서 한 문장으로 말할 수 있다: **연기는 불이 있음을 뜻한다.** 속담에서는 이런 식으로 표현하는 경우는 드물지만 학자는 해당 분야의 보장을 다음처럼 압축해서 말하는 때가 많다:

> DNA 공유는 생물 종 간의 근접성 척도이다.

이 생물학적 보장은 상황조건과 그로부터 예상되는 결과를 명시적으로 구분하지 않고 있다. 그러나 보장이 아무리 압축되었다고 하더라도 그 구성 요소는 추론해낼 수가 있다. 명확한 전달을 위해, 앞으로는 이것을 X라면, Y일 것이다. 라는 두 요소의 문장 형태로 보장을 표현한다.

11.3 보장 논리의 이해

다시 러시아 경제의 미래에 대한 주장의 예로 돌아가자:

> 러시아 연합은 생활수준이 떨어지는 상황에 놓여있다. (주장) 그 이유는 출생률이 1,000명 당 겨우 13.2%이고 남성의 기대 수명이 약 63세 밖에 되지 않기 때문이다. (이유)

만일 어떤 사람이 이곳에서 제시된 이유가 주장에 적절하게 연결되지 않는다고 반론을 펼치게 되면, 이 주장을 한 사람은 다음과 같은 두 요소로 구성된 보장을 명시하면서 그 연결성을 정당화시켜야 한다: (1) 일반적 상황조건이 있고, (2) 그것으로부터 결과를 끌어낼 수 있는 일반적 결과가 있다:

> 한 국가의 노동력이 감소하면, (일반적 상황조건) 그 국가의 경제의 미래는 어둡다. (일반적 결과)

상황조건과 결과는 개별 이유와 주장보다 모두 일반적인 성격을 띠어야 한다. 이 논리 체계를 시각화하면 다음과 같다:

이런 일반적 상황조건은	예측할 할 수가 있다	이런 일반적 결과를
한 나라의 노동력이 축소하면 일반적 상황조건 ↑ 이것은 좋은 예가 된다 ↓ 러시아의 출생률은 1000명당 겨우 13.2%이고 기대 수명은 63세이다 개별적 이유	따라서	그 나라의 경제는 어둡다 일반적 결과 ↑ 이것은 좋은 예가 된다 ↓ 러시아의 생활수준이 떨어질 위기에 놓여 있다 개별적 주장
이런 개별적 상황조건에서	추론할 수 있다	이런 개별적 결과를

11.4 보장의 신뢰도 검증

독자가 보장에 대해 반론을 제기하는 것은 예측할 수가 있다. 다음 주장을 보자:

> 일반적으로 사람들이 믿고 있는 것과 달리 미국의 총기 소유는 19세기 초반과 그 이전엔 그렇게 넓게 확산되지는 않았다. (주장) 왜냐 하면 유언장에서 총기가 언급되는 일은 거의 없었기 때문이다. (이유) 한 연구에서 1750년부터 1850년까지 4,465개의 유언장을 7개 주에서 수집하여 분석하였는데 권총이나 장총이 언급된 것은 겨우 11% 밖에 되지 않았다. (증거의 제시)

이와 같은 주장에 대해 미국의 건국 지도자들이 총기를 소유하고 있었다는 점을 알고 있는 독자는 거부하고 나올 가능성이 높다. 따라서 비록 주장의 이유가 맞는다고 해도—유언에서 총기가 언급되지 않았다—다음과 같이 반론할 수 있다: 나는 그 이유가 어떻게 사람들이 총기를 많이 소유하지 않았다는 주장의 이유가 되는지 모르겠다. 관련성이 없는 이유인 것 같다.

만일 당신이 그렇게 반론할 독자가 있을 것으로 예상하였다면, 그 특정 이유가 특정 주장에 적합하다는 보장을 미리 제시할 것이다:

> 18세기와 19세기 초에는 값이 비싼 물건은 유언장에 기록하였다. 따라서 어떤 사람이 그의 유언장에 그런 값이 나가는 물건을 적지 않았다면 그는 그 물건을 소유하지 않은 것이다. (보장) 총기는 값비싼 물건인데 1850년 이전의 유언장에 언급되는 일이 거의 발견되지 않았기 때문에, (이유) 총기 소유가 넓게 확산되지 않았음이 틀림없다. (주장)

독자가 이렇게 보장을 수용하게 하려면 우리는 자신에게 다음과 같은 다섯 개의 질문을 던져야 한다:

1. 보장이 논리적인가?
2. 보장은 한계를 충분하게 설정하였는가?
3. 다른 경쟁적 보장에 비해 우수한 보장인가?
4. 보장은 해당 분야에 적합한 내용인가?
5. 개별 이유와 주장이 일반 상황으로부터 유추될 수 있는가?

11.4.1 보장은 논리적인가?

논리적인 보장에서는 독자가 상황조건이 성립되면 결과가 자연스럽게 발생하는 것으로 이해한다. 만일 독자가 수용하지 않는다면 그 보장을 하나의 논증체계로 간주하고 나름의 이유와 증거를 달아서 설득해야 한다:

> 18세기와 19세기 초에는 값이 비싼 물건은 유언장에 기록하였다. 따라서 어떤 사람이 그의 유언장에 그런 값이 나가는 물건을 적지 않았다면 그는 그 물건을 소유하지 않은 것이다. (보장/주장) 윗슨(1989)의 연구는 이것이 사실임을 증명한다. (이유) 그는 1750년과 1850년 사이 컴버랜드 카운티에서 수집한 1,356개의 유언을 분석하여 다음과 같은 결론을 내리고 있다 …. (증거자료)

11.4.2 보장은 한계를 충분히 설정하였는가?

보장은 대부분 한정된 범위 내에서만 적용될 수 있다. 예로 든 총기 소유에 관한 보장은 예외를 인정하지 않는 듯하다:

> 18세기와 19세기 초에는 값이 비싼 물건은 유언장에 기록하였다.

이것은 너무 폭이 넓은 진술이다: 한정어를 달아서 적용 범위를 좁혀야 설득력이 높다:

> 18세기와 19세기 초에는 소유자가 값이 비싼 것으로 여기는 대부분의 가사 물건은 보통 유언장에 기록하였다.

그러나 이런 식으로 **대부분**이나 **보통**과 같은 용어로 한정하기 시작하면, 예외 사례가 생겨나기 시작하는데 그 예외 속에 당신의 주장과 그 이유가 포함되지 않는다는 점을 강조해야 한다: 어느 수준의 빈도를 대부분 혹은 보통이라고 말하는가? 총은 항상 값이 나가는 물건이라고 여겼는가?

11.4.3 보장은 다른 경쟁 보장과 비교하여 우수한가?

당신 생각에는 보장이 논리적이고, 충분히 한정되었지만, 그럼에도 불구하고 반론의 여지가 눈에 띄는 사람이 있게 마련이다. 다음 두 개의 경쟁 보장은 모두 어느 정도 합리적이라고 말할 수 있다:

> 부모는 어떤 의학적 시술이 자녀에게 해로울 것 같다고 생각하면 그 시술을 거부할 권리가 있다. 테일러와 크리스 부부는 홍역 백신이 자폐증을 일으킨다고 믿는다. 따라서 그들은 자신의 딸에게는 그 주사를 놓는 것을 거부할 수 있다.

> 의료적 결정이 공중 보건과 관련이 있는 사안이라면, 국가는 그 행위를 규제할 권리가 있다. 대부분의 어린이는 홍역 면역 주사를 맞으면 모두가 더 건강하게 살게 된다. 따라서 국가는 테일러와 크리스 부부에게 딸에게 면역 주사를 맞히도록 강제할 수 있다.

어떤 보장이 더 좋을까? 이를 판단하기 위해서는 또 다른 논증체계가 필요하다. 서로 경쟁하는 보장은 한계의 설정으로 문제점을 해결할 수 있다:

> 부모는 자녀에게 어떤 의학적 시술이 해로울 것 같다고 생각하면 그 시술을 거부할 권리가 있다. 그런 권리는 다른 사람의 건강을 위협하지 않는 범위 내에서 행사해야 한다.

의료적 결정이 공중 보건과 관련이 있는 사안이라면, 국가는 그 행위를 규제할 권리가 있다. 그런 권리 행사는 부모가 자녀를 위해 의료 결정을 내릴 특권을 국가가 침범하지 않는 범위 내에서 이루어져야 한다.

적절한 균형감을 유지하는 것은 쉬운 일이 아니다. 그리고 이를 위해서도 역시 또 다른 논증을 만들어야 할 필요성이 요구된다.

11.4.4 보장은 해당 분야에 적합한 내용인가?

보장이 논리적이고, 한계를 명시하였고, 다른 보장보다 우수하다고 믿어도, 독자는 그가 속한 해당 분야에서 그 보장이 통용되는 내용이 아니라고 느끼면 반론을 제기한다. 법학을 공부하면서 이제까지 살아오면서 당연시했던 보장이 법률 문서에서는 전혀 인정되지 않는다는 사실을 깨닫고 고통스러워하는 사람이 많다. 예를 들면, 법학에 입문하는 사람은, 우리도 대부분 그렇지만, 다음과 같은 상식적 믿음을 갖고 있다:

사람이 불공평한 처분을 받았다면, 법은 그것을 바로 잡아줘야 한다.

그러나 법학도는 법학 분야에서 그런 상식적 믿음을 받아들이는 보장은 전혀 없다는 점을 깨닫게 될 것이다. 예를 들면:

법적 의무를 등한시하면, 설령 부주의해서 생긴 일이라도, 그에 대한 결과에 대해 반드시 책임을 감수해야 한다.

따라서:

고령의 주택소유자가 부동산세를 잊고 납부하지 못하면, 주택은 세금 미납으로 공매처분되며, 그 주택을 매입한 사람은 주인을 퇴거시킬 수 있다.

법학도는 자신이 적절하다고 생각하는 직관적 판단이 있겠지만, 법적 정의란 자신들이 윤리적이라고 믿는 결과가 아니라 법 그리고 법원이 지지하는 결과만 의미한다는 점만 주장해야 함을 알고 있어야 한다.

11.4.5 개별 이유와 주장이 일반 상황으로부터 유추될 수 있는가?

마지막으로, 보장은 개별적 이유와 주장이 보장에서 말하는 일반적 상황과 결과에서 도출될 수 있는 사례임이 확실해야 한다. 예를 들면:

아흐메드: 너, 총을 사야 해. (주장) 왜냐 하면 넌 혼자 살고 있잖아. (이유)
베트: 내가 혼자 산다고 총을 사야 되는 이유가 뭔가?
아흐메드: 신변이 위험할 때는, (일반적 상황조건) 자신을 보호할 수가 있어야 하잖아. (일반적 결과)
베트: 하지만 혼자 산다고 신변이 위험해지는 것은 아니잖아?

베트가 반박하는 것은 아흐메드가 제시한 이유가 사실이 아니라는 점이 아니라 그것이 그가 말하는 보장의 **일반적 상황**에서 타당하게 추론되는 **개별 사례**가 아니기 때문이다. 그녀의 입장에서는, 아흐메드가 제시한 이유는 보장에 의해 보호되지 않으며 따라서 **부적합한** 이유로 보인다. 베트가 총을 소유하면 오히려 더 위험해진다(안전해지는 것이 아니라)는 말을 하면 더 좋았을 것이다. 그 경우, 그녀는 아흐메드의 주장이 보장에서 말하는 결과의 특정 사례도 아니라는 반론을 제시하는 것이다. 다시 말해, 아흐메드가 말한 이유로부터 결과가 자연스럽게 도출되지 않는다는 말이다: 그녀가 신변 안전이 위험하다고 해도 총을 소유한다고 자신이 보호되라는 법은 없다.

이쯤에서, 모든 것이 너무 복잡하게 느껴진다면 그렇게 느끼는 사람이 한둘이 아니라는 점을 위안으로 삼기 바란다. 보장이 주장과 이유를 어떻게 연결하는가를 알기 위해 아리스토텔레스가 살 던 때부터 수많은 논리학자들이 고민했다. 그러나 독자가 보장을 문제시하면서 반론을 제기하는 전형적 패턴을 알 수만 있다면 논증체계를 훨씬 더 설득력 있게 구축할 수가 있는 것이다. 위 다섯 개 질문의 목록은 그런 이유에서 만든 것이다.

11.5 보장을 명시해야 할 때를 아는 방법

어느 분야의 논증체계이건 그 속에는 수없이 많은 사유 과정이 들어 있다. 그러나 이런 과정은 암묵적으로 통하는 지식 체계와 맥을 같이 하기 때문에 대부분은 밝혀지지 않고 있다. 그러나 다음 세 경우는 그런 사고의 논리를 꼭 밝혀 주어야 한다:

1. **독자가 다른 분야의 전공자이다.** 전문가가 비전문가를 상대로 논문을 쓸 때는 결론을 내리는 과정과 그에 대한 증거가 무엇인지 설명해줄 필요가 있다. 특히, 아주 색다른 논리를 적용할 때는 더욱 그렇다.
2. **해당 분야에서 새롭거나 논란의 여지가 있는 논리를 사용한다.** 관행과 다른 독특한 사고의 논리를 토대로 논증을 펼칠 경우, 독자 일부는 틀림없이 회의적으로 나올 것으로 예상해야 한다. 그런 의구심을 희석시키려면 보장을 밝혀서 그 정당성을 설명해야 한다. 해당 분야에서 그 논리를 쓴 학자를 참고삼아 인용하면 좋다. 그것이 불가능하다면 자신의 사고 논리를 스스로 방어하는 논증체계를 만들어 넣어야 한다.

3. 독자가 사실이 아니길 바라며 결코 수용하지 않으려는 유형의 주장을 한다. 이런 경우에 사용하는 좋은 전략으로는 독자들이 수용할 수 있는 보장으로 시작하여, 나중에 독자가 두려워하고 거부하는 주장이나 사고 논리를 제시하는 것이다. 독자가 당신의 주장을 좋아하게 만들 수는 없지만 적어도 그렇게 심하게 잘못된 것은 아니니 인내심을 갖고 읽어보라고 권유하는 것이다. 예를 들면:

   기후 변화는 상당 부분 인간의 행위 때문에 생겼다는 점을 수용해야 한다. (주장) 그 이유는 거의 모든 기후 과학자들이 그 관점에 대해 동의하기 때문이다. (이유)

   일부 독자는 이 주장이 자신이 강하게 믿고 있는 신념이 흔들리기 때문에 거부하고 나올 수 있다. 그런 독자를 상대할 때는 그들이 쉽게 수용할 수 있는 보장을 제시하면서 관심을 가져달라고 권유하는 것이다:

   믿을 만한 학자의 절대 다수가 똑같은 결론에 도달하였다면 아마도 우리는 그것을 믿어 주어야 할 것이다. (보장) 따라서 기후 변화는 상당 부분 인간의 행위 때문에 생겼다는 점을 수용해야 한다. 그것은 거의 모든 기후 과학자들이 그 관점에 대해 동의하기 때문이다. (이유)

   독자는 주장의 보장이 논리적이고, 그 이유가 적절하며, 그리고 이유와 주장이 일반적 상황조건에서 유추될 수 있는 특정 사례임이 틀림이 없다면, 적어도 이성적으로는 그 주장에 대해 관심을 보이게 되어 있다. 만일 전혀 관심을 보이지 않는다면, 그 독자는 어떤 이성적 설득을 해도 절대로 태도를 바꾸지 않는 사람이다.

말하지 않는 것도 많은 것을 말해준다

독자가 잘 인지하지 못하는 가운데 보장을 밝히고 지지하면서 당신의 논리적 사고를 설명하는 것은 독자를 아주 공손하게 대접하는 태도이다. 그러나 잘 모르는 독자를 위해 보장을 설명해야 하는데도 침묵으로 일관하면서 당신의 사고를 설명하는 것도 똑같은 효과를 얻을 수가 있다(독자에게 불친절하게 보이겠지만). 아무튼 어느 방법을 택하든 보장을 어떻게 처리하느냐에 따라 독자가 논증체계 속에 녹아있는 당신의 학문적 정신에 대해 갖는 인상은 크게 다르게 나타난다.

11.6 보장을 통한 주장의 검증

모든 논리적 주장은 보장에 의존하지 않으면 안 된다. 설령 보장이 분명하게 명시되지 않더라도 마찬가지이다. 주장은 그 토대가 되는 보장을 예상하면 건실한지 아닌지 검증할 수 있다. 다음은 폭력적 비디오 게임이 어린이에게 해악을 끼친다는 주장인데 결정적인 오류가 있다:

> 어린이가 가학적 폭력물을 항상 시청하게 되면 나쁜 영향을 받게 된다. (보장) 최근 나이가 12-16세인 어린이들은 한 세대 전의 청소년과 비교할 때 훨씬 더 폭력적이다. (이유) 브라운(2013)의 연구에서… 그 증거를 찾을 수 있다. (증거) 이와 같은 사실에 비추어 볼 때 폭력성이 짙은 비디오 게임은 오늘의 청소년에게 아주 부정적인 영향을 줄 가능성이 매우 높다. (주장)

여기서 문제점은 분명히 드러난다: 특정의 상황—나이가 12-16인 청소년들이 폭력성이 높아지고 있다—은 보장에서 지칭하는 일반적 상황으로부터 타당하게 유추되지 않는다: 가학적 폭력물에 노출된 청소년은 나쁜 영향을 받는다.

이런 일반적 상황조건은	예측할 할 수가 있다	이런 일반적 결과를
어린이가 가학적 폭력물에 항상 노출되면 일반적 상황조건		나쁜 영향을 받게 된다 일반적 결과
↑ 이것은 좋은 예가 되는가? ↓		↑ 이것은 좋은 예가 되는가? ↓
나이가 12-16인 어린이들은 한 세대 전의 청소년보다 훨씬 더 폭력적이다 개별적 이유	따라서	폭력성이 짙은 비디오 게임은 오늘의 청소년들에게 부정적 영향을 준다 개별적 주장
이런 개별적 상황조건에서	추론할 수 있다	이런 개별적 결과를

따라서 어린이들 사이에서 폭력성이 증가하고 있다는 진술이 사실이라고 할지라도 그 때문에 주장이 합리화되는 것은 아니다. 주장을 바꾸려면 이유가 보장에서 말하는 일반적 상황 조건의 한 특정 사례에 속하도록 이유를 수정하지 않으면 안 된다. 이 말은 새로운 이유를 지탱해주는 증거 자료를 새롭게 찾아내야 할 수도 있다는 것을 의미한다.

> 어린이가 가학적 폭력물을 오랫동안 시청하게 되면 나쁜 영향을 받게 된다. (보장) 지난 세대를 거치면서 비디오 게임은 청소년이 폭력물에 노출되는 주요 원천으로 되어 버렸다. (새로운 이유) 존스(2014)의 연구에

서 … 그 증거 자료를 찾을 수 있다. (새로운 증거) 이와 같은 사실에 비추어 볼 때 폭력성이 짙은 비디오 게임은 오늘의 청소년에게 아주 부정적인 영향을 줄 가능성이 매우 높으며, 요즘의 청소년은 한 세대 전의 아이들보다 훨씬 더 폭력적이다. (주장)

이제 이유와 주장은 보장에서 보호할 수 있게 된다. 즉, 보장의 일반 상황에 포함되는 개별 상황이 되는 것이다:

이런 일반적 상황조건은	예측할 할 수가 있다	이런 일반적 결과를
어린이가 가학적 폭력물에 항상 노출되면 **일반적 상황조건**		나쁜 영향을 받게 된다 **일반적 결과**
↑		↑
이것은 좋은 예가 되는가?		이것은 좋은 예가 되는가?
↓		↓
지난 세대를 거치면서 비디오 게임은 청소년이 폭력물에 노출된 주요 원천이 되었다 **개별적 이유**	따라서	폭력성이 짙은 비디오 게임은 오늘의 청소년들에게 부정적 영향을 주며, 그들은 한 세대 전 아이들보다 훨씬 폭력적이다 **개별적 주장**
이런 개별적 상황조건에서	추론할 수 있다	이런 개별적 결과를

그러나 어떤 똑똑한 독자는 아직도 다음과 같이 주장을 뒤엎으려 할 것이다:

잠깐만! 그런 영상물은 모두가 다 "가학적"인 것은 아니다. 대부분 영상물은 폭력 만화이다. 그리고 청소년이 항상 노출되는 것도 아니다.

여기에 대해서도 논문의 저자는 그에 상응하는 쟁점을 해결해주어야 한다.

이제 왜 중요한 논점이 끊임없는 도전을 받게 되는지 이해가 갈 것이다. 당신 생각에는 빈틈이 전혀 보이지 않는데도 독자는 **잠깐만, 이건 문제가 되지 않는가?**라며 도전하는 것이다. 독자가 이유에 대해 도전하는 데는 두 유형이 있다: 이유가 건실한 증거 자료의 토대에 놓여 있지 않거나, 혹은 주장을 적절하게 지탱하지 못한다라고 말하는 것이다. 첫 번째의 도전에 대한 적절한 대응은 더 좋은 증거를 찾아내는 것이다. 두 번째의 도전은 주장과 이유를 연결시켜주는 보장을 제시하면 된다. 이렇게 대응하는 것이 불가능하다면 논증에서 내세우려는 주장을 수정해야 한다.

11.7 다른 사람의 보장을 도전하기

해당 분야의 연구자가 넓게 인정하는 주장이나 근거뿐만 아니라 그 내용을 내포하는 보장까지 문제를 삼을 때 설득에 나서는 것은 매우 힘든 작업이다. 이 설득 과제가 무엇보다 힘든 이유는 학계에서 공유하는 보장 체계에 도전하는 독자는 그들이 현재 생각하고 있는 것을 바꾸고 또 사유하는 방법까지 바꾸라고 설득해야 하기 때문이다. 보장에 대해 성공적인 공격을 하려면 우선 그 보장이 어떻게 방어되고 있는지 그 전략을 머리 속에 떠올려 봐야 한다. 보장은 논증체계를 어떻게 지지하는가에 따라 여러 **유형**으로 나눠 볼 수 있는데, 유형에 따라 비판하는 방법을 달리 해야 한다.

11.7.1 경험을 토대로 한 보장의 비판

보장에 대한 비판의 토대로 우리가 쌓은 경험이나 혹은 다른 사람의 보고서를 사용하는 것이다.

- 습관적으로 거짓말을 하면 우리는 그런 사람을 신임하지 않는다.
- 살충제가 생태계에 스며들면서 야생 조류의 알껍질이 연약해졌고 부화되는 새끼의 수가 감소하고 조류의 개체 수도 줄어들었다.

이런 보장을 비판하기 위해서는 두 가지 선택을 할 수 있는데 모두 쉽지 않다:

(1) 경험의 신뢰도에 도전하는 것인데, 이것은 거의 쉽지 않다;
(2) 반증의 예를 찾는 것인데, 특별한 예외라고 물리칠 수 없도록 해야 한다.

11.7.2 권위있는 사람의 말을 토대로 한 보장의 비판

우리는 어떤 사람의 말은 쉽게 수용하는 데 그것은 전문성, 직위, 혹은 카리스마 등이 있기 때문이다.

권위자인 X는 Y라고 말했다. 그래서 Y는 맞다.

가장 쉽게—또 우호적으로—권위에 도전하는 방법은 그 권위자가 모든 증거를 다 확보한 것은 아니고, 지금 문제의 사안은 그 사람의 전문영역이 아니라는 식으로 주장하는 것이다. 가장 공격적인 방법은 그 사람은 사실은 전혀 권위자가 아니라고 주장하는 것이다.

11.7.3 지식 체계를 토대로 한 보장의 비판

이것은 정의, 원칙, 이론의 체계로부터 보호를 받는 보장인데 다음과 같은 보장이다:

- **수학에서**: 홀수의 숫자 둘을 합치면 짝수가 된다.
- **생물학에서**: 생물이 성행위를 통해 번식을 하면 후손은 개별적으로 차이가 난다.
- **법률에서**: 면허증이 없이 운전하면 경범죄를 저지르는 것이다.

이런 보장에 도전하려면 '사실'의 제시만으로는 효과가 없다. 체계 자체를 문제 삼거나—이것은 어려운 작업이지만—혹은 해당 사례가 보장에서 보호해주는 적용 범위를 벗어나는 주장이라고 도전해야 한다.

11.7.4 일반적인 문화적 보장에 대한 비판

이들 보장은 개인적 경험에 토대를 둔 것이 아니라 전체 문화의 공통적 경험에 토대를 둔 보장이다. 이 보장은 그 문화 속에서 살고 있는 사람들에게는 도저히 범접하기 어려운 '상식'에 해당된다.

- 눈에 보이지 않으면 마음에서도 사라진다.
- 모욕하면 반격을 합리화시킨다.
- 두꺼비를 만지면 두드러기가 생긴다.

이러한 보장은 시간이 흐르면서 변화할 수 있지만 그 속도는 아주 느리다. 이 보장은 비판할 수는 있으나 독자는 완강히 버틸 것이다. 그 이유는 독자의 문화적 유산에 도전하는 것이기 때문이다.

11.7.5 방법론적 보장에 대한 비판

이런 보장은 '학문 영역을 초월하는 보장'을 의미하는 일반적 사고의 틀을 말하는 것으로서 구체적 사례에 적용해야 그 실체가 드러난다. 아주 추상적 사고 논리를 설명할 때 사용한다. 많은 속담의 원천이 된다:

- **일반화**: 알려진 X의 사례가 모두 Y의 성질을 갖는다면, 모든 X는 Y의 성질을 가질 것이다(하나를 보면 전체를 본 것이다).
- **비유**: X가 거의 모든 면에서 Y와 비슷하면, 다른 면에서도 X는 Y일 것이다(그 아버지에 그 아들).
- **징표**: Y가 나타나기 전/사이/후에 늘 X가 나타난다면, Y는 X의 징표이다(차가운 손은 따뜻한 가슴).

철학자는 이런 보장에 늘 의문을 품곤 했지만, 논증에 실제 적용하는 것과 관련해서 비판할 때는 적용이 문제가 된다는 점을 지적해야 한다: **예, 맞습니다. X는 Y에 비유할 수는 있지만 ...과 같은 경우에는 성립되지 않습니다.**

11.7.6 신앙을 토대로 한 보장에 대한 비판

어떤 보장은 비판이 불가능하다: 제퍼슨이 다음과 같은 말을 할 때 언급하는 보장을 말한다: 이것은 아주 자명한 진리로서 모든 사람은 평등하게 태어났다… 다른 예를 들면:

- 어떤 주장이 하나님의 계시를 받은 진리라면, 그것은 맞는 말이다.
- 어떤 주장이 하나님의 가르침에 의거한 것이라면, 그것은 맞는 말이다.

요령

이유, 증거, 그리고 보장

주장의 이유를 정당화시키는 방법은 두 가지가 있다: 이유를 지지하는 근거를 제시하거나 혹은 보장을 제시하여 근거를 유도해내는 것이다. 이들 두 방법은 각자 다른 형태의 주장을 성립시킨다. 연구자는 대개 두 번째보다 첫 번째의 형태를 더 신임한다. 따라서 가능하다면 확고한 자료에 근거하여 주장한다.

다음 두 주장을 비교해 보자:

> 청소년이 운전하는 중에 문자질하는 것은 가능한 모든 수단을 동원해서 막아야 한다. (주장) 그 이유는 주의 산만한 운전은 청소년 사망의 주요 원인이기 때문이다. (이유) 운전면허국에 따르면, 나이 12-19세의 청소년의 사망자 중 무려 1/3이 자동차 사고가 그 원인이다. 운전하면서 문자질하는 것은 운전자를 사망에 이르게 하는 사고를 일으킬 가능성을 현저하게 증가시킨다. 더군다나 … (증거)

> 청소년이 운전하는 중에 문자질하는 것은 가능한 모든 수단을 동원해서 막아야 한다. (주장) 그 이유는 문자질을 하면 사고의 위험이 높아지기 때문이다. (이유 1) 운전은 난이도가 높은 과업이고 문자질은 주의를 분산시키는 요소이다. (이유 1을 지지하는 이유 2) 복잡한 과업을 수행할 때 주의가 분산되면 수행 능력이 떨어진다.

당신이 대부분의 최근 독자와 비슷한 연구자라면 두 주장 중에서 아마도 첫 번째 주장을 더 선호할 것이다. 그것은 보장이 논쟁의 소지가 없고(따라서 문제의 수용이 가능하며) 그 주장에는 건실한 증거

자료가 버텨주고 있는 이유가 달려 있기 때문이다. 두 번째 주장도 설득력이 있는데, 그 까닭은 이유 1과 이유 2가 보장에서 언급하고 있는 일반적 상황과 조건으로부터 도출해낼 수가 있는 개별 사례이기 때문이다. 그러나 대부분 독자는 아직도 증거가 더 필요하다고 느낀다. 특히 사실적 주장을 보장과 이유만으로 유지할 수가 없다(8.1 참조):

> 문자질을 하면서 운전하는 것은 청소년 사망의 주요 원인이다. (사실적 주장) 그 까닭은 운전하면서 문자질하는 것은 주의력을 크게 떨어뜨리기 때문이다. (이유) 운전자가 주의력이 떨어지면 사망에 이르는 심각한 사고의 위험을 크게 증가시키기 때문이다. (보장)

당신은 **좋아, 그 주장은 수용하지, 하지만 증거가 더 필요해**라는 생각이 들지는 않는가? 그런 반응은 상식적으로 자연스럽게 해볼 수가 있다. 이유를 하나만 듣고 운전 중 문자질이야말로 청소년 사망의 **으뜸가는** 원인이라고 바로 결론을 **추정할** 수는 없지 않는가? 혹은 문자질은 청소년 사망과 관련이 있는 것은 맞는 말인가? 학문의 몇 개 분야를 제외하고는—수학, 철학, 신학 등의 일부—사실적 주장이 수용되려면 그 내용이 실제로 사실로 증명되는 사례를 제시해야 되는 것이 보통이다.

이 모든 논의의 결론: 가능하면 언제나 보장에 기초한 사유 근거를 댈 것이 아니라 부인할 수 없는 사실적 근거를 제시해라.

제4부 논증의 집필

서 설 연구의 재기획
제12장 초안의 기획과 쓰기
제13장 논증체계의 정리
제14장 문헌자료의 사용
제15장 증거 자료의 시각적 제시
제16장 서론과 결론 쓰기
제17장 문장의 수정

서설

연구의 재기획

초안을 쓰기 시작하는 시점을 결정하는 것은 일률적으로 말할 수 없다. 많은 사람들은 글의 전체적 모습이 완벽하게 갖춰지지 않은 상태에서 초안을 쓰기 시작한다. 그리고 어떻게 글을 써야 할지가 확실히 결정되면 이제까지 써놓은 좋은 내용도 직접적으로 도움이 되지 않는다면 과감하게 쓰레기통 속으로 던진다. 다른 사람들은 초안의 개요나 요약을 수없이 만든 후에야 비로소 초안을 쓰기 시작한다. 우리 중 한 저자는 머리속으로 구상하는 데만 아주 오랜 시간을 보낸 후 비로소 본격적으로 쓰기 시작한다. 여러분도 자신에게 맞는 방법이 무엇인지 찾아내야 한다. 그러나 쓰기를 시작하는 시점에 도달하기 전부터 요약, 분석, 그리고 비판 등의 글로 일찍부터 써놓는 준비가 필요하다.

초안의 기획을 시작할 준비가 되어 있는지는 다음과 같이 확인할 수 있다:

- 독자가 누구이며, 그들이 알고 있는 것은 무엇인지, 그리고 당신의 연구에 관심을 보일 것이라는 이유 등을 알고 있다.

- 독자에게 내세울 연구의 성격 혹은 분위기가 무엇인지 알고 있다.
- 연구질문의 윤곽, 그리고 그 질문에 대한 답을 두세 문장으로 표현할 수 있다.
- 당신의 주장과 그것이 성립하는 이유나 근거를 기술할 수 있다.
- 독자가 당신의 주장과 그에 대한 이유가 적절한지 의문을 품을 때 그 연결 고리를 보호해주는 보장이 뭔지 알고 있다.

경험이 많은 연구자라면 초안 집필의 기획이 완성되고 집필을 시작할 수 있다 하더라도 논문 쓰기가 시작부터 끝까지 일사천리로 진행되는 것은 아니라는 점을 잘 알고 있다. 때로는 막다른 골목에 막히기도 하고, 때로는 새로운 사실을 발견하기도 하며, 어떤 때는 전체 과제를 처음부터 완전히 뜯어 고쳐야 되는 것은 아닌지 고민하기도 한다. 그리고 초안 작성 때 써놓은 것이 상당 부분 최종적 초안에서는 포함되지 않는다는 점도 잘 알고 있다. 따라서 초안을 일찍 쓰기 시작하면 수정하는 시간이 길어진다.

제4부는 논문을 최종적으로 완성하는 과정을 안내한다. 제12장에서는 논문을 기획하기 그리고 초안 쓰기의 방법을 소개하고, 제13장에서는 논술 체계를 잡는 방법을 안내한다. 제14장에서는 기존의 문헌자료를 논문에 융화해 넣고, 인용하는 힘든 과정을 논의한다. 제15장에서는 정량적 자료를 시각적으로 제시하는 방법을 논의하며, 제16장에서는 논문의 서론과 결론을 어떻게 효과적으로 쓸 것인가를 논의한다. 마지막으로 제17장에서는 명확하고 직설적인 글을 쓰기 위해 해결해야 하는 문제점들을 설명할 것이다.

용어 의미 정리

가설(hypothesis), **답**(answer), **해답**(solution), **주장**(claim)

논지(point)

제2부에서 답, 가설, 그리고 해답과 같은 용어를 연구에서 핵심 쟁점을 해결해주는 문장이란 의미로 사용했다. 제3부에서는 핵심 주장(main claim)이라는 용어를 답, 가설, 혹은 해답 등을 지칭하는 말로 논술체계 전체를 떠받드는 중추적 진술이라는 뜻으로 사용하였다. 제4부에서는 논점이라 함은 핵심 주장을 글로써 표현한 문장을 뜻한다(이것을 논제(thesis)라고 표현하는 사람도 있다). 가설, 답, 해답, 주장, 그리고 논점 등의 개념은 모두 동일한 내용을 지칭하지만, 다른 관점에서 보면 그 문장이 상황에 따라 다른 역할을 하기 때문에 여러 용어가 생겨난 것이다.

제 12 장

초안의 기획과 쓰기

논증체계가 잡히면 초안을 쓰기 시작할 준비가 갖춰진 것이다. 경험이 많은 연구자는 초고를 쓰기 전에 초고의 틀을 기획하는데 시간을 많이 투자하면 나중에 실제로 논문을 쓰는 데 크게 도움이 된다는 점을 잘 알고 있다. 초고의 기획안은 여러 논증 요소를 체계화하여 독자로 하여금 주장이 일관성이 있고 설득적이라고 느껴지게 하는 구조를 만들어 주는 데 도움이 된다.

학문 분야에 따라 연구 보고서의 구성을 의무화하기도 한다. 예로서, 실험과학에서는 보고서가 다음과 같은 형식을 따라야 한다:

서론 – 방법과 측정 자료 – 결과 – 논의 – 결론

당신이 속한 분야가 이런 관행적 형식을 따를 것을 요구한다면 교수에게 물어 한 모델로 삼을 논문을 구하거나, 혹은 제2차 자료에서 스스로 찾아내야 한다. 그러나 대부분 분야에서는 당신 나름의 틀을 만들어야 한다. 그러나 그 틀은 독자로 하여금 찾고자 하는 것을 쉽게 찾을 수가 있어야 한다는 점에서는 같다.

12.1 논문의 기획

12.1.1 작업 서론

논문을 쓸 때 서론은 통상 가장 나중에 쓰는 것이 좋다는 충고를 듣는 경우가 있다. 마지막 진술을 끝낸 후에야 비로소 서론을 쓰기 시작하는 식으로 서론 쓰기를 오래 연기하는 사람도 있기는 하지만, 대부분 경우는 작업 서론이란 것을 만들어 작업을 진행한다. 작업 서론은 앞으로 나가야 할 방향을 잡는데 도움이 된다. 서론은 두 번을 쓰는 것으로 생각하고 우선은 아주 개략적 윤곽을 묘사하고 나중에 독자에게 꼭 필요한 서론은 다시 쓰는 것이다. 최종으로 작성되는 서론은 통상 다음 세 요소(제16장 참조)가 들어 있는데 작업 서론을 쓸 때도 이런 요소를 염두에 두어야 한다.

1. 기획안의 맨 처음 페이지에 논증체계와 직결되는 문헌만 언급하면서 핵심 요점만을 중심으로 그 내용을 요약한다.

   별로 관련이 없는 문헌자료를 작업 서론에 장황하게 넣지 않도록 해야 한다. 나중에 반박/수정/확장시킬 자료만 언급하면서 요약한다. 다음으로 독자에게 쉽게 이해할 수 있도록 연대기순이나, 혹은 질적 수준, 시사점, 관점, 등등 어떤 논리에 따라 문헌을 배열한다. 결코 연구자가 논문 자료를 읽은 순서대로 혹은 노트 필기를 해놓은 순서대로 자료를 언급하는 것은 좋은 방법이 아니다. 요약문 속에 들어갈 것이 무엇인지 결정하면 그 배열은 독자의 편의에 부합해야 한다.

2. 인용의 목록을 만든 후에는 연구질문을 재구성하여 기존 문헌의 결점 보완, 혹은 현존 지식의 틈새 보충 등의 형식으로 제시한다:

- 우리 설화에서 알라모 이야기는 어떤 의미에서 중요한가?
→ 역사학자 중에서 알라모 이야기가 우리 신화에서 차지하는 위상을 제대로 설명하는 사람은 거의 없다.

3. 연구질문의 답이 없다 한들 뭐가 그리 큰 문제인가? 라는 질문에 대한 답을 제시한다. 물론 현재 단계에서는 추측할 뿐이지만 어떤 형식이든 답을 제시하는 것이다:

- 만일 이러한 설화 이야기들이 어떻게 우리의 전설이 되는지 알 수 있게 되면, 우리 국가의 가치관을 한층 더 깊게 이해할 수 있고, 우리가 어떻게 다른 나라 사람과 다른지도 이해할 수 있을 것이다.

만일 이러한 **그래서, 어쨌다는 것인가?** 라는 질문에 대한 적절한 답이 생각나지 않는다면 일단 생략하고 넘어간다. 이것은 제13장에서 다시 논의할 것이다.

4. 연구질문의 답을 논증의 논점으로, 혹은 답의 약속을 논문의 출발점으로 삼는다. 두 가지의 선택이 있다:

- 논문의 요점은 서론의 끝에 제시하여 다음 이어지는 내용을 총괄하고, 결론의 장의 초반에 다시 언급한다.
- 결론의 장에서 논리의 클라이맥스로서 언급한다.

어느 것을 선택하느냐는 매우 중요한데 그 까닭은 독자와 일종의 사회적 계약을 체결하는 것이기 때문이다. 만일 핵심 주장을 서론 끝자락에서 밝히면 그것은 독자에게 스스로 알아서 결정권을 주는 것이다: **독자 여러분, 제가 제기한 문제와 그에 대한 답은 이것입니다. 이것이 내 주장입니다. 그 이상도, 그 이하도 아닙니다. 따라서 계속 제 글을 읽을 것인지 아닌지 스스로 판단해주십시오.** 만일 결론까지 주장을 천명하기를 미루면 통제권 행사를 좀 더 오래 유지하는 것이다: **독자 여러분, 제 주장을 밝히기 전까지 우여곡절의 모든 과정을 지켜봐 주십시오.** 대부분의 독자는 서론의 끝 부분에 주장이 나타나기를 기대한다. 그것은 독자가 다음 이어지는 내용을 좀더 쉽게 이해하고, 시사점도 이해하고, 그리고 내용도 좀 더 오래 기억할 수가 있기 때문이다. 주장을 먼저 밝히면 글을 쓰는 당신에게도 방향 감각을 유지하는데 도움이 된다.

초보 연구자 중에는 주장 요지를 너무 일찍 털어 놓으면 신선감이 떨어져 독자가 지루하게 생각하여 더 이상 읽기를 중단할 우려가 있다고 걱정하는 사람도 있다. 또 다른 사람들은 반복하는 것이 부담스럽다고 말하기도 한다. 둘 다 근거가 없는 것이다. 독자는 재미있는 질문을 던지는 것을 보면 당연히 그에 대한 답을 어떻게 내놓는지 궁금하게 생각한다.

주장을 결론의 장에서만 공표하기로 했다면 서론 끝에 본론의 내용을 소개해야 한다. 이 문장은 독자를 본론으로 안내하는 데 역할을 한다. 또 이 문장은 논문의 본론 전체에서 사용되는 주요 핵심 개념에 대한 설명도 포함시켜야 된다(6.6.1, 8.2.1, 12.1.2를 참조). 이런 본론을 출발시키는 문장은 서론을 최종적으로 확정지은 후에야 비로소 명확하게 표현할 수 있을 것이다. 따라서 논문의 기획이라는 목적을 위해서는 핵심 주장은 서론의 끝에 넣는 것이 좋다; 물론 나중에 위치를 옮길 수도 있다.

어떤 연구자는 서론 끝에 다음과 같이 "이정표"를 넣는다:

- 제1부에서는 …와 같은 쟁점을 논의하고, 제2부에서는 …와 같은 문제점을 논의하고, 제3부에서는 …을 살펴볼 것이다.

사회과학에서는 안내서를 자주 쓰지만, 인문학에서는 그런 것이 너무 거추장스럽다고 여긴다. 이정표는 논문 기획안에서는 초안의 방향을 안내하는 역할을 맡지만 최종 초안에서는 삭제할 수도 있다. 꼭 넣고 싶다면 간결하게 제시해야 한다.

다음은 논문 기획안의 첫 페이지를 예시한 것이다:

- 18세 이하 여자 운동선수는 같은 연령대, 같은 스포츠 경기의 남자 운동선수보다 뇌진탕에 쓰러질 위험이 거의 두 배 높다. 배경 [주요 문헌의 인용이 이어진다] 그러나 이들 연구에서는 성별에 따른 차이가 왜 생겨나는지 그 이유를 밝혀내지 못하고 있다. (연구문제의 제기를 지식의 부족으로 다시 표현)
- 여자 운동선수가 남자 선수보다 뇌진탕의 위험이 더 높은 이유를 이해하지 못하면, 여자 선수에게 최선의 보호 대책을 마련해주는 데 어려움이 있다. (연구 미해결에 따른 결과 예상)
- 성별 차이가 나타나는 이유는 남녀 선수들이 착용하는 보호 장비가 다를 뿐만 아니라 사고 발생의 보고, 감시, 그리고 치료의 기준도 남녀가 다르기 때문이다. (잠정적으로 제시한 핵심 주장)

이렇게 개략적으로 논문의 방향을 설명하면, 독자에게 사전 안내자로서의 역할을 충분하게 수행하는 서론을 쓴 것이 된다. 최종적 초안을 확정지을 때 연구 문제의 진술은 좀 더 완벽하게 이루어질 수가 있을 것이다(제16장 참조).

12.1.2 논문에서 자주 언급되는 주요 핵심 개념을 알려 준다

독자에게 논문이 일관성이 있다는 느낌을 갖게 하려면 논문의 전체 과정에서 사용될 주요 개념을 일목요연하게 보여 주어야 한다. 이들 개념은 문헌을 읽을 때 내용 분류를 위해 사용했던 것으로 연구문제를 표현한 문장이나, 혹은 논문의 핵심 주장을 표현한 문장에서도 사용된다. 서론에서 이런 용어를 설명한 단어 4-5개에 동그라미를 치면 된다. 논문의 주제를 일반적으로 묘사한 제목이 아니라 연구질문에 직결되어 있는 용어를 찾는 것이다:

- 고용, 직업 만족도, 최근의 동남아 이주민, 문화권의 차이, 거주 기간, 이전 경제 수준

핵심적 개념을 찾아내기가 힘들다면 그것은 핵심 주장이 너무 포괄적이거나 주제가 구체성을 띠지 못하기 때문일 것이다. 논문의 기획안 매 페이지 상단에 해당 지면에서 논의되는 핵심 개념을 적어 놓고 초안을 써내려 간다면 도움이 될 것이다.

12.1.3 논문의 본론의 기획

1. 배경에 대한 묘사와 함께 용어를 정의한다.
   기획안의 서론 페이지 뒤에 새로운 페이지를 하나 추가하여 그 속에 논문의 배경을 축조식으로 적어 넣는다. 주요 용어에 대한 정의,

연구 문제의 진술, 기존 연구에 대한 검토, 혹은 연구 과제의 한계 설정, 연구 문제에 대한 역사적, 혹은 사회적 맥락, 등등과 같은 항목이 들어갈 것이다. 분량은 적게 해도 된다.

2. **논문의 주요 절마다 한 페이지를 추가한다.**
매 페이지 위에는 그 절에서 내세우는/발전시키는/설명하는 요점을 적는다. 이러한 내용은 논문의 핵심 주장을 성립시키는 내용이 될 것이다.
   - **적절한 배열 순서를 찾는다.** 논증체계의 구조를 결정하는 것(9.1 참조)은 당신 자신이 가장 명확하게 이해할 수 있도록 내용을 배열하면 된다. 그러나 나중에 초안을 기획할 시점에서는 독자의 필요를 염두에 두고 그 배열 순서를 결정해야 한다. 어떤 배열이 좋을지 감이 오지 않는다면 다음과 같은 예를 생각해본다. 처음 두 방법은 논문의 소재에 따라 결정된 것이다:
   - **구성 요소 별 배열.** 연구 주제를 구성 요소로 나눈 후에 차례로 논의해가는 방법이다. 그러나 이들 요소의 배열순서는 독자가 이해하기 쉽도록, 기능적 혹은 위계적 관계 등을 고려해서 결정한다.
   - **연대기적 배열.** 가장 단순한 배열 논리로서 처음부터 나중으로, 혹은 원인에서 시작하여 결과에 이르는 식이다.

다음 6개의 배열은 독자의 지식, 혹은 이해 수준 등을 고려한 것이다:

- **짧은 것에서 긴 것으로, 단순한 것에서 복잡한 것으로.** 독자의 대부분은 단순한 문제부터 시작하여 복잡한 것으로 옮겨가는 논의 방식을 더 선호한다.

- **익숙한 것에서, 낯선 것으로.** 독자는 대부분 익숙한 내용을 먼저 읽고 생소한 것은 나중에 접하는 것을 더 선호한다.
- **반론의 여지가 적은 것으로부터 쟁점성이 높은 것으로.** 독자는 대부분 동의하는 것으로 시작하여 동의하지 않는 이유로 옮겨 가는 것을 더 선호한다.
- **중요한 것에서 덜 중요한 것으로(혹은 그 반대).** 독자는 중요한 이유를 먼저 알고 싶어 한다(그러나 가장 중요한 이유를 맨 뒤에 제시할 때 가장 효과적일 때도 있다).
- **먼저 이해시킨 후에 그것을 토대로 나중 이슈를 이해시킨다.** 독자는 어떤 사건, 원칙, 정의 등을 먼저 이해한 후에야 비로소 연결되는 새로운 이슈를 이해할 수 있다.
- **일반적 분석을 먼저 한 후에 개별적 적용으로 옮겨 간다.** 저자가 갖고 있는 개괄적 입장을 이해시킨 후에, 개별적 문건, 사건, 상황에 대한 논의를 진행한다.

이들 원칙들은 서로 동조적 관계일 때도 있다: 독자가 동의하고 쉽게 이해할 수 있는 것은 대개 간단하거나 익숙하게 접해온 것들이다. 원칙들 간에는 서로 갈등적일 수도 있는데, 독자가 거부하는 것은 사실 가장 중요할 수도 있다. 어떤 배열 방법을 사용하더라도 독자의 욕구를 반영해야 한다. 자료는 자체적 논리가 있는 것처럼 보일 때도 있는데(예를 들어, 비교와 대조의 논리) 이것은 별로 효과적이지 못하다. 특히 가장 피해야 할 배열은 그냥 머리에 떠오르는 순서대로 즉흥적으로 배열하는 것이다.

마지막으로 당신이 선택한 배열순서의 원칙이 선명하게 드러날 수 있도록 초안 기획안의 페이지마다 상단에 다음과 같은 말을 써놓으면 좋다:

첫 번째… 두 번째…; 다음은… 마지막으로…; 더 중요한 것은…, 좀 더 복잡한 쟁점은…; 그 결과로서 … 이런 말이 좀 어색하게 느껴질 수 있지만 걱정하지 않아도 된다. 현재의 시점에서 이런 단어의 사용은 독자가 아니라 당신의 필요에 의하여 만든 것이기 때문이다. 최종적 초안에는 수정하거나 혹은 아예 모두 삭제될 수도 있다.

12.1.4 각 절과 하위 절의 기획

1. 각 절 혹은 하위 절마다 핵심 개념에 표식을 해놓는다.
   논문에 서론이 필요하듯, 각 절도 서론이 들어가야 한다. 앞에서 기획안의 주요 절마다 한 페이지를 만들고 맨 위에 논의될 핵심 개념을 적어 놓으면 좋다고 말했다. 절이나 그 아래 절도 다른 절과 차별화되는 데 도움을 주는 가장 중요한 개념을 찾아 표시를 하는 것이다. 이들 개념은 아마 각 절의 핵심 주장을 담은 문장 속에서 찾을 수 있다. 개념이 눈에 띠지 않으면 그 절이 논문의 전체에 기여하는 바가 무엇인지 자세히 살펴봐야 한다. 전체적으로 기여하는 바가 거의 없거나 혹은 전혀 없을 때도 있다.

2. 논증체계의 증거, 수용 논점, 보장, 요약 등의 위치를 표시한다.
   초안 기획안의 각 절마다 이런 내용을 적은 페이지를 만든다. 이들은 다시 하위 논증체계를 추가해야 될 필요가 있을 수도 있다.
   - 증거. 절은 대부분 어떤 이유가 왜 성립되는지 증명하는 자료로 채워진다. 하나의 이유가 유형이 다른 여러 증거로 지탱되는 경우 이들 증거 자료는 독자가 이해하기 쉽도록 체계를 잡아 배열해야 한다. 증거에 대한 설명이 필요하면 그 위치도 표시해야 한다—

증거 자료가 수집된 출처, 신뢰도 높다고 보는 이유, 증거로서의 능력 등등.

- **수용과 반론**. 독자의 반론을 미리 예상하여 어떻게 대응할 것인지 적어 놓는다. 반론은 다시 새로운 주장, 이유, 증거 등이 동원되는 하위 주장을 포함할 수도 있다. 그에 대한 독자의 반응을 예상하고 또 다른 대응 전략을 만들어야 할 수도 있다.
- **보장**. 일반적으로 보장을 드러내야 할 필요가 있을 때는, 그 보장을 먼저 말하고 주장과 이유를 설명한다. 예로서, 다음 논증체계에서 독자가 엘리자베스 시대의 사회 역사를 잘 모른다면 보장이 명시되어야 한다:

> 1850년 옥스퍼드 대학의 학생은 여러 문서에 서명할 때 이름과 성만 표기하였다. (이유) 따라서 이들이 대부분 평민이었을 것이다. (주장)

다음과 같은 보장을 제시한다면 전문가를 포함한 모든 사람에게 논점이 더 명확하게 전달된다.

> 16세기 후반 영국에서 사람들이 서명할 때 '신사'가 아니라 '평민'이라면 'Mr.' 혹은 'Esq.' 등의 호칭을 사용하지 않았다. (보장) 1580년 옥스퍼드 대학의 학생 대부분은 문서에 서명할 때 자기 이름과 성만 표기하였다. (이유) 따라서 이들은 평민이었을 것이다.

만일 독자가 보장에 대해 문제 제기를 하면, 그 보장이 성립되는 주장을 만들어 넣어야 된다.

당신이 쓰려는 논문이 길이가 길고, 날짜, 사람 이름, 사건, 혹은 숫자 등과 같은 '사실 정보가 많은' 유형이라면, 주요 절을 종결할 때는 논증체계가 어디까지 설명되었는지 정리하는 글귀를 넣어 주어야 한다. 이 절에서 해결된 주장의 핵심은 무엇인가? 이제까지 얼마만큼 설명되었는가? 최종적 초안에서 이런 정리가 너무 거추장스럽다면 삭제하면 된다.

12.1.5 잠정적 결론의 기획

논문 기획안의 결론의 장에서는 페이지 맨 위에는 당신의 논점이 무엇인가 다시 적어 놓는다. 그리고 그 옆에 시사점을 적어 놓는다(그래서 어쨌다는 것인가? 라는 질문에 답).

이때쯤 아마 당신은 이제까지 모아 놓은 많은 노트 자료가 대부분 사용되지 않는다는 점을 깨닫게 될 것이다. 연구라는 활동은 금을 캐는 것과 같다: 땅을 많이 헤집어 놓지만 필요한 것 조금 빼고는 모두 버린다. 어니스트 헤밍웨이는 당신이 글을 쓸 때 좋은 자료인데도 다 버려서 아깝구나 생각되지만, 그래도 버리지 않고 쓰는 자료가 더 좋은 것이라는 느낌이 든다면 당신이 쓰는 글은 정말 좋은 것이라고 말했다.

12.2 초안 기획안의 실패 유형 3가지

초안 기획안이라고 모두 좋은 것은 아니다. 우리는 대개 연구자의 입장에서 생각하던 것이나 탐구하던 활동에 맞춰서 글을 쓰는데, 독자의 입장에서 그들이 어떤 경험을 갖게 될 것인가를 생각하면서 글을 써야 한다.

1. 머리속에서 생각하던 것을 이야기로 적어가는 논문이 되어서는 안 된다.

독자는 당신이 처음에 발견한 사실, 진퇴양난에 빠졌던 경험, 그리고 난관을 극복한 일 등과 같은 이야기를 논문에 써넣는 것을 별로 좋아하지 않는다. 연구 과제가 어떤 우여곡절을 겪었는지 장황하게 기술하고 끝에 가서야 핵심 주장을 제시하는 것을 받아들이는 데 아주 고통스러워한다.

당신의 논문에 이런 문제점이 있는지 파악하려면, 연구의 결과보다는 어떤 과정을 거쳤는지, 어떤 생각을 했는지 등을 언급하는 문장을 찾아낸다. 이런 징후로 다음과 같은 말이 있는지 확인해야 한다: "첫 번째 문제점은 … 였다; 그래서 내가 비교한 것은 ... ; 마지막으로 나의 결론은 … 이다." 이런 문장이 몇 개 발견된다면, 당신은 주장을 전개하는 것이 아니라 주장의 배경에 대해 이야기를 하고 있는 것이다. 이런 때는 논문을 논증체계의 핵심 요소를 중심으로 그 구조를 재구성해야 한다. 당신의 주장과 그것을 떠받드는 이유를 중심으로 글을 쓰는 것이다.

2. 여러 문헌을 짜깁기하여 논문을 구성하면 안 된다.

독자가 보고 싶은 것은 당신의 분석이지 다른 사람들의 주장이 아니다. 초보 연구자는 논문이란 참고문헌을 인용하거나, 요약하거나, 다른 말로 풀어 쓰거나, 혹은 웹을 통해 수집한 정보 등을 잘 엮어 놓은 것이라고 생각한다. 독자는 "짜깁기 글"을 읽으면 "자신의 생각은 없고 온통 남의 생각만 정리했다"고 비난한다. 짜깁기는 온라인 자료를 중심으로 연구를 진행할 때 흔히 생기는데, 문헌 내용을 오려내기-붙이기하여 편집하기가 너무 쉽기 때문이다. 경험이 많은 독자는 이런 짜깁기 글쓰기를 금방 알아차리며, 짜깁기 글은 나중에 표절 시비를 불러 올 수 있다.

고급 연구자가 짜깁기 요약을 하는 경우는 거의 없지만, 지나치게 문헌에 의존하는 경우는 종종 있다. 자신의 주장에 맞는 새로운 틀을 창조하는 것이 아니라 주요 참고문헌의 구조를 따라가는 것이다. 당신의 논문에서 사용하는 핵심적 개념이 다른 논문의 개념과 매우 흡사하다면 그것은 다른 사람의 주장을 모방하는 것이지 당신의 생각을 펼치는 것이 아닐 수 있다는 점을 유념해야 한다.

3. 주어진 과제의 언어를 그대로 논문의 틀로 사용하면 안 된다.

어떤 주어진 과제에 대한 논문을 쓸 때 첫 문단에서 과제의 언어를 비슷하게 복사하여 사용하면, 지도 교수는 당신이 새롭게 사고하여 자신만의 독특한 연구 성과를 내고 있다고 생각하지 않는다. 예를 들면, 다음과 같은 경우이다:

- **과제.** 여러 인지 이론에서 감각 자극을 처리하는 데에 인지적 중재(cognitive mediation)가 맡는 역할은 서로 다른 것으로 평가한다. 어떤 학자는 감각 자극이 중재없이 두뇌에 도달한다고 주장한다. 다른 학자는 감각기관은 인지적 중재의 영향권 아래서 작용한다고 말한다. 시각, 청각, 촉각 등의 인지 과정에 관해 서로 다른 관점을 제시하는 두 가지 이론을 찾아 서로 비교하시오.
- **논문의 첫 문단.** 여러 인지 이론에서 감각 자극을 처리하는 데에 인지적 중재(cognitive mediation)가 맡는 역할은 서로 다른 것으로 평가한다. 이 논문에서는 두 개의 시각 인지 이론을 비교할 것이다. 먼저 첫 번째 이론은 …

만일 과제가 여러 가지 쟁점을 목록으로 제시하고 각 쟁점을 논의해야 한다면 그 목록의 순서를 그대로 따르는 것은 좋지 않다. 예를 들어, 당신에게 주어진 과제가 "상상과 의식의 문제에 관하여 프로이드와 융의 생각을 대조하고 비교하는"것이라면 논문의 처음 두 장은 프로이드와 융에 배치하여 상상과 의식을 논할 것이다. 이런 경우 두 개념 사이에는 관련성이 잘 부각되지 않는 결과가 생길 수 있다. 해결은 주제를 개념 차원에서 나눌 수 있다. 예를 들면, 무의식과 상상으로 나누고 이들 개념을 정의한 후 쟁점을 논의하여 독자에게 필요한 내용이 무엇인가 생각하여 적절한 순서로 배열하는 것이다.

12.3 기획안을 초안으로 전환하기

논문 저자 중에는 일단 초안의 기획안 혹은 청사진이 준비되면 그 후에는 논문 쓰기는 자동 모드로 들어간다고 생각하는 사람이 있다. 그러나 글을 많이 써본 사람은 글이 그렇게 써지지 않는다는 것을 알고 있다. 이들은 초안 집필은 뭔가 새로운 것을 발견하는 행위이기 때문에 기획한다고 생략되는 것이 아니라고 생각한다. 그 이유는 연구자로서 가장 흥미로운 발견의 기쁨을 맛보는 순간이 바로 이 과정에서 나타나기 때문이다: 새로운 생각은 글로써 표현되어야 비로소 그 존재를 알 수가 있다. 그러나 다른 과정에서도 그렇지만 미리 기획을 한 후 집필 작업을 진행할 때가 놀랄만한 발견은 더 많이 생기는 법이다.

12.3.1 편안하게 느껴지는 대로 초안 쓰기

경험이 많은 집필자는 기획안이 완성되기 훨씬 전부터 글을 쓰기 시작한다. 이들은 우선 개략적인 기획안이 만들어지면 이것을 토대로 생각을 거듭하여 완전한 기획안을 완성한다. 처음 써놓은 초안에 포함된 것 중 최종 초안 기획안에 들어가는 것은 매우 적다는 것을 알기 때문에 서둘러서 글을 쓰기 시작한다. 탐색적 초안 쓰기는 이제까지 전혀 생각하지 못했던 것을 찾아내는데 유용한 방법이기는 하지만, 이것은 마감 시간이 아직 충분할 때만 적절한 방식이다. 낯선 연구 소재 혹은 임박한 마감 시간 등과 같이 여유가 별로 없는 상황에서는 기획안이 확고하게 작성된 후에 비로소 글을 쓰기 시작해야 한다.

기획안이 마련되면 대부분의 경우 초안 쓰기는 빠르게 진행된다: 말이 자연스럽게 이어지도록 글을 써 내려가며 인용이나 자료의 삽입은 생략하고, 생각이 고착되면 그 부분은 남겨놓고 다음으로 넘어간다. 세부적 내용이 잘 생각나지 않으면 물음표 [?]로 표시하며 계속해서 진행하다가 글이 쓰는 속도가 매우 느려지면 그 때 다시 되돌아와 미흡한 부분을 고친다. 초안을 빨리 쓰는 사람은 수정하는데 많은 시간을 보내기 때문에 초안은 빨리 작성하고, 또 일찍 착수해야 한다.

어떤 연구자는 매우 느리고, 신중하게 글을 쓰기도 한다. 모든 문장을 완벽하게 쓴 후에 다음 문장을 쓰기 시작한다. 이런 방식은 기획안이 아주 상세해야 한다. 따라서 당신 스타일이 서서히 글을 쓰는 것이라면 초안 개요나 기획안을 아주 세밀하게 작성해야 한다.

대부분의 집필자는 초안은 빠르게 작성하고, 수정은 신중하게 하며, 직접적으로 관련이 없는 것을 과감하게 버린다. 어떤 방식이든 당신에게 잘 맞는 것을 선택하면 된다.

12.3.2 주제어 목록의 사용으로 궤도 이탈을 막는다

초안을 쓰면서 생기는 문제 중에 하나는 궤도에서 벗어나는 것이다. 기획안은 이것을 막는데 도움이 된다. 핵심적 개념의 목록을 만든 후에 수시로, 특히, 절의 내용이 달라질 때마다, 이들 개념이 자주 언급되고 있는지 점검하면 좋다. 그러나 우리가 경계해야 할 것은 이런 목록이나 기획안을 사용하기 때문에 새롭고 신선하게 상상하는 것이 가로 막혀서는 안 된다. 궤도를 벗어나 방황한다는 느낌이 들면 끝까지 한번 가보는 것도 좋다. 아주 흥미로운 발견의 실마리가 되는 수도 있기 때문이다.

제목이나 부제목 달기가 당신의 학문 분야에서 권장되지 않을지라도 초안을 쓸 때는 사용하는 것이 좋다. 제목을 달 때는 그 절이나 하위 절에서 독창적으로 쓰는 용어를 사용하면 좋다:

텍사스 주 외의 신문에서는 샘 휴스톤을 영웅으로 보고 있다.

이렇게 제목달기를 하면 논문의 구조가 한눈에 들어온다(제목에 숫자를 부여하는 것은 일부 사회과학의 분야에서 흔한 관행이지만 인문학에서는 드물다). 당신의 분야에서 권장되는 관행이 아니라면 최종적 초안에서는 빼면 된다.

초안은 가능하면 빨리 시작해라

마감시간은 언제나 너무 빠르게 다가온다: 우리는 늘 한 달만 더, 한 주만 더, 하루만 더 있으면 좋겠다고 생각한다(이 책의 저자도 증보판을 낼 때마다 항상 마감시간에 쫓겼다). 사실, 어떤 연구자에겐 끝맺는 것이 불가능하다. 보고서, 박사 학위 논문, 혹은 저술서가 완벽한 상태가 될 때까지 계속 작업을 하면서 손을 놓지 못하는 사람이다. 그런 완벽한 논문이란 누구도 쓰지 못했고 아마 앞으로도 그럴 것이다. 당신이 할 수 있는 것은 정해진 시간 내에 가장 좋은 논문을 쓰는 것으로 만족하는 것뿐이다. 논문을 마무리했다면 독자에게 다음과 같이 말한다: 독자 여러분, 최선의 노력을 다 해서 얻은 결과입니다. 완벽하거나 최종적 진리는 아니지만 저나 여러분에게 중요하다고 생각되는 진리입니다. 저는 시간과 능력이 허락하는 한 그것을 검토하고 증명하려고 노력했습니다. 이제 저의 주장이 근거가 충분히 있다고 믿어주거나, 사실이라고 수용하거나, 혹은 이제까지 여러분이 믿었던 것을 수정하는 계기가 된다면 더 없이 좋겠습니다.

요령

글쓰기 미루기와 집필 장애

집필하기 시작하는 것이 도무지 되지 않거나 혹은 단 몇 줄도 전혀 쓰지 못한다면 흔히 말하는 집필 장애라는 병에 빠진 것이다. 이런 장애는 학교와 과제 중압감 때문에 생긴다: 만일 당신이 이런 상황에 놓여 있다면 즉시 상담원을 만나야 한다. 하지만 다음과 같이 당신이 직접 해결할 수 있는 상황도 많다:

- 과제 공포증 때문에 어디서부터 어떻게 시작해야 할지 속수무책인 경우라면, 일단 과제를 여러 단계의 조그만 과제로 나누고 실천 가능한 작은 것부터 수행하기 시작한다.
- 목표를 너무 높게 설정하거나 아예 아무런 목표도 세우지 못한 경우라면, 달성하기 수월한 목표를 세워 일상적으로 과제를 수행하는 것이다. 작업 진행 일정표를 만들거나 동료와 정기적인 회의를 열면서 일을 진행한다.
- 한 문장 혹은 한 문단이 완벽할 때까지 고치다가 다음으로 넘어가지 못한다면 완벽주의 집착증에 걸린 것이다. 이런 경우는 글을 연습이라고 생각하면서 쓰는 것이다. 단지 생각을 정리하는 단계로서 글쓰기를 하는 것이다. 어떤 경우에도 모든 연구자는 늘 완벽성을 타협해가면서 작업을 끝내고 있다는 사실을 깨달아야 한다.

위와 같은 문제로 고통을 받고 있는 사람은 학습지원센터를 찾아가야 한다. 지원센터에서 일하는 상담사는 모든 종류의 미루기 관행이나 글쓰기 장애를 잘 알고 있기 때문에 당신의 상황에 맞는 처방을 제시할 수 있을 것이다.

이와 반대로, 집필 장애가 새롭고 경이로운 업적을 만드는 기회가 되기도 한다. 생각을 잠재의식 깊은 곳으로 침전시켜서 새로운 형태로 재구성해내는 것이다. 진퇴양난의 함정에 빠졌지만 시간적으로는 여유가 있다면(시작을 빨리 해야 하는 또 다른 이유) 다른 일을 해가면서 무의식으로 하여금 문제를 풀어낼 수 있도록 하루 이틀 기다리는 것이다. 그런 연후에 과제에 착수하여 본 궤도에 오르는 것이다.

제 13 장

논증체계의 정리

이 장에서는 초안의 구조를 정리하고 수정하여 논증의 체계가 독자뿐만 아니라 당신 자신에게도 명확하게 드러나게 하는 절차를 논의한다. 얼핏 이것은 기계적인 작업인 듯 보이지만 매우 중요한 절차이다. 이곳에 제시된 절차를 하나씩 체계적으로 따르면 논증체계를 효율적이고 실수없이 분석하고 수정할 수가 있을 것이다.

연구를 처음 해보는 사람은 초안이 완성되면 이제 모든 일이 다 끝난 것으로 생각한다. 최상의 연구자는 그렇게 쉽게 생각하지 않는다. 첫 초안은 독자에게 보여주기 위한 것이 아니라, 주장이 잘 성립하는지, 독자의 비판을 충분하게 방어하고 있는지 등 논증체계를 세밀하게 검토하기 위한 산물로 생각한다. 초안은 계속 수정을 거치며 독자가 수용할 수 있을 때까지 이 과정은 지속된다. 독자를 위해 수정하는 것은 쉽지 않다. 연구자는 내용을 너무 잘 알기 때문에 다른 사람들처럼 초안을 대할 수가 없다. 우선 당신이 해야 할 것은 독자가 논문을 읽으면서 알고 싶어 하는 것이 무엇인지 파악해야 한다. 그리고 독자가 그것을 알아내는데 어떻게 도와줄 수가 있을지 생각해봐야 한다. 이것은 초안을 객관적으로 분석할 수 있어야 가능하다. 연구자는 글을 있는 그대로가 아니라 독자에게 말하고 싶은 내용을 보태서 초안을 대하기 때문이다. 독자가 본문에 있지도 않은 내용을 알 리가 없다.

어떤 저자는 독자를 위한 수정 과정을 거부하기도 한다. 독자의 요구를 수용하면 자신의 주장이 타협된다고 우려하는 것이다. 자신이 발견한 진실이 스스로 독자에게 다가 갈 것으로 믿으며, 독자가 이해하지 못한다면 독자 스스로 노력을 더하는 수밖에 없다고 주장한다. 그러나 독자를 위해서 초안을 수정한다는 말은 독자의 요구에 영합하라는 뜻이 아니다. 사실은 독자에게 당신의 생각을 말하고 또 그들의 생각을 들어보는 친밀한 대화를 나눈다면 당신의 생각도 발전할 수 있다.

이 장에서는 논문의 구성과 논증체계의 문제점을 진단하고 개선하여 독자가 당신이 설명하고자 하는 바를 잘 이해하도록 글을 쓰는 방법을 논의한다.

13.1 독자의 입장에서 생각하기

독자가 글을 읽을 때는 단어 혹은 문장을 하나씩, 마치 염주에 구슬을 꿰매듯이, 읽어 내려가는 것이 아니다. 독자들은 우선 전체적인 주장, 그 구조에 대한 감을 잡고 싶어 한다. 특히, 가장 중요한 점으로, 당신의 논문을 읽어야 할 이유가 무엇인가를 알려 주기를 기대한다. 그 다음 독자는 전체적 주장이나 목적을 배경으로 세부 내용을 해석하게 된다. 따라서 논문의 수정 작업은 전체적인 구조를 먼저 점검하고 난 후에 세부적 내용을 손질하고, 마지막으로 문장의 명료성을 검토해야 한다. 물론 항상 이렇게 순차적으로만 진행되는 것은 아니다. 철자를 고치면서 논증체계를 재구성하며, 증거의 부족을 보완하면서 문단의 문제점을 해결할 때도 있다. 그러나 초안을 완성한 후 하향식으로 접근하는 방법, 즉 전체적 구조에서 시작하여 단어를 수정하는 방법이 단어와 문장의 문제점으로부터 시작하여 구조를 수정하는 상향식 방법보다 독자의 입장에서 논문을 읽는 과정에 더 가깝다. 또 수정 작업의 효율성도 더 높은데, 그 이유는 나중에 정리될 내용, 즉 절 전체를 아예 버리게 될 수 있는데 그 절의 세세한 부분을 고칠 필요는 없기 때문이다.

13.2 논문의 틀 수정

독자는 다음 세 가지를 즉시, 그리고 분명하게 알 수 있어야 한다:

- 서론은 어디서 끝나는가?
- 결론은 어디서 시작하는가?
- 서론에서, 혹은 서론과 본론 두 곳에서, 어느 문장이 핵심 주장을 밝히고 있는가?

독자가 이 세 가지를 알게 하려면 다음과 같은 작업이 필요하다:

1. 서론 끝에, 그리고 결론 앞에, 충분한 공백을 넣는다.
   당신의 학문 분야에서 허락하는 형식이라면 이곳 연결 부분에 제목을 넣어 독자가 이 서론과 본론, 그리고 결론이 어디에 있는지 확실히 알 수 있게 한다.

2. 서론의 끝 혹은 그 근처에서 핵심 논지를 밝힌다.

그리고 결론에 가서 이 논지와 비슷하게 다시 논지를 밝힌다. 이들 주장은 서로 상충되어서는 안 된다. 또한 똑같아서도 안 된다. 결론에 포함된 논지는 좀 더 구체적이고 부정 가능한 문장이다.

3. 서론의 핵심 논지에는 논문의 전반에 공명되는 핵심적 개념이나 테마를 포함시킨다.

핵심 개념은 논문의 핵심 논지를 밝힐 때뿐만 아니라 본론에서 핵심 논지를 본격적으로 논의할 때(12.1.1과 16.4.2 참조)에도 나타나야 한다.

예를 들면, 서론의 도입부 문장을 생각해보자(축약이 많이 됨). 이 논문의 논점에 대해 시사하고 있는 바는 무엇인가?

> 11세기 가톨릭교회는 성지를 탈환하기 위해 몇 차례 원정에 나섰다. 두 명의 교황이 원정군대를 동원할 것을 호소하였다. 교황 그레고리 7세는 왕 헨리 4세에게 1074년 편지를 보내 파병해줄 것을 요청하였으나, 결국 원정을 실행하지 못했다. 그 뒤 교황 우르반 2세는 1095년 클러몽트 공의회에서 행한 연설에서 원정의 필요성을 역설하였고, 다음해 1096년 제1회 십자군 원정을 성공적으로 실시하였다. 이 논문에서는 이들 교황이 어떤 이유로 원정을 호소하였는지 논의할 것이다.

논지를 나타내는 핵심 문장으로 볼 수 있는 것은 마지막의 모호한 문장이다. 그러나 십자군 원정이라는 소재만 알려줄 뿐이다.

다음은 결론의 첫 문단에 포함된 문장을 몇 개를 옮겨 놓은 것이다(역시 많이 축약됨). 요지가 무엇인가?

> 이들 문서를 통하여 알 수 있듯이, 교황 우르반 2세와 그레고리 7세는 성지를 기독교 교회의 통치 속으로 환원하기 위하여 예루살렘 원정이 필요하다고 주장하였다. 그러나 그들은 로마와 그리스의 교회를 통합하여 내부 세력의 갈등으로 분리의 위험에 놓인 제국을 구하려는 정치적 속셈도 있었다. 그런 과정에서 이들은 ...

결론에서 논지를 표현한 문장은 두 번째 문장으로 보인다("그러나 그들은 … 속셈도 있었다"). 이 문장은 구체적이고 실질적인 내용을 담고 있으며 부정될 수 있는 가능성을 열어 두고 있다. 이 문장을 서론의 끝에 축소해서 포함시키면 좋다. 혹은 서론에 논점의 전모를 다 밝히지 않으면서도 적어도 논문의 핵심 개념을 좀 더 분명하게 밝히는 새로운 문장을 쓰는 것이다:

> 일련의 문서를 통해 알 수 있듯이 교황들은 십자군 전쟁을 제안하여 예루살렘을 기독교 세계로 복원하려고 하였다. 그러나 그들의 말 속에는 다른 이슈가 내포되어 있음을 알 수 있는데, 분열적인 내부 세력에 대항하여 유럽과 기독교회를 하나로 통합하려는 정치적 목적도 있었다.

13.3 논증체계의 수정

독자의 입장에서 볼 때 논문의 외형적 틀이 잘 구축되었다고 판단되면 논증의 체계를 절 단위로 하나씩 분석해야 한다. 이것은 앞에 말한 과정을 되풀이하는 것 같지만 다른 측면이 있다. 이 과정이 끝나면 논증체계는 초안의 기획안 혹은 개요에서 보는 것과는 사뭇 다른 모습을 띨 것이다.

13.3.1 논증체계의 실질적 내용을 밝힌다

논증체계는 논문의 구조에 잘 부합되고 있는가?

1. 핵심 주장을 떠받치는 각 이유는 자체의 절에서 중요한 요점이 되고 있는가?
   그게 아니라면 논문의 구조와 논술 체계가 서로 상충하고 있는 것이다.

2. 이유와 증거는 적절하게 균형을 맞추고 있는가?
   각 절마다 증거로 간주되는 것을 모두 찾아낸다. 이것은 요약, 풀어쓰기, 인용, 사실 자료, 그림, 그래프, 도표 등 제1차 혹은 제2차 자료로부터 수집한 여러 자료를 말한다. 증거와 관련 자료의 분량이 각 절의 1/3이 넘지 않으면, 이유를 합리화하기 위한 증거가 충분하지 않을 수 있다. 증거는 아주 많은데 이유가 거의 없거나 혹은 전혀 눈에 띄지 않으면 그냥 자료만 잔뜩 퍼부어 놓았다는 느낌을 준다.

13.3.2 논증체계의 질을 평가한다

독자가 당신의 논증체계를 거부하고 나올만한 요인은 없는가?

1. 증거는 신뢰도가 있는가?
   제9장에서 증거는 정확하고, 정밀하며, 충분하고, 대표성이 있고, 권

위가 있어야 한다고 말했다(9.4 참조). 최종 초안을 완성할 시점에서는 증거를 더 찾거나 혹은 더 좋은 증거를 찾아 나서는 것은 시간적으로 이미 늦다. 그러나 다음과 같은 작업은 꼭 해야 한다:

- 자료나 인용문을 노트필기의 내용과 대조한다.
- 인용이나 자료가 각 주장에 부합하는지 확인한다.
- 주요 이유와 증거를 연결시켜 주는 중간 단계의 이유가 생략된 것은 아닌지 점검한다.

2. 주장의 한계를 적절하게 설정하였는가?

적절한 곳에서 다음과 같은 말들을 넣는다: 아마, 대부분, 흔히, 경향이 있다, 등.

3. 논문은 도전적이지만 우호적으로 질문하는 동료나 친구와 대화하는 것 같은 느낌을 주는가?

만일 서로 경쟁하는 학자 간에 치고받는 싸움으로 느껴지거나 혹은 대안적 관점 제시나 반론에 대해 수용적인 태도를 보이지 않는 느낌을 준다면, 긍정적이지만 회의적인 독자를 떠올리며, 논증체계를 다시 되돌아 봐야 한다: 왜 그렇다고 생각하나? 정말 그렇게 강하게 주장해도 되는가? 당신의 주장에 대한 이유는 어떻게 구체적으로 연결되는가? 그러나 이런 문제도 있지 않은가?(10.1-2 부분을 복습하시오). 당신이 생각하기에 이들 중 가장 중요한 질문이라고 여겨지는 것을 중심으로 답을 제시한다.

4. 필요한 보장은 모두 넣었는가?

이 질문에 대한 답은 쉽게 얻을 수가 없을 것이다. 주장이 들어 있는 매 절마다, 그리고 그 하위 절마다, 주변의 여백에 생략된 보장을 적어 놓는다. 독자는 보장을 생략해도 주장을 수용하겠는가? 그렇지 않다면 보장을 넣어야 주장이 성립한다.

13.4 논문의 형식 수정

논문의 외형적 틀이나 혹은 논증체계의 실질적 내용이 잘 되었다고 생각되면 다음은 독자가 논문의 개념적 일관성에 대해 어떻게 생각할지 고려해야 할 것이다. 이를 위해 다음과 같이 점검한다:

1. 핵심 개념이 논문 전체에 고르게 나타나는가?
   - 서론과 결론에서 핵심 주장이 포함된 문장에서 주요 개념에 동그라미 표시를 한다.
   - 논문의 본문에서 이들 핵심 개념에 동그라미 표시를 한다.
   - 동그라미가 쳐진 핵심 개념과 연관된 다른 개념에도 표시를 한다.

다음은 앞의 십자군 원정에 관한 결론 문단이다. 주제어가 밑줄이 쳐져 있다.

> 이들 문서를 통하여 알 수 있듯이 교황 우르반 2세와 그레고리 7세는 성지를 <u>기독교 교회의 통치권 속으로 환원</u>하기 위하여 예루살렘 원정이 필요하다고 주장하였다. 그러나 그들은 로마와 그리스의 교회를 <u>통합</u>하려는 <u>정치적 속셈</u>을 가졌고, <u>내부 세력</u>의 갈등으로 제국이 <u>분할되는 것을 막아보려는 의도</u>도 있었다.

만일 이들 주요 개념들이 다른 문단에서는 거의 나타나지 않고 있다면, 아마 독자는 당신의 논문은 일관성이 부족하며 이리저리 방황하고 있다고 생각할 수 있다.

어느 문단에는 주요 개념이 전혀 포함되지 않은 것으로 발견되었다면 억지라도 몇 개 집어넣도록 한다. 그렇게 하는 것이 곤란한 상황이라면 그 문단은 궤도를 벗어난 것이기 때문에 다시 쓰거나 혹은 아예 삭제해버린다.

2. 절과 그 하위 절은 시작이 분명하게 예고되고 있는가?

논문의 주요 단원이 시작되는 경계 부분을 빠르고 확실하게 찾아내 제목을 달 수가 있는가? 그렇지 못하다면 독자는 논문의 구조를 분명하게 인지하지 못하는 것이다. 제목이 없을 경우에는 주요 단원의 시작에는 여백을 한두 줄 더 넣는다.

3. 주요 절은 직전의 절과 어떻게 관련이 있는지 언급하는 단어로 시작하는가?

독자는 절의 시작과 끝이 어딘지 뿐만 아니라, 왜 그런 순서로 배열되어 있는가도 이해할 수 있어야 한다. 다음과 같은 말을 넣어 배열 논리를 설명한다: 이보다 더 주요한 것은 …, 어떤 사람은 … 라면서 반론을 제기했다, 하나의 결점이 있는데 그것은 …, 첫 번째 …, 두 번째 등.

4. 각 절이 전체에 어떻게 관련되는지 확실히 밝히고 있는가?

각 절에 대해 다음 질문을 던져 본다: 이 절은 무슨 질문에 답하고 있는가? 만일 답이 논증의 핵심이 되는 5개 질문과 아무 관련이 없다면(7.1 참조), 배경을 설명하던지, 배경 개념이나 쟁점을 설명하던지, 혹은 기타의 방법으로 독자에게 도움을 주어야 한다. 주요 논점과 연결되는 것이 모호하고 잘 설명할 수가 없으면, 그 절을 삭제하는 것을 생각해봐야 한다.

5. 각 절의 요지는 도입부나 종결부에서 진술해야 한다(도입부가 더 좋음).
선택할 수 있는 상황이라면 절의 요지는 도입부에서 제시하며 절대로 절의 중간에 파묻는 것은 좋지 않다. 절의 길이가 4-5페이지 이상으로 길게 늘어나면 종결부에 가서 논점을 한번 더 정리해주는 것이 좋다. 특히 사람 이름, 숫자, 일자 등 사실정보로 가득 차 있는 경우에는 필수적이다.

6. 절의 일관성을 유지해주는 용어가 반복되어 나타나는가?
절은 나름의 독특한 개념이 들어 있어 다른 절과 구별되는 것도 중요하지만 그와 함께 다른 절과 일맥상통하는 바도 있어야 한다. 이것을 검증하려면 각 절마다 제목을 달아 다른 절과 구별되게 만든다. 위의 1단계를 반복하는데, 해당 절의 요지와 핵심 개념에 동그라미를 친다(논문의 전체적 핵심 개념에는 동그라미를 치지 않는다). 동그라미를 친 개념이 절의 여러 곳에 등장하는가? 만일 전체적 핵심 개념을 제외한 절만의 주요 개념을 찾아내지 못했다면, 독자는 그 절이 논문 전체에 기여하는 새로운 내용이 없다고 생각할 것이다. 주요 개념은 들어 있지만 그것이 다른 절에서도 등장하는 개념이라면 두 절이 같은 내용을 되풀이 하고 있다는 인상을 준다. 그럴 경우 두 절을 합치는 것을 고려해본다.

13.5 문단의 점검

모든 문단은 주제를 소개하는 문장으로 시작되며 이 문장은 해당 절의 논지와 직접적으로 연관되어야 한다. 이것은 우리가 잘 알고 있는 관례적 원칙인데, 너무 엄격하게 적용하다 보면 문장이 너무 뻣뻣한 느낌을 줄 수 있다. 중요한 것은 문단을 적절하게 배열하고 흐름을 조정하여 독자로 하여금 당신과의 대화에 참여할 수 있도록 도움을 주어야 한다. 매 문단은 논의할 주요 개념에 대해 언질을 주는 한두 문장으로 시작한다. 독자는 그런 소개가 있을 때 이어지는 개념을 더 잘 이해한다. 처음 시작하는 문장에서 문단의 핵심을 잘 표현하지 못했다면 문단의 끝에서는 꼭 진술해야 한다. 문단의 중간에 핵심 주장이 파묻히면 안 된다.

문단의 길이는 어떤 유형의 글을 쓰느냐에 따라 달라진다. 예를 들면, 짧은 문단은 약식 연구 보고서에 흔히 쓰이고, 문헌 비판이나 책의 장(chapter)과 같이 긴 글에서는 문단도 길어지는 경향이 있다. 문단의 길이는 주장의 요지를 충분히 제시하는데 필요한 만큼만 길고 독자가 초점을 잃어버리기 쉬울 정도로 길어서는 안 된다. 다시 말하면, 길지도 짧지도 않은 적절한 수준이어야 한다(또 다른 중용의 법칙). 길이가 짧은 문단이 계속 이어진다는 기분이 든다면 아마도 핵심 주장을 잘 풀어놓지 못하고 있는지도 모른다. 그러나 문단이 한 페이지가 넘는 식으로 아주 길면 아마도 당신이 그 내용을 제대로 소화하지 못하기 때문일 것이다. 때때로 문단의 길이를 다양하게 하면 극적 효과를 낼 수도 있는데, 짧은 문단은 주제를 전환할 때, 혹은 논점을 강조하고 싶을 때 사용하면 좋다.

논문을 쓰는 사람 중에는 문단 자체보다는 문단이 어떻게 바뀌는지에 대해 관심을 더 쏟는 사람이 있다. 문단을 바꾸는 것은 대화에서 말을 멈

추듯 휴지의 순간을 갖는 것과 같다. 중요한 주장을 끝내고 잠시 쉬었다가 말을 시작하듯이, 복잡한 메시지를 독자에게 제시하거나 새로운 화제로 전환할 때 문단을 바꾸면 좋다.

13.6 초안을 풀어서 말해 보기

연구 과제를 일찍 시작하면 초안에서 손을 떼고 냉각의 시간을 가질 수 있다. 오늘 아주 좋게 보였지만 며칠 후에 보면 그렇지 않은 때가 많다. 이렇게 냉각의 시간을 마치고 다시 작업하면서 초안의 처음부터 차례로 읽어 내려가는 것이 아니라 상위의 요소를 중심으로, 서론, 본론의 주요 절의 첫 문단, 그리고 결론을 훑으면서 읽는다. 그리고 이렇게 읽은 것을 토대로 논문을 읽지 않은 사람에게 내용을 쉽게 풀어서 이야기해본다. 이야기가 잘 연결되는가? 논지는 정확하게 요약이 되는가? 더 좋은 방법은 다른 사람에게 논문 초안을 훑어 읽어보고 그 내용을 말해 보라고 하는 것이다. 이 독자가 논증체계를 잘 요약하고 있는지 살펴봄으로써 진짜 독자가 당신의 논문을 잘 이해할지 가늠해볼 수 있다. 마지막으로, 독자의 충고는 모두 다 따라야 하는 것은 아니지만 항상 신중하게 고려해야 할 대상이라는 점을 잊지 말아야 한다.

요령

초록

초록은 저서, 논문, 혹은 보고서와 같은 문서를 짧게 요약한 글로서 독자에게 그 속에 들어있는 내용이 무엇인지를 알려 준다. 길이는 서론보다 작지만 다음과 같은 세 기능을 수행한다.

- 연구 문제를 진술한다.
- 연구의 주요 테마를 밝힌다.
- 연구의 핵심 주장이나 혹은 본론에서 전개하는 요지를 암시한다.

초록은 학문 분야에 따라 약간씩 다르며 어떤 분야에서는 아예 사용하지 않는다. 그러나 대부분의 초록은 다음 3 형태 중 하나에 해당된다. 어떤 형태를 사용할 것인지는 관련 분야의 교수에게 묻던가, 해당분야의 대표적 학술지를 참고한다. 다음은 세 형태의 초록인데, 최근 정치학 분야의 논문을 보고 수정하여 만든 것이다(세 번째는 원래의 형태).

1. 배경 + 연구문제 + 요지

이 초록은 서론을 축약한 것이다. 기존 연구를 소개하고 연구의 배경을 짚어주는 한두 개의 문장으로 시작하여, 연구 문제의 제기, 그리고 마지막으로 연구의 결과를 보고하는 한두 개의 문장으로 구성된다.

> 학자들은 오랫동안 민주주의는 시민의 삶의 질을 향상시킨다고 믿었다. (배경) 그러나 최근 연구자들은 이 정설에 의문을 제기하고, 국가의 통치 유형과 인간 사회 발전의 수준과는 거의, 혹은 아무 관련성

이 없다고 가정한다. (연구문제) 이 논문에서 민주주의가 인간사회의 발전을 도모하는 것은 맞지만 그것은 역사적 현상의 하나로 고려할 때만 성립하는 것이라고 주장한다. (핵심 주장)

2. 배경 + 연구 문제 + 방향 암시

이 초록은 앞의 것과 비슷한데, 다른 점은 단지 연구 결과를 구체적으로 제시하는 것이 아니라 일반적 방향만 언급한다는 점이다.

> 학자들은 오랫동안 민주주의는 시민의 삶의 질을 향상시킨다고 믿었다. (배경) 그러나 최근 연구자들은 이 정설에 의문을 제기하고, 국가의 통치 유형과 인간사회의 발전과는 거의, 혹은 아무 관련성이 없다고 추론한다. (연구문제) 이 논문에서 이를 밑받침하는 연구 성과를 검토하고, 민주주의가 사회복지를 향상시키는 인과적 경로를 제시하며, 두 개의 가설을 검증한다: (a) 해당 연도의 국가 민주주의 수준이 사회 발전에 영향을 미치는가? 그리고 (b) 지난 세기에는 민주주의 수준에 따라 사회 발전의 수준이 다르게 나타나는가? (논의 시작)

3. 요약

이 유형도 역시 배경과 연구 문제를 제기한다. 그러나 결과를 보고하기 전에, 논증체계의 내용을 정리하는데, 결과를 떠받치는 증거에 대해, 혹은 결과에 이르는 과정에서 사용한 방법이나 절차 등에 대한 정보를 밝힌다. 다음은 해당 논문의 실제 초록이다:

> 민주주의는 시민의 삶의 질을 향상시키는가? 학자들은 오랫동안 그렇다고 믿어왔지만, (배경) 최근 연구자들은 이 정설에 의문을 제기한

다. (연구문제) 이 논문에서는 국가의 통치 유형과 사회 발전의 수준과는 거의, 혹은 아무 관련성이 없다고 가정한다. 이 논문에서 이를 밑받침하는 연구 성과를 검토하고, 민주주의가 사회복지를 향상시키는 인과관계의 경로를 제시하며, 두 개의 가설을 검증한다: (a) 해당 연도 별로 국가의 민주주의 수준이 사회 발전에 영향을 주며, 그리고 (b) 지난 세기 민주주의 수준에 따라 사회 발전의 수준이 다를 것이다. 유아 사망률을 인간사회 발전의 척도로 사용하여 국가 간 시계열 통계 자료를 분석하여 이 두 가설을 검증하였다. 첫 번째 가설을 지지하는 증거는 거의 존재하지 않지만, 두 번째 가설은 상당 부분 수용되는 것으로 나타났다. (요약) 결론적으로 우리는 민주주의와 발전의 관계는 시대적, 역사적 상황에 따라 다르게 나타나는 현상으로 보는 것이 타당하다고 주장한다. (핵심 주장)

요약 초록은 내용을 정리하여 제시하기 때문에 연구 문제는 한층 짧게 축약된다. 시작하는 문장을 보기 바란다. 일반적으로 연구의 배경을 설정하는 것과 다르게, 수사적 질문을 던지는데 — **민주주의는 시민의 삶의 질을 향상시키는가?** — 이것은 앞으로 제시되는 연구질문에 대한 답을 미리 암시하고 있다. 초록은 내용을 압축하는 글이지만 종종 화려한 문장 스타일을 보이기도 한다.

마지막 첨언: 연구 논문을 발표하면 나중에 누군가는 검색 엔진을 통해 찾게 될 것이다. 따라서 당신 자신이 그 논문을 찾는 사람이라고 상상해보고 적절한 주제어를 제목과 첫 번째 문장에도 포함시키는 것이 좋다.

제 14 장

문헌자료의 사용

노련한 연구자와 초보 연구자를 구별하려면 문헌자료를 효과적으로 잘 쓰고 있는지 살펴보면 된다. 그러나 초보자도 몇 가지 원칙을 잘 준수하면 독자의 신뢰를 얻을 수가 있다. 이 원칙의 핵심은 연구자가 문헌자료의 저자와 독자를 존중해주는 마음 자세이다.

14.1 인용, 풀어쓰기, 그리고 요약정리의 기준

논문은 자신의 생각을 자신의 말로 써야 한다. 그러나 자신의 생각이라도 다른 사람의 말을 인용하거나, 풀어서 쓰거나, 혹은 요약하면서 표현하는 때가 많다. 이미 언급했듯이 분야에 따라 문헌자료의 사용 방식은 다르다: 인문학 연구자는 사회과학자나 자연과학자보다 인용을 더 중시한다. 과학자는 풀어쓰기나 요약을 사용하는 경우가 더 많다. 어떤 방식을 사용하면 좋은가는 정보를 어떻게 사용하느냐에 따라 다르게 판단할

수밖에 없다. 일반적으로 다음과 같은 원칙이 있다:

- 관련성이 낮은 지엽적 사항, 혹은 지면을 많이 할애하지 않아도 되는 사소한 정보는 요약이 좋다.
- 풀어쓰기는 인용하는 문헌의 저자보다 훨씬 간결하고도 명료하게 그 내용을 표현할 수 있을 때, 혹은 당신의 주장이 문헌의 구체적 자귀보다는 내용에 더 많이 의존하고 있을 때 사용한다.
- 인용은 다음과 같은 목적을 위해 사용한다:
  – 말 자체가 당신의 주장의 이유를 지지하는 증거가 될 때
  – 당신의 주장에 힘을 실어주는 권위 있는 전문가의 말일 때
  – 표현이 아주 독창적일 때, 혹은 핵심 개념을 아주 완벽하게 표현한 말로써 당신의 논의를 유리하게 이끄는데 도움이 될 때
  – 지문으로 당신의 생각과 어긋나는 관점을 제시할 때, 있는 그대로 제시하는 것이 공정한 전달이라고 여겨질 때

요약, 풀어쓰기, 혹은 인용 등을 할 때는 매번 출처 정보를 적절한 스타일에 따라 제시해야 한다(14.5의 절과 요령을 참조하시오). 절대로 삼가야 할 것은 인터넷 웹 자료를 내려 받은 후 몇 개 문장을 보태서 짜깁기하는 글을 쓰면 안 된다. 교수는 이런 글을 접하면 독창성을 전혀 인정하지 않는 절망스러운 글이라고 생각한다. 우수한 논문을 많이 읽어본 경험이 있는 독자라면 이런 짜깁기 글은 아예 거들떠보지도 않는다.

14.2 직접 인용을 통한 문헌의 본문 편입

다음과 같은 두 가지 방식으로 직접 인용을 표시한다:

- 4줄 혹은 그 이하의 분량은 따옴표를 달아 본문에 삽입한다.
- 5줄 혹은 그 이상이면 들여쓰기 블록을 만들어 본문과 구분하여 삽입한다.

들여쓰기 블록 인용은 다음 세 가지 방식이 있다.

- 저자를 식별해주는 몇 개의 단어로 시작한다(저자는 이렇게 말한다, 저자에 따르면, 저자가 말하듯, 등).

  다이어몬드에 따르면, "중근동과 중국의 역사를 보면 현대 세계를 판단하는데 교훈을 얻을 수 있다: 상황은 변화하게 되어 있으며, 과거의 영화가 반드시 미래의 번영을 보장하는 것은 아니다."

- 내용을 해석하거나 평가하는 문장으로 소개한다.

  다이어몬드는 과거 역사로부터 교훈을 얻을 수 있다고 말한다: "중근동과 중국의 역사를 보면 ... 보장하는 것은 아니다."

- 인용 내용이 본문과 문법적으로 잘 연결되는 문장으로 시작한다.

  다이어몬드는 중근동과 중국의 역사를 통해 "상황은 변화하게 되어 있으며, 과거의 영화가 반드시 미래의 번영을 보장하는 것은 아니다"는 교훈을 얻을 수 있다고 말한다.

인용은 본래의 뜻이 변화되지 않는다면 여러 형태로 변형할 수 있으며 점을 3개 넣어 그 내용을 예고하며, 내용을 변형했다면 꺾쇠 ([ ])로 표시한다. 다음 문장은 원전에 나온 것이다.

> 포스너는 종교를 정신적 측면이 아니라 사회적 기능에 초점을 맞춰 논의하고 있다. "우리 미국 사회의 대표적 특징은 종교적 다원주의이다. 이것은 사회적 규범에 의한 통치가 효율성을 발휘하는데 깊게 연관되어 있다. 종교는 역사적으로 이러한 사회적 규범의 원천이자 동시에 집행자로서의 기능을 수행하였다."

이 원문은 다음과 같이 본문의 문법에 맞춰서 변형되었다.

> 포스너는 종교적 다원주의를 논의하면서 "[우리]미국 사회의 대표적 특징은 종교적 다원주의"라고 말한다. 그는 종교적 다원주의가 "사회적 규범에 의한 통치가 효율성을 발휘하는데 깊게 연관되어 있다"고 설명한다. 그는 "종교가 역사적으로 ... 사회적 규범의 원천이나 동시에 집행자"의 역할을 수행하였다고 주장한다(299).

14.3 독자에게 증거의 적합성을 설명하기

이 시점에서는 논지는 좋은 증거자료에 의하여 증명되어 그 타당성이 확립된다고 믿을 것이다. 그런 믿음 때문에 독자는 증거의 적합성에 대해서 의심을 전혀 하지 않을 것이라고 생각할 수 있다. 그러나 증거가 스스로 증명하는 것은 아니며, 특히 긴 인용문이나 복잡한 숫자 자료가 무슨 의미를 띠는지 설명해주어야 한다. 증거 속에서 독자가 무엇을 찾아내면 좋을지 설명해주는 문장을 곁들여야 한다. 예를 들어, 다음은 햄릿에 대

해 어떤 주장을 하면서, 긴 지문을 그 근거로 제시하고 있다:

> 햄릿이 숙부 클로디어스가 기도를 하고 있는 것을 목격했을 때 이성적 태도를 차분하게 보여주고 있다. (주장)
>
> > 내가, 그의 외아들인 내가, 이 악한 자를 천당으로 보낸다[?] 이제 실천하는 [죽이는] 것이다 죽여 버려, 그런데 그가 기도를 하고 있는 중이라 내가 실천하면 그는 아마 천당에 가고, 나는 복수를 한 것이야… [햄릿 생각에 잠긴다]. 이 악한 자가 나의 아버지를 죽였는데, 내가, 그의 외아들인 내가 그를 천국에 보낸다. 아니지, 이건 살인청부이지 내가 원하는 복수가 아니야. (증거의 보고)

이 지문으로는 주장이 어떻게 성립하는지 충분하게 설명되지 않는다. 햄릿이 이성적이라는 것을 구체적으로 보여주지 않고 있기 때문이다. 다음 지문은 위와 대조하기 바란다.

> 햄릿이 숙부 클로디어스가 기도를 하고 있는 것을 목격했을 때 이성적 태도를 차분하게 보여주고 있다. (주장) **그는 본능적으로 클로디우스를 죽이려고 했지만 주저하면서 생각에 잠겼다: 기도 중인 클로디우스를 죽이면 그는 천당에 갈 것이다. 햄릿은 숙부가 지옥에 떨어져 천벌을 받는 것을 원한다. 따라서 그는 나중에 죽이기로 차분하게 결정하였다.** (이유)
>
> 내가, 그의 외아들인 내가, 이 악한 자를 천당으로 보낸다[?]… (증거의 보고)

이제 증거의 연결고리를 찾을 수 있다. 도표나 그림을 쓸 때도 이런 식으로 해야 한다(15.3.1 참조).

증거를 설명하는 이유를 보여주지 않으면 독자는 그 증거가 갖는 의미를 모를 수도 있다. 따라서 복잡한 증거를 쓸 때는 반드시 설명을 해주어야 한다.

14.4 출처 제시의 사회적 중요성

14.4.1 출처 제시는 당신에게 도움이 된다

인용 출처를 밝히는 것은 표절 시비로부터 자신을 보호하는 이기적 차원이 있지만, 올바른 출처 제시를 통해 자신의 윤리적 품위를 지키는 차원도 있다. 우선, 독자는 확인할 수 없는 자료는 신뢰하지 않는다. 독자가 논문을 읽으면서 자료 출처의 정보를 잘 밝히지 않고 있다는 느낌이 들면 주장의 증거를 신뢰하지 않는다. 증거를 신뢰하지 않으면 논문, 심지어 저자까지 신뢰하지 않는다. 둘째, 작은 것도 제대로 처리하지 못하고 있다는 느낌이 큰 것은 더욱 문제가 있을 것으로 생각한다. 출처 제시는 신중하지 못한 초보자와 노련한 고급 연구자를 구별하는 중요한 척도이다. 마지막으로, 교수가 학생에게 과제를 주는 이유는 다른 사람의 연구 성과를 학생의 사고 속에 편입시키는 방법을 터득하게 하기 위함이다. 학생이 출처를 정확하게 제시한다면 이런 과정의 중요한 부분을 제대로 학습하였다고 본다.

14.4.2 출처 제시는 독자에게 도움이 된다

독자는 출처 정보를 논문을 읽기 전에, 읽는 중에, 그리고 읽은 후에도 사용한다. 경험이 많은 독자는 논문을 읽기 전에 인용 목록을 훑어보면서 읽은 책, 읽지 않은 책이 무엇인지 검토한다. 논문을 읽어가면서 증거에 대한 신뢰도, 최신 정보의 포함 여부, 그리고 정확도 등을 판단한다. 최신 문헌을 인용목록에 포함시키지 못한 논문, 혹은 인터넷을 통해 아주 최근 자료만을 언급하는 논문 등에 대해서는 회의적 시선을 보낸다. 마지막으로, 연구자가 기존 논문의 문헌목록을 보면서 관련 지식을 섭렵하려고 했듯이 독자도 연구자의 문헌목록을 보면서 기존의 연구성과를 탐색하는 여행을 떠나는 사람도 있다.

14.4.3 인용처의 제시는 원전에 대한 경의를 표하는 것이다

마지막으로 출처를 밝히는 것은 원전을 존중해주는 일이다. 연구자가 "1825-1850년 기간의 오하이오 주의 교육"과 같은 주제에 대하여 자료를 풍부하게 수집하는 것은 쉽지가 않을 것이다. 연구자는 돈으로 보상을 받는 것보다는 동료 연구자가 좋은 연구를 했다고 인정해주는 데서 더 큰 기쁨을 얻는다. 논문에 대해 동의하지 않더라도 인용해줄 때 큰 기쁨을 얻는다. 다른 사람이 당신의 논문을 인용했다는 사실을 모두 다 알 수가 없을지라도 인용을 해줌으로서 원전의 저자에게 지적인 빚을 졌다고 인정함으로써 존경을 표하는 것이다.

결국, 인용 정보를 충분히 그리고 정확하게 제시하는 것은 논문의 학술적, 사회적 가치를 인정해주는 것이며, 이것은 학술 공동체의 유대감 형성에 도움을 준다.

14.5 네 가지의 보편적 인용 스타일

출처를 밝히는 방법이 모두 한 가지로 통일된다면 아주 편리할 것이라고 생각되겠지만 실제로는 그렇지 않다. 학술 연구는 크게 2개의 인용 양식이 각자 또 2개의 버전으로 나뉘어 사용되고 있다. 인용 스타일 간의 차이점은 까다롭고 불필요하다고 느껴지지만 독자에게는 중요한 의미를 지닌다. 따라서 스타일 중에서 어떤 것을 선택할 것인가는 신중하게 결정하고 적절한 매뉴얼을 찾아봐야 한다(온라인상에서도 지침서를 찾을 수 있다).

연구자 중에는 컴퓨터 자동 인용 소프트웨어를 이용하는 사람도 있는데 이 소프트웨어는 선택한 스타일에 따라 출처를 만들어 준다. 어떤 교수는 이런 관행을 추천하지만 다른 교수는 소프트웨어에 의존하는 것보다 스스로 꼼꼼하게 챙기는 것이 낫다고 말한다. 잘 모르면 지도 교수를 찾아가 어떤 방법을 권하고 있는지 물어야 한다.

14.5.1 두 개의 기본 유형: 저자 - 제목과 저자 - 날짜

모든 인용은 저자, 편집자 혹은 원전 책임자의 이름으로 시작한다. 스타일 유형은 저자 뒤에 무엇이 오는가에 따라 구분되는데, 저자 뒤에 제목이 오는 것을 저자-제목의 스타일이라고 한다.

- 앤스, 리 J. 오하이오 주의 이야기: 초기. 보스톤: 홉슨 출판사, 1988.

이 스타일은 인문학에서 흔하게 쓰인다. 저자 뒤에 일자가 오면 저자-일자 스타일이라고 말한다.

- 앤스, 리 J. 1988. 오하이오 주의 이야기: 초기. 보스톤: 홉슨 출판사.

이것은 자연과학과 사회과학의 분야에서 대부분 사용되는 스타일이다. 모든 것이 빠르게 변할 경우 독자는 인용 문헌이 얼마나 오래된 것인지 빨리 파악하고 싶어 한다. 일자를 인용 출처의 앞쪽으로 놓게 되면 독자의 눈에 더 잘 뜨이게 된다.

14.5.2 두 개의 저자 - 제목 스타일

이 스타일은 2가지 버전이 있으며, 각자 잘 알려진 교범을 모태로 하고 있다.

- 시카고 저자-제목 스타일: (시카고: 시카고대학 출판). 시카고 스타일 교범, 16판, 2010. 이 스타일은 투레이비언 스타일이라고도 불리는데 교범이 일반인에게 넓게 알려져 있다: 케이트 L. 투레이비언. 연구 논문과 학위 논문을 쓰는 연구자를 위한 스타일 교본, 8판. (시카고: 시카고대학 출판부, 2013).
- 현대언어학회(MLA) 스타일: 연구 논문을 쓰는 학자를 위한 스타일 교본, 8판(뉴욕: 현대언어학회, 2016). 이것은 문학이나 작문 교과목에서 흔히 발견되는 스타일이다. 이 스타일은 논문의 끝에 인용 저작물을 목록으로 제시하고 본문에서는 괄호 속에 출처를 밝힌다.

이들 인용 스타일은 사소한 차이만 있을 뿐인데, 그 차이는 매우 중요한 정보를 포함한다. 따라서 콤마, 공백 그리고 대소문자 쓰기 등과 같은 구두법을 교범에서 제시한 것과 완벽하게 일치시켜야 한다.

14.5.3 두 가지의 저자-날짜 유형

이 스타일도 두 개의 버전이 존재하는데, 각자 잘 알려진 교범이 있다.

- 시카고 저자-날짜 스타일: 이것은 시카고 스타일 교범에 명시되고 있으며, 종종 투레이비언 인용 스타일이라고 불린다. 이 스타일을 사용할 때는 문헌목록에 인용 논문의 출처를 제시하고 본문에서는 괄호 속에 밝힌다.
- 미국심리학회(APA) 스타일: 미국심리학회의 출판 교범, 6판(워싱턴 DC: 미국심리학회, 2009). 이 스타일도 괄호 속에 인용처를 넣는다.

저자-제목의 인용과 마찬가지로 스타일마다 극히 사소한 부분만 다를 뿐이다. 그러나 이런 세부 사항이 아주 중요하기 때문에 콤마, 공백, 그리고 대소문자의 사용 등과 같은 내용까지 교범에 나온 그대로 제시해야 한다.

14.6 표절시비를 피하는 방법

연구자가 저지르는 실수 중 가장 심각한 것은 논문의 초안을 쓸 때 발생한다: 다른 사람의 연구 업적을 자신의 것으로 독자에게 오인시키고 넘어가는 것이다. 이런 행위로 표절 시비에 휘말리고 그런 시비의 근거가 분명하다고 판명되면 연구자로서의 명예는 회복이 불가능한 상처를 입는다. 학생이라면 과목의 학점을 받지 못할 뿐만 아니라 심지어 학교에서 쫓겨날 수도 있다. 인터넷으로부터 구매한 논문이나 동아리 선배로부터 물려받은 논문을 자기 것으로 제출하는 것이 부정행위라는 것은 알고 있다. 또 자기가 읽어 본 문헌을 그대로 베낀 후 마치 자신의 생각인 듯 표현하는 것도 부정행위라는 것을 알고 있다. 더 이상 설명을 할 필요가 없는, 절대로 해서는 안 될 부정행위이다.

그러나 초급 연구자는 표절의 시비에 휘말릴 위험을 사전에 인지하지 못하는데, 그것은 주의심이 약하거나 혹은 무지하기 때문이다. 다음과 같은 행위는 하나만 해도 그런 위험에 처하게 된다:

- 출처를 밝히지 않고 다른 사람의 말을 인용, 풀어쓰기, 혹은 요약정리할 때
- 다른 사람의 생각이나 연구방법을 사용하면서 출처를 밝히지 않을 때
- 다른 사람의 말을 그대로 사용하고 그 말의 출처를 밝히고는 있지만 인용부호를 넣지 않거나 혹은 들여쓰기 블록 인용의 형식을 사용하지 않을 때
- 다른 사람의 말을 풀어쓰고 그 출처를 밝히지만 원전에서 쓴 말과 너무 유사하여 누가 보더라도 자신의 말로 풀어쓴 것이 아니라 원전을 그대로 옮겨 놓은 것이라고 인정될 때

14.6.1 모든 인용, 풀어쓰기, 요약정리는 출처를 제시해야 한다

다른 사람의 말을 사용할 때는 반드시 출처를 밝혀야 하며, 이것은 풀어쓰기를 하거나 요약할 때도 마찬가지이다. 인용, 풀어쓰기, 혹은 요약 등의 내용을 여러 곳에서 가져왔을 때는 개별적으로 그 출처를 밝혀야 한다. 풀어쓰기나 요약이 아주 길어서 몇 문단에 달하면 끝에 한번만 출처를 제시한다(이 장의 끝에 있는 요령에서 설명하는, 논문의 본문에서

출처를 제시하는 방법을 참고하기 바란다).

가장 흔한 문제는 학생들이 출처를 밝혀야 된다는 사실을 모르기 때문이 아니라 자신의 말과 원전의 말을 꼼꼼하게 기록해두지 않아서 어느 것이 누구의 말인지 구분이 불가능해진 경우 발생한다. 제6장에서는 논문을 읽으면서 노트 필기를 할 때 인용, 풀어쓰기, 요약 등을 자신의 분석, 생각, 혹은 느낌과 구별해야 된다는 점을 강조하였다. 책을 읽을 때 인용하고 싶은 내용을 보면 그 즉시 출처를 적어놓은 습관을 가져야 한다. 시간이 지나면 기억이 나지 않기 때문이다. 특히 초안을 작성할 때 풀어쓰기나 요약은 그 출처를 꼭 제시해야 한다. 시간이 지나면 그 내용이 나의 말이나 생각인지, 혹은 인용 자료에서 온 것인지 조차도 잊게 되기 때문이다.

14.6.2 인용 내용은 표시를 하며 출처 제시에도 마찬가지다

출처를 제시하더라도 독자는 어느 것이 문헌 저자의 말이고 어느 것이 당신의 말인지 분명하게 알고 싶어 한다. 이것은 단 한 줄짜리 인용에도 적용된다. 그러나 인용이 한 줄 이하일 경우는 다음에서 알 수 있듯이 상황이 좀 복잡해진다:

> 기술은 다시 기술을 낳기 때문에 발명의 확산이 갖는 중요성은 원래의 발명품의 중요성을 능가할 수 있다. 기술의 역사는 이른바 자가 촉진 과정을 잘 보여주고 있다. 이것은 시간이 흐르면서 속도가 더 빨라지는 것으로 촉진 작용이 스스로 생겨나기 때문이다(다이어몬드 1998, 301).

만일 당신이 재럿 다이어몬드의 이론에 대해 글을 쓴다면 아마 **발명의**

중요성과 같은 용어를 사용하게 될 것이다. 그러나 그 용어에 인용 부호를 치는 것으로는 그의 사고나 독창성이 충분히 표현되지 않는다.

그러나 그가 말한 내용에서 시선을 쉽게 끌 수 있는 두 구절이 있다. 이것을 인용부호를 쳐서 사용해야 한다. 예를 들면, "기술은 더 많은 기술을 낳는다"와 "자가 촉진의 과정"과 같은 말들이 그렇다.

> 기술의 힘은 개별 발명가의 발명을 능가하는데 그 이유는 "기술은 다시 기술을 낳기" 때문이다. 다이어몬드는 이것을 "자가 촉진의 과정"이라고 말했다(301).

이렇게 한번 사용한 용어는 나중에 인용부호나 출처제시 없이 다시 쓸 수 있다.

> 기술이 다른 기술을 불러오고 그것은 또 다시 다른 기술을 낳는다. 이 과정은 자체적 촉매 작용이 있기 때문이며 국경을 넘어 확산되는 지속성을 갖는다.

이런 인용 스타일은 모호한 측면이 있다: 어떤 용어가 시선을 끄는가에 대해 일부는 동의하겠지만 다른 사람은 그렇게 생각하지 않을 수도 있다. 평범한 용어에 인용부호를 너무 많이 달면 독자는 당신이 좀 순진하다고 느낄 수 있다. 그러나 그 반대로 인용부호를 너무 많이 생략하면 표절한다는 의구심을 품게 된다. 그러나 정직하지 않다는 것보다는 순진하다고 생각하는 것이 낫기 때문에, 특히 연구의 경력이 미천한 학자의 경우는, 인용부호의 사용을 많이 하는 것이 좋다(해당 분야의 표준 관행을 따르는 것이 가장 좋다. 예를 들면, 법학자는 규정이나 법적 판단을 언급할 때 인용한다는 부호를 거의 사용하지 않는다).

14.6.3 풀어쓰기는 원문과 너무 흡사하면 안 된다

원저자가 표현한 내용보다 당신의 말로 표현한 것이 훨씬 더 명료해졌다면 풀어쓰기를 적절하게 한 것이다. 그러나 당신의 말이 원문과 비교할 때 아주 흡사하다면 독자는 당신이 표절하였다고 느낀다. 예를 들면 다음은 맬컴 글래드웰의 **외부자: 성공의 이야기**에서 따온 지문이다.

> "성공은 재능도 있어야 하지만 준비의 노력이 필요하다. 이 견해는 심리학자가 재능이 있는 사람의 삶을 자세하게 분석하면 할수록 선천적 재능의 역할의 몫은 줄어들고 오히려 준비하는 노력의 역할이 훨씬 커진다는 문제점이 있다."

다음은 원문과 너무 흡사한 풀어쓰기를 한 것이다.

> 성공은 재능과 준비 노력이 복합적으로 작용할 때 얻어진다. 그러나 심리학자들이 재능이 있는 사람과 그들의 삶을 검토한 결과, 결론은 선천적 재능보다는 준비의 노력이 훨씬 더 큰 역할을 한다는 점이다 (글래드웰38).

다음은 적절한 풀어쓰기이다.

> 글래드웰이 주장하는 바와 같이, 아주 성공적인 삶을 살아온 사람들을 대상으로 조사한 연구는 재능의 역할을 과대평가하는 반면, 준비의 노력을 과소평가하는 경향이 있다.

이 풀어쓰기는 원문과 비교할 때 서로 비슷하게 맞아 떨어지는 점이 없다. 그리고 재능 혹은 준비 노력 등에 인용 부호를 넣지 않았다는 점을 유념하기 바란다. 이러한 개념은 너무 보편화된 용어이기 때문에 원문 저자의 말이라고 밝힐 필요가 없다고 생각한 것이다.

표절했다는 의구심을 받지 않으려면 원문을 읽고 고개를 돌려 그 내용을 잠시 생각한 후, 아직 원문으로부터 **고개를 돌린 상태에서**, 당신의 말로 그 내용을 말할 수 있어야 한다. 원문을 단어마다 짚어가면서 당신이 쓴 글이 원문과 비슷한 순서로 진술되어 있는지 점검해야 한다. 가능하면 이 과정을 한 번 더 되풀이한다.

14.6.4 자신의 생각이 아니라면 늘 그 출처를 밝혀야 한다

우리가 머릿속에 떠올리는 대부분의 생각은 과거 다른 정보원에서 비롯된 것이다. 그러나 독자는 지구는 둥글다는 것과 같은 지식까지 그 출처를 밝히라고 하는 것은 아니다. 독자가 출처를 밝혀주길 기대하는 때는 (1) 어떤 주장이 특정인과 연관된 것일 경우, 그리고 (1) 해당 분야의 일반적 지식이 아닌 새로운 생각일 경우이다. 예를 들어, 심리학자는 인간이 사고를 하거나 감정을 느낄 때는 두뇌의 각기 다른 곳을 사용한다고 주장한다. 독자는 이런 주장의 출처를 밝혀주기를 요구하지는 않는다. 그런 주장은 너무 잘 알려져 있어서 그것이 당신의 주장이라고 생각하지 않기 때문이다. 그러나 만일 감정이란 것은 합리적 사고에 꼭 필요한 요소라고 주장하는 심리학자도 있을 수 있는데 이런 주장은 아직 새로운 것이며 특정의 학자와 연계된 것이기 때문에 반드시 출처를 밝혀야 한다.

14.6.5 무지, 오해, 순수한 의도 등의 핑계를 대지 말라

학생 중에는 인터넷에서 다운받은 자료는 출처를 밝히지 않아도 된다고 굳게 믿는 사람이 있다. 인터넷에서 무료로 누구에게나 공개된 것이기 때문에 그렇다고 믿는데 이것은 잘못된 생각이다. 어떤 학생은 **의도적으로** 표절한 것은 아니며 단지 실수로 나의 주장이라고 표현했을 뿐이라고 변명하기도 한다. 우리가 읽는 것은 표현된 말이지 마음까지 읽는 것은 아니다. 이 문제는 다음과 같이 생각해보면 좋다. 원전의 저자가 당신이 쓴 논문을 읽으면서 풀어쓰기나 요약, 혹은 착상, 연구 방법 등이 저자의 독창적인 것으로 생각하지는 않겠는가? 이 질문에 긍정적으로 답할 경우, 출처를 밝히고 저자의 말에 인용부호를 치거나 들여쓰기 블록의 형태로 제시해야 한다. 표절 시비에는 예외나 변명은 통하지 않는다.

단순 실수까지 꼭 문제를 삼아야 하나?

학생이 정말 의도하지 않은 실수를 저질렀는데도 교수가 그토록 질책할 필요가 있는가 의아해하기도 한다. **무슨 피해를 끼쳤는가?**

먼저, 당신 자신의 신뢰도가 무너진다. 출처 제시를 한 건이라도 소홀히 하면 독자는 당신의 정직성을 의심하며, 고급 학위과정 연구자로서의 미래가 끝나는 수도 있다. 이제 막 연구를 시작하는 초보 연구자에게도 해당되는 말이다. 교수는 학생이 쓰는 논문은 교수 자신이 아니라 다른 독자가 읽는 것이며, 독자가 학생의 소양을 판단하는 유일한 근거는 오로지 글뿐이라는 점을 알고 있기를 원한다. 교수는 학생이 다른 학자의 저작물을 신중하게 사용하며 완전하고도 충분하게 그 가치를 인정하는 훈련을 시키는 것이다.

표절은 희생자가 없다고 생각하는 학생도 있다. 이것은 사실과 다르다. 최근 두 젊은 학자가 칭송을 받았는데 이들은 20여년 전에 발표된 이론과 연구방법을 새롭게 응용하여 논문을 썼다. 이들 학자는 그 이론과 방법의 출처를 제시하였으나 저자의 공로를 별로 인정하지 않았다. 이로 인하여 젊은 학자들은 자신의 몫이 아닌 공로를 인정받았고 원저자가 받아야 할 공로를 탈취한 것이 되었다. 더 나쁜 것은 이 젊은 학자들은 기존 문헌의 검토의 과정에서 자신들의 연구 과제의 배경을 기술하면서 해당 저작물을 밝히는 것을 생략하였는데 이 때문에 독자는 반복연구를 진행할 길이 막히게 되었다.

이들 학자들은 신뢰도와 명예가 실추되었고, 추후 연구의 수주, 승진, 그리고 궁극적으로 급여 인상 등에 대한 기대도 접는 대가를 치러야 할 것이다.

요령

인용문의 출처 제시

논문을 쓰면서 다른 사람의 저술을 인용하는 경우는 항상 부호를 달아 그 내용을 표시해야 한다. 그 방법으로는 다음 4가지 인용 출처 제시 스타일이 있다(13.8 참조). 괄호 속에 출처의 상세한 페이지를 표시하고 원전 정보는 충분하게 모든 정보를 제시하여 독자가 쉽게 원문을 찾을 수 있게 해야 한다.

> 연구자 일부는 카스트로가 쿠바의 정치를 개혁할 것이라고 주장하기도 하였다(스미스, 1999, 233).

시카고 저자-제목의 스타일을 사용하는 경우는 첨자를 사용하여 인용의 해당 페이지를 각주로 혹은 미주로 제시한다.

> 연구자 일부는 카스트로가 쿠바의 정치를 개혁할 것이라고 주장하기도 하였다.*

괄호를 사용한 출처의 제시

괄호를 통한 출처 제시(혹은 본문 중의 출처 제시)는 논문의 끝에 붙어 있는 참고문헌의 목록에서 해당 저작물을 식별해내는 데 필요한 만큼의 정보만 표시한다. 이 목록은 학문 분야에 따라 다르게 부르는데, 문헌목록, 참고문헌, 혹은 인용 논문 등으로 부른다. 본문 속에서 인용 출처를 밝히는 방법은 저자-제목, 혹은 저자-날짜의 스타일 중 어느 것을 사용하느냐에 따라 달라진다.

* 조지 스미스, 쿠바 여행(보스톤: 헤이스브로 출판, 1999), 233.

예를 들어, 다음은 저자－제목의 형식을 사용하여 단일 저자의 저술물을 표시하였다. 저자의 이름은 본문의 문장에서 언급되지 않았고 문헌목록에도 그 저자의 논문이 단 하나 밖에 없는 경우이다:

시카고 저자－제목 스타일(저자, 페이지)

오로지 한 학자만 이 사안에 대한 자료를 제시할 뿐이다(케이, 220).

현대언어학회(MLA) 스타일(저자 페이지)

오로지 한 학자만 이 사안에 대한 자료를 제시할 뿐이다(케이 220).

문헌목록에 저자의 저술물이 복수로 열거되는 경우는 제목을 짧게 언급하여 그중 어떤 것을 지칭하는지 독자가 식별할 수 있게 해야 한다. 이때 두 스타일은 같은 양식을 쓴다.

시카고 저자－제목 스타일(저자, 짧은 제목, 페이지)

오로지 한 학자만 이 사안에 대한 자료를 제시할 뿐이다(케이, 전기, 220).

저자－날짜의 양식에서는 모든 출처에 출판연도를 달아 준다.

시카고 저자－날짜 스타일(저자 날짜, 페이지)

오로지 한 학자만 이 사안에 대한 자료를 제시할 뿐이다(케이 2006, 220).

미국심리학회(APA) 스타일(저자, 연도, p. xxx)

오로지 한 학자만 이 사안에 대한 자료를 제시할 뿐이다(케이, 2006, p. 220).

저자의 이름을 본문에서 이미 언급했다면 출처 제시에서는 이름을 뺀다.

시카고 저자-날짜 스타일(날짜, 페이지)

케이가 이 사안에 대한 자료를 제시한 유일한 학자이다(2006, 220).

현대언어학회(MLA) 스타일(페이지)

케이가 이 사안에 대한 자료를 제시한 유일한 학자이다(220).

미국심리학회(APA) 스타일(날짜, p. xxx)

케이가 이 사안에 대한 자료를 제시한 유일한 학자이다(2006, p. 220).

저작물이 공동 저자인 경우, 혹은 한 저자가 쓴 저작물이 여러 개 인용되는 경우 등 상황에 따라 출처 제시 방법은 다른 규칙에 따른다. 적절한 스타일은 해당 규정을 찾아봐야 한다.

주석과 문헌목록

시카고 저자-제목의 양식에서는 해당 페이지 아래에 있는 각주나 논문 끝에 있는 미주에 주석 정보를 사용하여 독자가 출처를 찾을 수 있도록 해준다. 주를 달 때 들어가는 정보는 문헌목록에 들어가는 항목과 똑같지만, 그 형식은 3가지 측면이 다를 수 있다: 주석은 성과 이름이 아니라 이름과 성의 순서로 언급하며, 주석의 개별 정보는 마침표가 아니라 쉼표로 분리하여 열거한다; 출판 정보는 괄호 속에 넣는다.

주석 형식

5. 조지 스미스, 쿠바의 여행(보스톤: 헤이스브로 출판, 1999), 233.

참고문헌 형식

스미스, 조지. 쿠바의 여행. 보스톤: 헤이스브로 출판, 1999.

더 자세한 내용은 투레이비언 교본이나 시카고 스타일 교본을 참고하기 바란다.

최근 연구자들은 주석보다 괄호를 통한 출처 제시를 더 많이 쓰는 경향이 있다. 그 이유는 주석은 문헌목록의 정보를 중복해서 쓰기 때문이다. 출처 제시에 대한 의문점이 있다면 지도 교수에게 물어보는 것이 좋다.

제 15 장

증거 자료의 시각적 제시

사적인 연구와 공적인 연구, 그리고 그 용도

대부분의 사람들은 문자보다 도표, 그림, 혹은 그래프를 이용한 계량적 정보를 훨씬 더 쉽게 받아들인다. 그러나 자료 유형이나 전달 내용에 따라 시각적 제시가 좋을 때도 있지만 항상 그런 것은 아니다. 이 장에서는 독자가 증거 자료를 쉽게 이해하고 당신의 논증체계를 수용할 수 있도록 적절한 시각적 제시의 방법을 설명할 것이다.

용어

용어의 의미에 관한 정리. 이곳에서 쓰는 그래픽(graphic)이란 말은 자료를 시각적으로 나타내는 모든 방법을 의미한다. 전통적으로, 그래픽은 세로와 가로의 줄이 있는 도표(table)와 그림(figure)으로 나뉜다. 도표는 가로와 세로의 좌표가 있다. 그림은 도표를 제외한 모든 다른 양식을 말하는데, 도형, 차트, 사진, 그림, 다이어그램 등이 있다. 그림은 정량적 자료를 제시하며, 차트와 그래프의 형식이 있다. 차트는 막대, 원, 점, 혹은 기타의 형태를 사용하여 연속적인 선으로 만들어진다.

15.1 시각적 제시와 언어적 제시의 결정

자료가 적은 분량이고 간단한 내용이라면 도표나 글이나 아무 것을 사용해도 독자는 잘 이해한다.

> 2013년 평균적으로 볼 때 남자는 연소득이 $50,033였고, 여자는 $39,157로서, 차이는 $8,434였다.

표 15.1 남녀 소득($), 2013

남자	32,144
여자	23,710
차이	8,434

그러나 숫자가 몇 개 이상 넘어가면 독자가 받아들여 정리하는 데 고통스러워하기 시작한다.

- 1970년과 2000년 사이 가족 구조는 2가지 측면에서 큰 변화가 생겼다. 1970년에는 가족의 85%가 양부모 가족이었는데 1980년 그 비율은 77%로 떨어지고, 1990년에는 73%, 2000년에는 68%, 그리고 2010년에는 64%로 떨어졌다. 한 부모 가족의 수는 증가하였는데, 특히 여성이 가장이 되는 경우가 많았다. 1970년에는 모자 가족이 11%에 지나지 않았다. 1980년도에는 18%로 증가하였고, 1990년에는 22%, 2000년에는 23%가 되었다. 남자가 가장인 가족은 큰 변동이 없다. 1970년에는 1%였고, 1980년에는 2%, 1990년에는 3%, 그리고 2000년에는 4%였다. 미성년 가장의 가족은 3~4% 정도였는데 거의 변화가 없다.

15.2 가장 적절한 그래픽 제시방법의 결정

위와 같이 복잡한 문단의 내용을 그래프로 제시한다면 도표, 막대그래프 그리고 선 그래프 등이 가장 흔하게 사용된다. 이들 그래프 방법은 각기 독특한 수사적 효과를 나타낸다.

도표는 정확성과 객관성을 전달한다. 개별 숫자에 대한 주목도를 높이며 독자 스스로 개념 간의 관계나 변화의 추이를 추론할 것을 요구한다(물론 도표를 소개하는 문장에서 그런 관계나 경향을 언급하지 않는 경우에 그렇다).

표 15.2 미국의 가족 구조의 변화, 1970–2000

가족유형	전체 가족에서 차지하는 비율			
	1970	1980	1990	2000
양부모 가족	85	77	73	68
모자 가족	11	18	22	23
부자 가족	1	2	3	4
미성년 가족	3	4	3	4

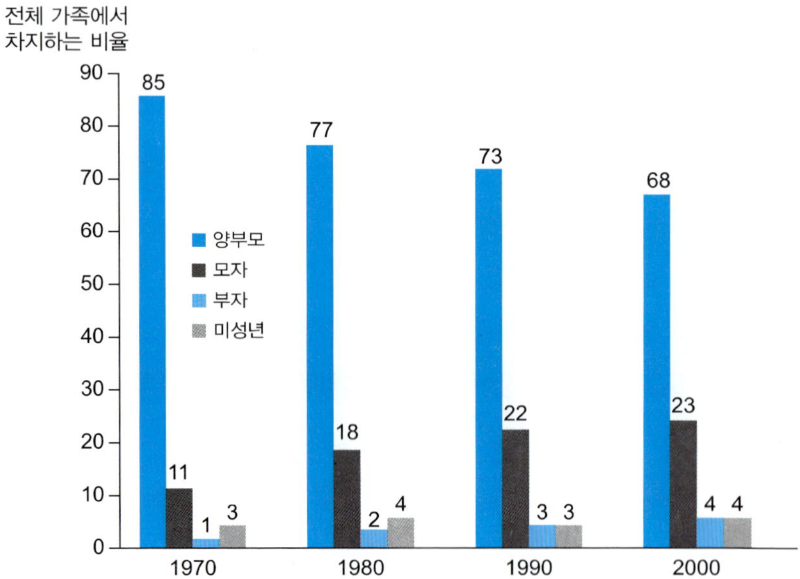

그림 15.1 미국의 가족 구조의 변화, 1970–2000

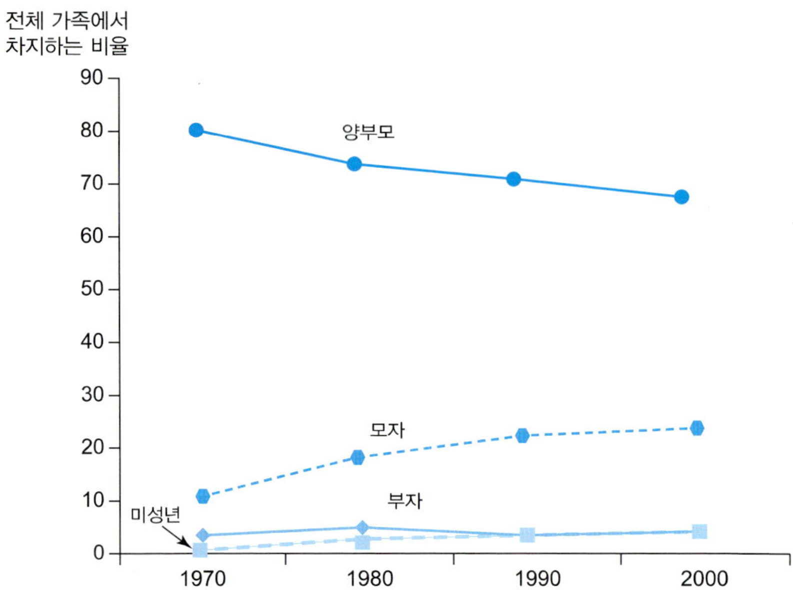

그림 15.2 미국의 가족 구조의 변화, 1970–2000

차트와 선 그래프는 시각적 이미지로 정보를 전달하며 도표처럼 숫자가 정확하게 표현되지는 않지만 영향력은 더 크다. 차트와 그래프는 서로 차이점이 있다. 막대그래프는 개별 요소 간의 대비를 강조한다. 선 그래프는 시간의 흐름에 따른 변화를 잘 나타낸다. 둘 중 어느 것을 선택할 것인가는 소기의 효과에 따라 결정할 일이지 그냥 머릿속에 먼저 떠오르는 것을 선택하면 안 된다.

여러 그래픽 방식 중에 어떤 것을 선택할 것인가는 당신의 경험에 따라 다르다. 계량적 연구를 이제 막 시작하는 연구자라면 도표, 막대그래프, 그리고 선 그래프 등으로 국한한다. 컴퓨터 소프트웨어를 통해 무궁무진한 그래픽 옵션을 제공받을 수 있지만 익숙하지 않은 것은 무시하는 것이 좋다. 고급 연구자인 경우 독자는 해당 분야에서 흔하게 사용하고 있는 훨씬 다양한 그래픽을 사용할 것을 기대한다. 표 15.7에서는 여러 그래픽 기법을 열거하며 각각 어떤 수사적 효과를 달성하는지 설명하고 있다. 박사 학위 논문을 쓰거나 혹은 학술지 논문을 쓸 경우 해당 분야에서 대규모 통계 자료의 복잡한 분석과 제시가 보편적으로 이루어진다면 이보다는 훨씬 창의적인 그래픽 기법을 동원하지 않을 수 없다(참고문헌에서는 관련 자료를 추가적으로 제시하였다).

다음에는 도표, 차트 그리고 그래프의 사용법에 대한 안내를 한다.

15.3 도표, 차트 그리고 그래프의 작성

컴퓨터 소프트웨어를 사용하면 아주 화려한 그래픽이 쉽게 만들어진다. 따라서 그래픽을 만들 때 모든 것을 컴퓨터에 맡겨버리는 사람이 있는데 이것은 잘못 판단한 것이다. 그래픽은 아무리 멋져 보여도 내용이 명확하게 전달되지 않는다면 독자는 그 가치를 인정하지 않는다. 다음에는 효과적인 그래픽을 작성하는 요령을 몇 개 제시한다. 이들 요령을 따르면 아마도 그래픽 소프트웨어의 기본 설정은 변경해야 할 것이다.

15.3.1 그래픽은 독자의 이해를 돕는 방향으로 작성한다

복잡한 숫자가 들어있는 그래픽은 그 자체로서는 스스로 설명하지는 못한다. 독자가 그 속에 어떤 부분에 주목하고 어떤 식으로 이해해야 당신의 주장의 적절한 증거가 되는지 이해하도록 작성해야 한다.

1) 그래픽에 레이블(label)을 넣어 자료를 기술한다.

도표에서 레이블은 **제목**을 의미하며 표 위에 왼쪽에 붙여주고, 그림의 경우는 **범례** 그림 위에 왼쪽에 붙여 적는다. 제목과 범례는 간결하되 내용을 충분히 기술하고 다른 도표나 그림과 구별되도록 해야 한다.

- 제목이나 범례는 일반적 주제가 아니라 구체적 내용을 담아야 한다.
  - 불가: 가구의 가장
  - 양호: 가구의 단일 가장 및 양친 가장의 변화, 1970-2010
- 배경 정보나 혹은 자료의 성격을 규정하는 정보를 넣지 않는다.
  - 불가: 전문 상담사 제도의 도입 전 우울증 청소년의 낮은 상담 효과, 1995-2004
  - 양호: 우울증 청소년의 상담 효과, 1995-2004
- 비슷한 유형의 도표는 차이점을 제시하여 서로 구별해주어야 한다.

- 불가: 고혈압의 위험 요인
- 양호: 일리노이 주 카이로 시의 남자 고혈압 환자의 위험 요인
- 혹은: 미주리 주 세인트루이스 시의 남자 고혈압 환자의 위험 요인

2) 도표나 그림 속에는 주장을 성립시키는 정보를 넣는다.

예를 들면, 표에 있는 숫자를 통해 변화의 추이를 읽을 수가 있고 그 변화의 크기가 중요하다면 그런 정보를 추가로 도표 속에 넣는다. 그래프의 선이 지칭하는 변화의 원인이 그래프 속에서 제시되지 않았다면 옆에 별도의 문장을 넣어 그러한 사실을 설명한다.

> 읽기와 수리 능력은 학군 재조정으로 약 100점 정도 하락했지만 과외 수업 프로젝트를 도입하기 시작한 후부터 그런 하락세는 오히려 반전되었다.

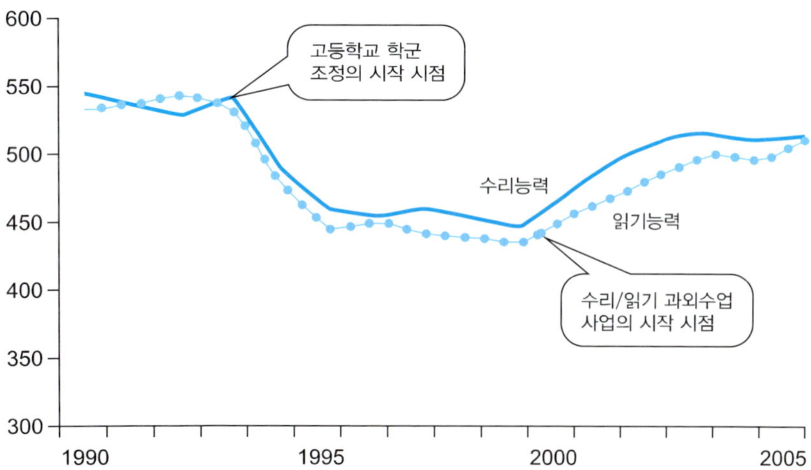

그림 15.3 미드씨티 고등학교의 수학능력시험 점수, 1990–2005

3) 도표나 그림의 내용을 해독하는 방법을 소개하는 문장을 넣는다. 그런 후 도표나 그림의 어느 부분을 특별히 지적하면서 소개 문장에서 언급하는 개념들의 관련성이나 숫자의 의미 등의 근거를 설명한다. 예를 들어, 표 15.3을 살펴보면 그림 직전에 제시한 논지가 성립되도록 구성되었음을 알 수 있다.

도표의 앞에는 숫자에 의하여 지지되거나 혹은 설명되는 주장을 언급하는 문장, 정보를 풍부하게 넣은 제목, 그리고 도표에서 눈으로 확인할 수 있는 내용을 간파하는데 필요한 시각적 설명이 필요하다.

- 휘발유의 소비가 증가할 것으로 본 예측은 대부분 틀린 것으로 밝혀졌다.

표 15.3 휘발유 소비량

	1970	1980	1990	2000
연간 주행거리(○○○)	9.5	10.3	10.5	11.7
연간 소비(갤런)	760	760	520	533

- 휘발유의 소비는 예측과는 달리 증가하지 않았다. 2000년 미국인의 연간 주행거리는 1970년과 비교할 때 23% 더 증가했지만 연료의 소비는 35% 줄었다.

표 15.4 휘발유 소비량

	1970	1980	1990	2000
연간 주행거리(○○○)	9.5	10.3	10.5	11.7
1970년 비교 증가율(%)		8.4	10.5	23.1
연간 소비(갤런)	760	760	520	533
1970년 비교 증가율(%)		0	-31.5	31.6

첨부된 문장은 표 15.4의 핵심 숫자 자료를 어떻게 해석하면 좋을지 안내하고 있으며 음영으로 처리된 부분은 이들 숫자를 쉽게 찾도록 해주고 있다.

15.3.2 모든 그래픽은 내용이 허락하는 한 단순해야 한다

그래픽 안내서 중엔 하나의 도표나 그림에 가능한 모든 정보를 빼곡히 넣으라고 권장하는 것도 있다. 그러나 독자는 주장과 관련된 것 외에 혼돈을 일으킬 수 있는 정보는 넣지 않기를 원한다.

그래픽 작성의 유의 사항:

1) 관련이 있는 자료만 넣는다. 기록 정보와 같은 것을 넣으려면 그 레이블을 달고 부록에 첨부해야 한다.

2) 시각적 강조 효과는 단순하게 해야 한다.
   - 박스는 2개 이상의 숫자를 비교할 때만 넣는다.
   - 배경에 색을 넣거나 음영을 넣지 않는다.

도표

- 검은 선을 사용하여 행과 열을 구분하는 것은 금해야 한다. 도표가 복잡하거나 혹은 독자의 시선을 한쪽 방향으로 이동하여 자료를 비교할 경우 선을 사용하되 연한 회색선을 쓴다.
- 행이 많은 표의 경우 매 5번째 행마다 음영을 넣는다.

차트나 그래프

- 배경을 격자 처리하는 것은 내용이 아주 복잡하거나 독자가 숫자를 정확하게 읽어야 되는 경우를 제외하고는 사용을 자제해야 한다.
- 색이나 음영선 혹은 막대를 넣는 것은 대조할 때에 국한한다. 색을 넣을 때는 칼라 복사기가 아니라 색인쇄가 가능할 때만 사용한다(흑백 복사기를 이용하면 모든 색이 동일해진다).
- 사물의 상징을 넣거나(예를 들면, 자동차 이미지를 넣어 차량 생산대수를 나타내는 것처럼) 3차원 처리를 하여 시각 효과를 노리는 것은 자제한다. 두 방법 모두 아마추어 냄새가 나며 독자가 숫자를 판단하는 데 방해가 된다.
- 3차원 산점도를 사용할 때는 독자가 그런 그래프를 잘 읽을 수가 있을 때 혹은 다른 방법으로는 도저히 제시할 수가 없을 때에 한다.

3) 레이블은 명확해야 한다.

- 표의 열과 행의 이름, 그래프의 수평과 수직 축의 이름 등은 반드시 달아 주어야 한다.

- 그래프의 수직축은 눈금이나 숫자를 붙여 간격을 표시한다.
- 가능한 한, 도표 속의 선, 막대, 혹은 이미지에는 이름을 넣는 것이 도표 밖에 범례로 처리하는 것보다 좋다. 범례는 그래픽 이미지가 너무 지저분하고 복잡해질 경우만 쓴다.
- 숫자를 구체적으로 알리는 것이 중요하다면 막대나 영역, 혹은 선에 숫자를 직접 넣는다.

15.4 도표, 막대그래프, 선형 차트 등을 작성할 때 유의점

15.4.1 도표

도표에 너무 많은 자료 정보를 넣으면 답답한 느낌을 주기 때문에 독자를 위해 적절하게 정리할 필요가 있다.

- 열과 행은 독자가 주목해야 되는 것을 빨리 찾을 수 있도록 정리하는 것이 원칙이다. 그냥 생각 없이 알파벳순으로 자료를 열거하는 것은 이 원칙에 위배된다.
- 숫자는 반올림한다. 1,000명 이하의 숫자가 별로 의미가 없다면 2,123,499라고 밝히는 것은 불필요하게 정확한 것이다.
- 열과 행의 아래 혹은 오른쪽 끝에는 합계를 제시한다. 도표 위나 왼쪽보다는 이곳이 더 좋다. 다음 표 15.5와 15.6을 비교해보라.

표 15.5는 산만하고 정리되지 않은 항목이 많다. 이와는 대조적으로 표 15.6은 한층 명확하게 보이는데, 제목에 필요한 정보가 들어 있고, 자료의 규칙적 형태를 쉽게 간파할 수 있게 정리되어 있기 때문이다.

표 15.5 세계 주요 산업국의 실업률, 1990–2001

	1990	2001	증감
호주	6.7	6.5	(.2)
캐나다	7.7	5.9	(1.8)
프랑스	9.1	8.8	(.3)
독일	5.0	8.1	3.1
이탈리아	7.0	9.9	2.9
일본	2.1	4.8	2.7
스웨덴	1.8	5.1	3.3
영국	6.9	5.1	(1.8)
미국	5.6	4.2	(1.6)

표 15.6 세계 주요 산업국의 실업률, 1990–2001

	영어권 국가 대 비영어권 국가		
	1990	2001	증감
캐나다	7.7	5.9	(1.8)
영국	6.9	5.1	(1.8)
미국	5.6	4.2	(1.6)
호주	6.7	6.5	(.2)
프랑스	9.1	8.8	(.3)
일본	2.1	4.8	2.7
이탈리아	7.0	9.9	2.9
독일	5.0	8.1	3.1
스웨덴	1.8	5.1	3.3

15.4.2 막대그래프

막대그래프는 시각적 요소뿐만 아니라 구체적 숫자를 통해 정보를 전달한다. 그러나 질서가 없는 막대의 나열은 전달에 아무런 도움이 되지 않는다. 가능한 한, 메시지를 전달하려면 막대를 적절히 묶고 배열하여야 한다. 예를 들면, 그림 15.4에서 선행되는 소개 문장의 설명적 역할을 살펴보기 바란다. 항목의 배열은 알파벳 순서로 나열되어 있는데 이것은 독자에게 요점을 전달하는데 별로 도움이 되지 않는다.

- 세계 사막의 대부분은 북아프리카와 중동에 집중되어 있다.

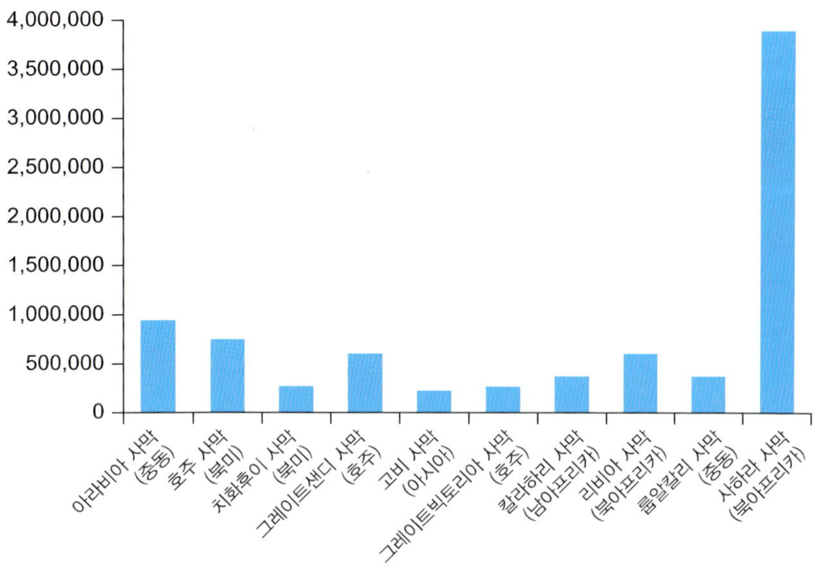

그림 15.4 세계 주요 사막

위와 대조적으로, 아래 그림 15.5는 주장에 부합되는 이미지의 일관성이 있다.

- 세계 사막의 대부분은 북아프리카와 중동에 집중되어 있다.

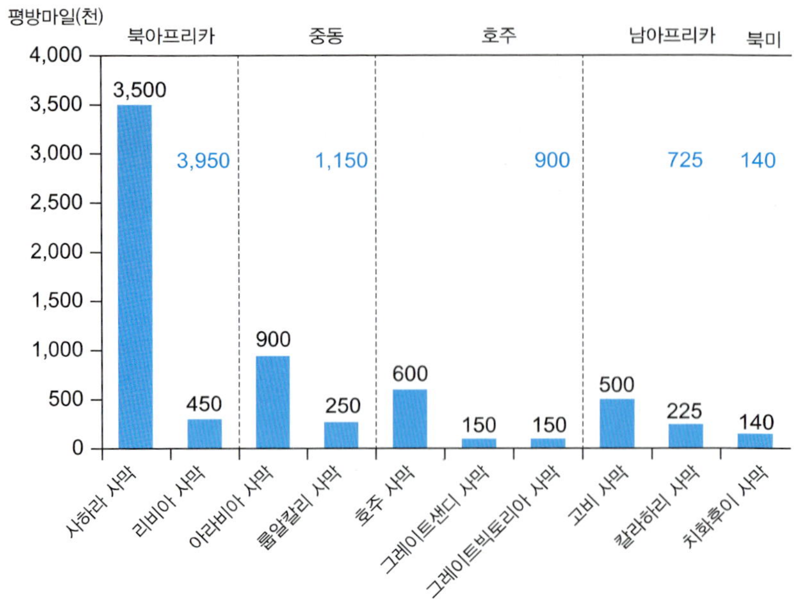

그림 15.5 세계 주요 사막의 분포

보통 막대그래프의 막대 하나는 전체 100%를 의미한다. 전체가 아닌 일부분만을 표시할 때 막대는 구체적으로 숫자를 독자에게 제시할 필요가 있는데, 다음과 같은 2가지 방법이 있다:

- 막대를 숫자에 비례하여 나누고 '층쌓기' 막대를 만든다.
- 전체의 부분을 독립적으로 막대로 표현하고, 이들 부분을 군집으로 묶는다.

층쌓기 막대그래프는 부분별 비교가 아니라 전체 막대의 크기를 비교하는데 사용한다. 부분별 크기를 육안으로 파악하기 곤란하기 때문이다. 층쌓기 막대그래프를 제시할 때는 다음에 유의한다.

- 부분에 해당하는 막대는 일정한 논리에 따라 배열한다. 가능하면, 가장 큰 부분을 밑에 놓고 음영을 아주 검게 한다.
- 각 부분은 숫자를 붙여 레이블을 달아서 비교가 잘 되도록 하고, 같은 유형의 부분은 회색의 선으로 연결한다.

그림 15.6과 그림 15.7을 비교해보자.

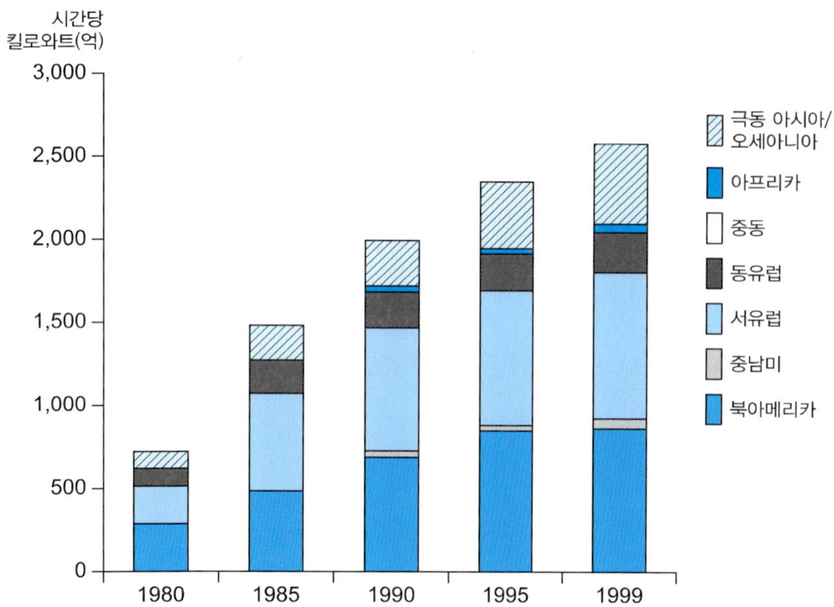

그림 15.6 세계 핵에너지 발전, 1980–1999

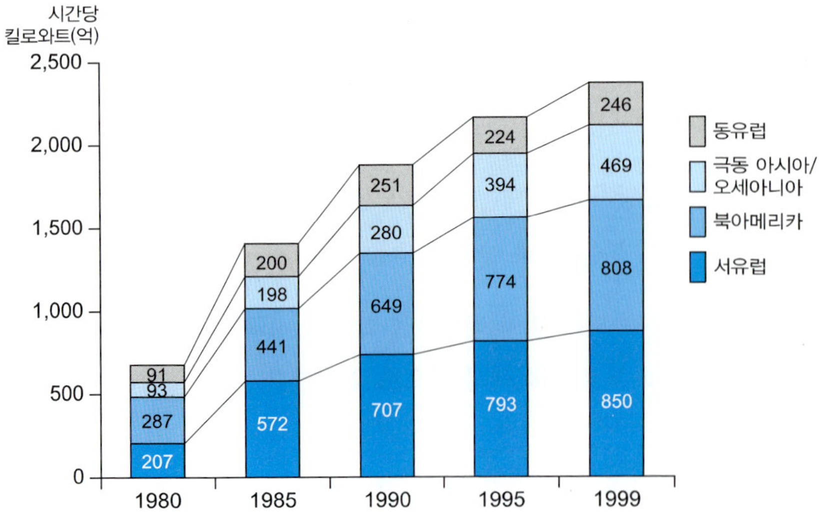

그림 15.7 세계의 핵에너지 발전, 1980–1999

부분도 전체와 마찬가지로 중요하기 때문에 막대를 묶어 군집으로 만들 때는 다음과 같이 해야 한다:

- 막대 군집은 논리적 질서에 따라 배열한다. 가능하면 크기가 비슷한 막대는 바로 옆에 배치한다(묶음 내의 막대는 모두 동일한 순서로 배열한다).
- 각 묶음은 숫자로 레이블을 달아주고 비교가 쉽게 대응하는 막대는 회색의 선으로 연결해준다.

막대그래프로 적절하게 제시할 수 있는 자료는 대부분 파이 차트로도 대체할 수 있다. 파이 차트는 잡지, 대중지, 연말보고서 등에서 많이 쓰이지만 막대그래프에 비해 읽기가 어렵고 오해를 불러 올 수도 있다. 독자는 마음속으로 부분의 크기가 얼마인지 가늠해야 하기 때문에 비교가 어렵다. 그러나 파이 차트는 나름대로 용도도 분명하게 있는데, 특히 크기를 보고 질적으로 비교를 하는 데 좋다. 즉, 한 부분이 월등하게 다른 부분보다 크다거나 전체가 여러 개의 작은 부분으로 균등분되어 있다거나 등과 같은 시각적 인상을 전달할 수 있다. 그러나 파이 차트를 사용하여 양적 자료를 설명하는 것은 적절치 않다. 이런 경우는 막대그래프를 대신 사용해야 한다.

15.4.3 선 그래프

선 그래프는 변화의 추이를 강조하기 때문에 이미지가 선명하지 않으면 정확한 해독이 불가능하다. 다음과 같이 하면 좋다:

- 주장의 요점을 표현하도록 변인이 증가하거나 혹은 감소하는 방향으로 선을 긋는다. 고교 중퇴자의 수가 감소하는 것을 주장하려면 상승하는 선으로 졸업생의 수가 증가하면 더 효과적이다. 부정적 측면을 강조하려면 선이 하강하는 식으로 자료를 보여준다.
- 특별한 경우를 제외하고는, 한 그래프에 6개 이상의 선을 쓰지 않는다.
- 자료의 좌표점은 10개 이하이면 점으로 표시하고, 몇 개의 좌표점이 특별히 중요하다면 정확한 숫자를 입력한다.
- 그림 15.8에서처럼, 명암의 차이로 선을 구별하는 것은 별로 좋지 않다.

그림 15.8과 그림 15.9를 비교해보자.

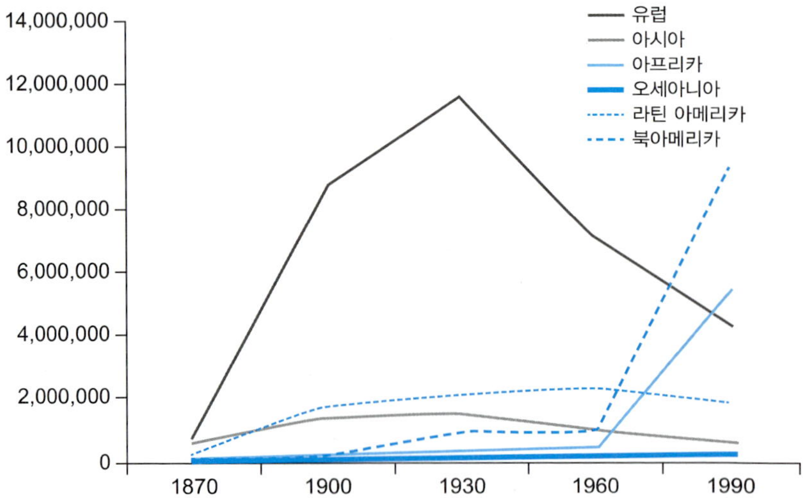

그림 15.8 외국 태생의 미국 거주자, 1870–1990

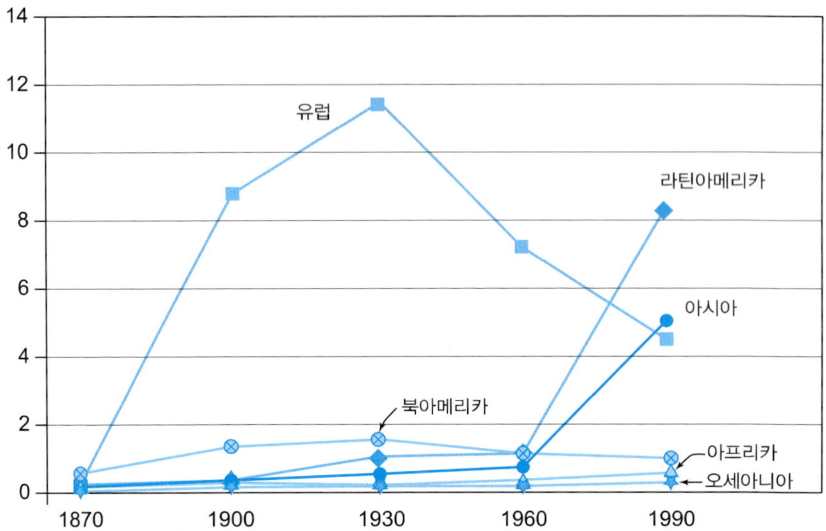

그림 15.9 외국 태생의 미국 거주자, 1870–1990

그림 15.8은 읽기가 어렵다. 그 이유는 회색 선이 배경으로부터 선명하게 구별되지 않기 때문이며 표를 보는 사람의 눈이 범례의 정보와 선의 흐름을 번갈아 이동해야 하기 때문이다. 그림 15.9에서는 시선 연결이 한결 분명하게 이루어진다.

자료 제시는 여러 방법을 사용할 수 있다는 말은 혼돈스럽게 느껴질 수 있다. 이런 혼돈을 없애려면 동일한 자료를 여러 방법으로 실험해보면 좋다. 여러 방법으로 그래프를 만든 후, 자료의 내용을 잘 모르는 사람을 대상으로, 의견을 물어 전달의 효율성과 명확성을 검토하는 것이다. 그림을 보여 줄 때는 그림을 통해 주장하고자 하는 바가 무엇인지 한두 문장을 첨부하여 보여 주어야 한다.

15.5 자료 제시의 윤리

그래프는 명확할 뿐만 아니라 정확해야 하지만, 또 정직해야 한다. 자료를 왜곡하여 주장을 합리화해서는 안 된다. 예를 들면, 다음 두 개의 막대그래프는 동일한 자료를 제시하지만 전달되는 메시지는 다르다:

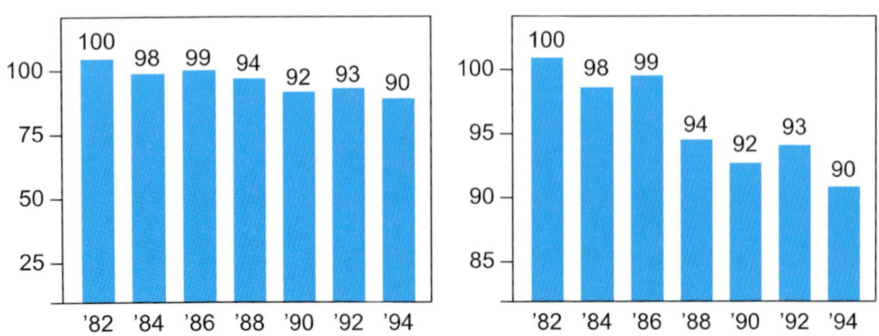

그림 15.10 캐피털 시의 오염지수, 1982–1994

왼쪽 그림의 수직축 척도는 0-100의 눈금이 표시되어 있다. 기울기는 다소 완만하여 오염의 감소가 매우 적게 보인다. 오른쪽은 0이 아니라 80에서 시작한다. 이렇게 척도가 절삭되어 기울기가 급격한 경사를 이루어 변화의 크기가 과장되고 있다.

그래프는 변인 사이에 상관성이 내재하는 것으로 잘못 이해될 수도 있다. 노조 가입자의 수가 많아질수록 실업률이 증가한다고 주장하면서 그림 15.11을 증거로 제시했다고 가정하자.

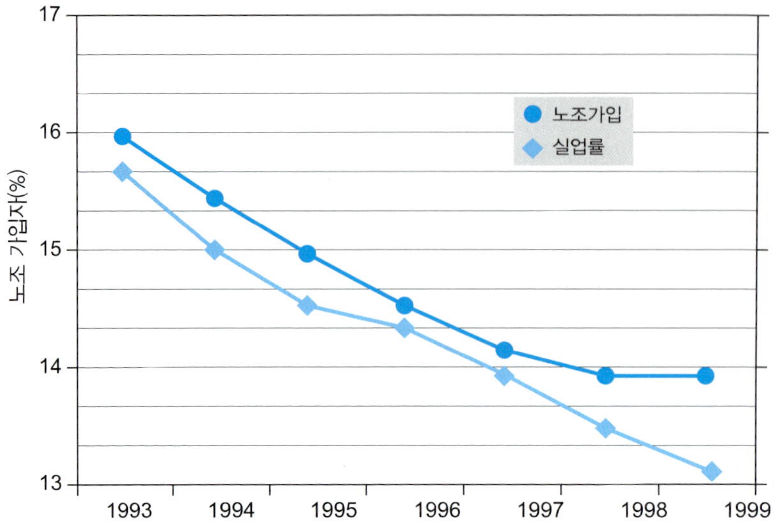

그림 15.11 노조 가입과 실업률, 1993–1999

이 그래프를 보면 노조 가입과 실업률이 서로 같이 변화하고 있기 때문에 독자가 인과적 관계라고 추론할 수 있다. 그러나 왼쪽의 축(노조 가입)과 오른쪽의 축(실업률)은 척도가 서로 다르다. 변화의 경향이 엇비슷하게 보여 인과 관계가 존재하는 인상을 주고 있다. 실제로 인과 관계일 수도 있지만 사실을 왜곡하여 전달하는 이미지다.

그래프는 숫자의 크기를 왜곡하여 잘못된 결론을 내리는 오류를 범할 수도 있다. 그림 15.12의 두 이미지는 동일한 자료를 제시한 것이지만 전달하는 메시지는 사뭇 다르다.

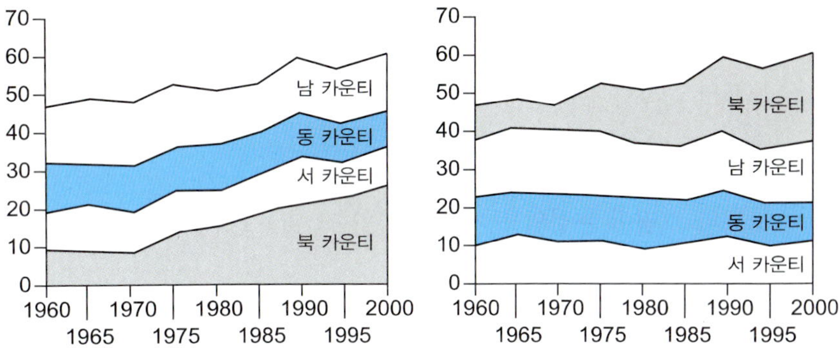

그림 15.12 주립대의 학부생 출신 지역의 분포(전체의 백분율)

그림 15.12는 모두 층쌓기 막대그래프이다. 외관은 다르지만 동일한 자료를 나타낸 것이다. 이와 같은 차트는 선의 각이 아니라 선으로 둘러 싸인 면적으로 수량의 변화를 표시한다. 두 차트 모두 남, 동, 그리고 서 카운티의 면적이 대략 비슷하며 이들이 표시하고 있는 면적은 큰 차이가 없다. 그러나 북 카운티의 면적은 매우 크며 수량이 크게 증가하고 있다. 왼쪽의 그림에서는 상단에 있는 세 카운티 면적도 잘못 평가할 수 있다. 이들 카운티는 북 카운티의 면적이 증가하는 위쪽에 놓여 있기 때문에 모두 북 카운티와 같이 증가하는 것으로 오판할 수 있다. 그러나 그림 15.12의 오른쪽에서는 이 세 카운티의 면적은 그림의 바닥에 위치하고 있기 때문에 증가한다는 느낌을 주지 못하고 있다. 북 카운티의 면적만 증

가할 뿐이다.

자료 제시의 왜곡을 막기 위해서는 다음 4가지 사항을 준수해야 한다:

- 눈금을 작위적으로 변경하여 비교 내용을 강화시키거나 약화시키지 않는다.
- 수량을 왜곡할 소지가 있다면 그림에 사용하지 않는다.
- 도표나 그림은 지나치게 복잡하게, 혹은 간소화시켜, 잘못된 인상을 주지 않도록 한다.
- 도표나 그림이 논점의 근거가 된다면 그 내용을 명시적으로 밝혀야 된다.

표 15.7 주요 그림과 도표의 유형과 용도

	자료	수사적 용도
막대그래프		
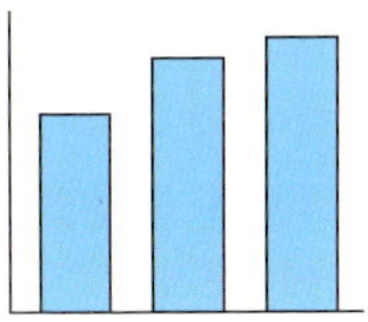	한 변인의 값이 일단의 사례에 어떻게 분포되었는지 표시하는 데 적절하다. 예 6개 회사(사례)의 서비스직 종사자의 평균 급여(변인) 현황	개별사례 간에 존재하는 차이점을 시각적으로 강하게 드러내기 때문에 비교에 적절하다. 구체적 숫자는 막대 위에 표시한다. 막대는 수직방향이 주로 쓰이지만 수평방향으로도 나열할 수 있는 데 사례가 많거나 혹은 명칭부여가 복잡할 때 쓰인다.
묶음 막대그래프, 분리 막대그래프		
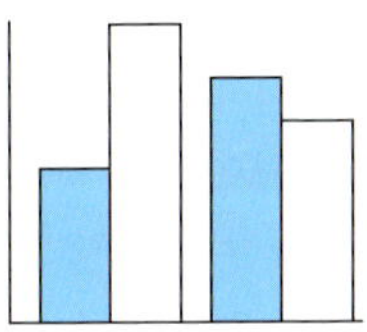	한 변인의 값이 여러 집단으로 나뉘어 있을 때 사례별 집단별 비교하는 데 적절하다. 예 6개 회사(사례)의 남녀별(하위 집단) 서비스직 평균 급여(변인) 분포	하위집단의 차이를 사례 내에서 혹은 사례 간에 비교해 준다. 사례 전체를 보는 데는 도움이 되지 않는다. 구체적 숫자는 막대에 표시할 수 있다. 묶음 막대의 크기는 순위나 변화의 추이를 보여주기에는 적절하지 못하다. 변화의 추이가 중요하지 않을 경우 시계열적 정보 표시에 적절하다.
층쌓기 막대그래프		
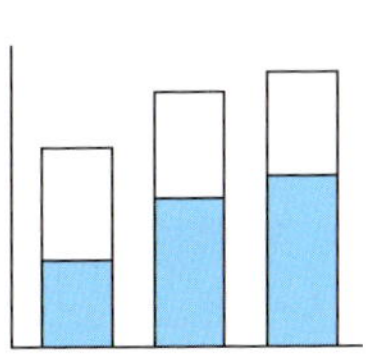	일단의 사례를 대상으로 한 변인의 값을 2, 3개의 하위 집단별로 나누어 분포현황을 보여준다. 예 6개 회사(사례)의 지역별(하위 집단) 성희롱 사건 현황(변인)	사례별 전체를 나타내거나 혹은 사례 내의 하위집단을 표시하는 데 가장 적절하다. 사례별 하위집단 비교는 어려움이 따른다(묶음막대그래프가 적절). 구체적 숫자는 막대 위나 그 부분에 표시한다. 시계열적 정보의 표시, 순위나 변화의 추이는 사례의 전체를 보는데 적절하다. 본문 15.4.3 참조

표 15.7 주요 그림과 도표의 유형과 용도(계속)

	자료	수사적 용도
히스토그램		
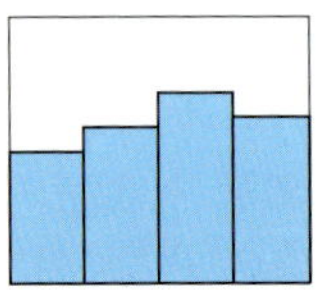	두 변인을 보여주며, 한 변인은 일정 범위로 나뉘어져 막대그래프에서 사례와 같은 역할을 한다. 예 서비스직 종사자들의 급여(연속성 변인)를 0~5,000달러, 5,000~10,000달러 등 범위로 나누어 표시할 때	구분집단 간의 연속성 변인의 전체 값이 어떻게 분포되어 있는지 표시하는데 적절하다. 변화를 보여주지만 하위집단이 강조된다. 예를 들면, 비정규직에 해당하는 5,000~10,000 집단이 현저하게 대조적일 경우. 구체적 숫자를 보여줄 때는 막대에 표시한다.
이미지 그림		
	여러 사례를 대상으로 지도나 도형 혹은 기타 이미지에 한두 개의 변인의 분포를 나타낸다. 예 미국 지도 위에 적색 혹은 청색으로 주별 투표 현황을 표시한 경우	자료의 분포를 기존의 알려진 범주를 이용하여 표시하는 것으로서 구체적 숫자를 보여주는 것은 곤란하다. 이미지가 잘 알려져 있을 때 효과적인데, 지도나 어떤 과정을 보여주는 도해 이미지가 그 예이다.
파이 차트		
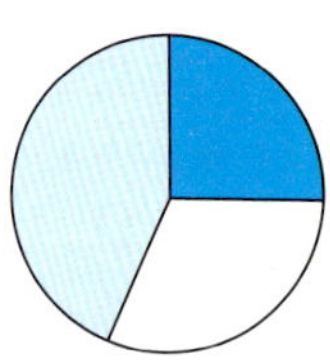	일단의 사례를 대상으로 한 변인의 분포를 보여준다. 예 미국 내각의 주무 장관별로 배정받은 예산 현황	부분별로 전체에서 차지하는 비율이 가장 잘 나타나는 그림이다. 부분의 크기가 다양하거나 그 수가 몇 개 안될 때 적절하며, 그렇지 않을 경우 부분별 비교가 어렵다. 일반인 독자를 대상으로 할 때는 적절하지만 전문인 사이에서는 별로 탐탁하게 여기지 않는다.

표 15.7 주요 그림과 도표의 유형과 용도(계속)

	자료	수사적 용도
선그래프		
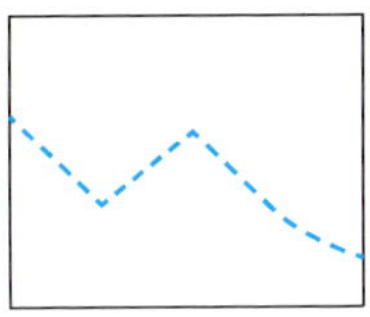	연속성 변인의 분포를 나타내 준다. 예 2개의 액체를 대상으로 온도(변인)와 점도(변인)의 관계를 보여줄 때 적합하다.	한두 사례를 대상으로 연속성 변인의 변화의 추이를 보여주는 데 적절하다. 구체적 숫자 값은 강조되지 않는다. 시계열적 정보의 제시에 유용하다. 구체적 값을 나타내려면 자료 좌표점에 숫자를 표시할 수 있다. 변화 추이를 강조하고 싶으면 좌표를 분할하면 좋다. 가령, 수행능력이 보통인 경우와 보통 이하인 경우로 나누는 것이 있다. 본문 15.4.3 참조
면적 차트		
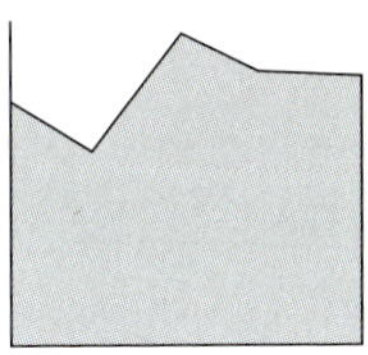	한두 사례를 대상으로 2개의 연속성 변인의 관계를 나타낸다. 예 학군에 따라 학생들의 읽기 평가 점수가 연도별로 어떻게 변화해왔는지 보여주는 자료	변화의 추이를 보여준다. 구체적 숫자의 값은 강조되지 않는다. 시계열적 정보 제시에 적합하다. 구체적 숫자를 보여주려면 좌표점에 표시할 수 있다. 선으로 둘러싸인 면적은 의미가 없는데 일부 독자는 혼돈할 수 있다. 표시된 선/면적이 너무 많으면 읽기가 곤란하다.
층쌓기 면적 차트		
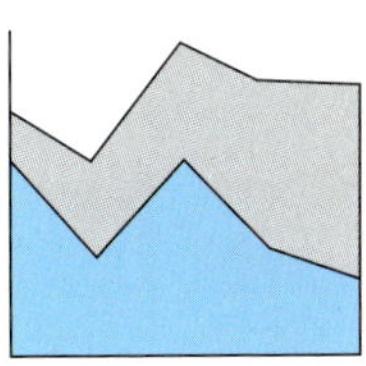	2개 이상의 사례에 대하여 두 연속성 변인 간의 관계를 보여준다. 예 일단의 제품(사례)의 수직률(변인)이 시간이 흐름(변인)에 따라 어떻게 변화해 왔는가를 보여주는 차트	모든 사례의 합계가 어떻게 변화하는가 보여줄 때 사용하며, 각 사례가 전체 합계에 얼마만큼 기여하는지도 나타내준다. 독자는 개별사례의 변화추세나 값에 대한 평가를 오판할 수 있다. 본문 15.5 참조

표 15.7 주요 그림과 도표의 유형과 용도(계속)

	자료	수사적 용도
산점도		
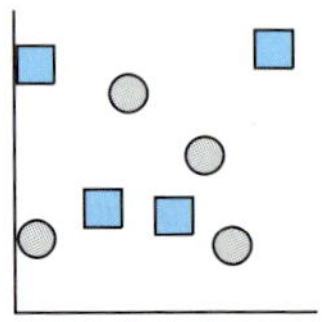	단수의 사례에 대하여 두 변인의 관계를 여러 좌표점으로 표시하거나(예 한 도시(사례)의 주택 매매(변인)와 도심으로부터의 거리(변인)와의 관련성), 복수의 사례를 한 좌표로 표시할 때(예 10대 제조사별(사례) 브랜드 충성도(변인)와 제품고장 수리횟수(변인)와의 관계)	자료의 분포를 보여주고자 할 때 가장 적합하다. 특히 변화의 추세가 뚜렷하게 나타나지 않거나 극한 좌표점(아웃라이어)에 관심이 쏠려 있을 때 적합하다. 산점도에 표시되는 좌표점이 소수일 때는 개별 자료 값을 해석하는 것이 가능하다.
풍선 차트		
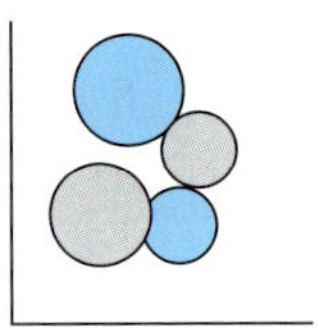	단수의 사례에 대하여 세 변인의 관계를 여러 좌표점으로 표시하거나(예 한 도시(사례)의 주택매매(변인), 도심으로부터의 거리(변인), 가격(변인)의 관계), 혹은 복수의 사례를 한 좌표로 표시할 때 쓰인다[예 10대 제조사별(사례) 이미지 광고(변인), 그리고 브랜드 충성도(변인) 간의 관계]	제3의 변인(풍선)과 처음 두 변인 간의 관련성이 강조된다. 특히 제3의 변인이 다른 두 원인 변인의 결과일 때 적합하다. 독자 중에는 풍선의 크기가 표시하는 값을 오판하는 경우가 많은 데, 값을 적어 넣으면 이러한 문제가 해소된다.

제 16 장

서론과 결론 쓰기

서론을 잘 쓰면 독자는 논문에 대한 흥미를 갖게 되고 내용을 이해하는데도 도움이 된다. 결론을 잘 쓰면 독자는 논문의 주장을 명확하게 이해하고 그 시사점에 대한 평가도 한층 높아진다. 이 장에서는 논문의 이 두 장을 쓰는 방법에 대해 안내할 것이다. 서론과 본론의 수정은 그 어떤 수정 과정보다 중요하다.

초고 수정이 만족스럽게 진척되면 이제 서론과 본론을 마지막으로 손질할 준비를 해야 한다. 어떤 사람들은 이제 독자의 시선을 사로잡을 멋지고 기발한 문장을 생각할 때라고 말하는 사람도 있다. 전혀 틀리는 충고는 아니지만, 논문을 읽는 독자는 그런 멋지고 기발한 문장뿐만 아니라 그 이상의 다른 것을 원한다. 제2부에서는 연구문제를 중심으로 연구절차를 설계하는 방법을 설명하였다. 이곳에서는 그 연구문제를 독자의 몰입을 유도하는 도구로 사용하는 방법을 보여줄 것이다. 독자는 어떤 문제에 대해 해답이 필요하다고 하면 관심을 보이며, 그 문제에 대한 해답을 찾았다고 말하면 시선이 고정된다. 이미 언급했듯이 독자 중에 "나는 그에 동의하지 않는다"라고 말하는 사람은 항상 설득이란 것이 통하지만, "나는 그런 것에 별 관심이 없다"라고 말하는 사람은 설득할 수가 없다.

16.1 서론의 구조적 공통 요소

이미 강조했듯이 논문은 연구의 분야에 따라 그 형태가 사뭇 다르다. 특히 서론은 다른 어느 것보다 차이가 극명하다. 다음은 문화비평, 컴퓨터 설계, 법률 역사 등의 세 분야에서 서론을 찾아 축약한 것이다. 표면상으로 매우 차이가 있어 보인다. 그러나 내재적 구조에 있어서는 동일하다.

(1) 기계는 왜 사람을 닮을 수가 없는가? 〈스타 트랙: 다음 세대〉 시리즈물 속에 나오는 인조인간 데이터는 인간이 되려면 필요한 게 무엇인지에 대해 늘 고민한다. 초판 속에 나오는 스포크 박사도 비슷한 의문을 제기했다. 스포크 박사는 기계적 논리에 따라 행동하며 감정이란 것이 없기 때문에 그가 정말 인간인지 아닌지 의심을 받았다. 사실 데이터나 스포크 박사는 최근에 만들어진 "유사 인간"의 한 예에 불과하며, 다른 많은 극적 창조물과 함께 인간성의 본질을 탐구하기 위해 만들어졌다. 인간성에 대한 이런 질문은 〈프랑켄슈타인〉이나 〈터미네이터〉과 같은 괴물에 의해서도 제기되었다. 그러나 정말로 생각해봐야 할 문제는 인간이 되려고 노력하는 극적 인물은 왜 항상 백인이며 남자인가라는 점이다. 이들 인물은 문화의 해석자로서 '정상적' 인간의 전형을 암암리에 규정하는 파괴적 영향을 끼치고 있다. 모든 사람이 선망 대상인 훌륭한 인간의

모델이 사실 서구인의 기준에 의하여 정의되고 이 세상의 대부분 사람들이 갖고 있는 기준은 소외되고 있다.

(2) 모토다인사는 지속적 품질향상 운동의 일환으로 사용자가 유니다인티엠 온라인 도움말 체계를 더욱 쉽게 이용할 수 있도록 개선책을 내놓았다. 사용자 편의를 높이는 방향에서 아이콘을 볼 때 추가 설명을 읽지 않아도 그 기능을 짐작할 수 있도록 디자인을 바꾸는 것이다. 현재 아이콘은 모토다인사에서 지난 3년 간 사용했지만 설명이 없이도 그 기능을 짐작할 수 있는 것과 그렇지 못한 것이 무엇인지에 대한 자료가 없다. 그러한 자료가 없기 때문에 현재 아이콘 중에서 계속 사용해도 좋은 것과 새로 디자인해야 할 것이 무엇인지 알 수가 없다. 이 보고서에서는 11개의 아이콘에 대한 실험 자료를 제시하고 있다. 11개 중에서 5개의 아이콘은 그림만 보고는 그 기능을 추측할 수 없는 것으로 밝혀졌다.

(3) 오늘의 사회에서도 존 안드레와 같은 간첩은 교수형에 처해질까? 그는 독립전쟁 당시 미국 진영에서 민간인 신분으로 영국을 위해 간첩으로 활동하였다. 그는 고상한 애국자로 보는 사람도 있지만 군형법의 규정에 따라 사형되었다. 전통적으로 법은 시간의 흐름 속에서 변화하였지만 간첩에 관한 법은 전혀 변화하지 않았다. 간첩죄는 유죄로 판결이 나면 꼭 사형에 처해지는 유일한 죄이다. 그러나 최근 미국 대법원은 민간인의 경우 의무적으로 사형에 처하는 것을 거부하는 판결을 내렸다. 이러한 판결은 군법에 영향을 미치게 되었다. 대법원의 판례가 군형법에도 적용되어야 한다면 미국 의회에서는 군사 정의의 법체계를 수정하는 것이 옳은 것인가? 이 논문에서는 수정해야 한다는 결론을 내린다.

위 세 서문에서 제기된 문제나 화제는 대상 독자가 다르듯 그 형태도 크게 차이를 보인다. 그러나 그 차이의 이면에는 학문 영역과 상관없이 모든 서문에서 독자가 찾고자 하는 것이 들어 있다는 공통점이 있다. 공통점이란 다음 3요소를 말한다.

- 연구문제의 배경 설명
- 연구문제의 제시
- 연구문제에 대한 해법 제시

모든 서문에 이들 세 요소가 다 포함되는 것은 아니지만 대부분은 그렇다. 위 서문에 들어 있는 "배경 + 문제 + 해결"의 구조는 다음과 같다.

(1)

배경: 왜 기계는 사람을 닮을 수가 없는가? ... 인간성에 대한 이러한 질문은 〈프랑켄슈타인〉이나 〈터미네이터 2〉와 같은 창조 인물에 대해서도 던져졌다.

문제: 그러나 정말로 생각해봐야 할 문제는 ... '정상적' 인간의 전형을 규정하면서 아주 나쁜 고정관념을 강화시킨다는 점이다.

해결: 모든 사람이 선망하는 훌륭한 인간의 모델이 사실은 세상 사람의 대부분을 배제한 가운데 오로지 서구인만의 기준으로 정의되고 있다.

(2)

배경: 모토다인사는 지속적 품질향상 운동의 노력으로 사용자가 유니다인티엠 온라인 도움말 체계를 더욱 쉽게 이용할 수 있도록 아이콘을 재설계하기로 결정하였다. 현재 아이콘은 모토다인사에

서 지난 3년 간 사용하였지만...

문제: 그러나 어떤 아이콘이 설명 없이 사용 가능한가를 판단할 수 있는 자료가 없다.

해법: 이 보고서는 11개의 아이콘에 대한 실험을 실시한 결과, 그중 5개가 설명이 없이는 사용할 수가 없음을 밝혔다.

(3)

배경: 오늘의 사회에서도 존 안드레 소령은 [간첩죄로] 교수형에 처해질까? ... 이 죄는 사형에 처해지는 유일한 죄이다.

문제: 그러나 최근 대법원은 민간인의 경우 의무적 사형을 거부하는 판례를 내렸으며, 이에 따라 군법도 이 판례의 적용을 받아야 되는지 의문점이 생겼다. 의회는 군형법 체계를 수정해야 하는가?

해결: 이 논문에서는 수정해야 한다고 결론을 내린다.

이 세 요소는 독자가 논문을 읽어 보고자 하는 동기를 부여할 뿐만 아니라 논문을 이해하는 데에도 도움을 준다.

16.2 제1단계: 배경 상황을 설정한다

논문의 도입부의 역할은 독자와 공감대를 설정하는 것인데, 이것은 독자와 논문의 저자가 논문에서 다루는 커다란 의제에 대해 생각을 공유하는 것을 말한다. 그러나 도입부는 다음 전래 동화의 예에서 보듯이 더 많은 역할을 담당한다.

• 어느 따뜻한 아침 귀여운 토끼는 노래를 부르며 숲속의 할머니 집으로 달려가고 있습니다. [안정된 배경상황(예를 들어, 나비가 피리와 바이올린 소리에 맞춰 토끼 머리 위에서 춤추고 있다고 하면 상황이 다를 것이다.]

배경 상황은 이렇게 동화처럼 만족스러운 상황으로 시작하지만 그 평화로운 상황은 문제가 제기되면서 혼돈 속에 빠진다.

• 그런데 나무 뒤에 숨어 있는 늑대가 갑자기 튀어 나와서 (균형을 깨는 조건) 토끼는 기겁을 하며 놀랐습니다. [이야기에 몰입하고 있는 아이들도 역시 놀랐을 것이다.]

이야기는 이렇게 계속되는데 문제가 여러 번 발생하며 그에 대한 해결책이 제시된다.

전혀 그렇지 않을 것 같지만 실은 대부분의 연구 논문에서도 이러한 전략을 구사한다. 안정된 분위기 속에 공감대가 형성되어 아무런 문제가 없는 듯이 기존 연구가 소개된다. 그런 다음 문제의 제기와 함께 안정된 상황이 깨어지게 되는 데 이것은 "독자 여러분, 이 문제에 대해서 잘 알고 있다고 생각하고 있지요? **그러나** 그 지식은 실제로는 심각한 결점이 들어 있거나 혹은 아주 불완전한 것입니다"라고 선언하는 것이다.

- **안정된 상황**: 오늘날에도 영국 스파이 존 안드레 소령은 교수형을 당했을까? [스파이 활동 죄]는 의무적으로 사형에 처하는 유일한 죄이다.

- **안정을 깨는 문제 제기**: 그러나 최근 대법원은 의무적 사형 제도를 부정하는 판결을 내렸다.

모든 논문이 공감대 배경으로 시작하는 것은 아니다. 다음은 문제 제기로 시작하는 예이다.

- 최근 오존층을 얇게 만드는 화학적 과정에 대하여 우리가 갖고 있는 지식이 사실은 매우 빈약한 것으로 밝혀졌다. 오존층의 주범이 플루오르화 탄소라고 이제까지 믿어왔는데 그것은 사실이 아니라는 것이다.

독자 중에는 이렇게 파격적으로 문제 제기를 하면 심리적 불안을 느끼며 논문을 읽게 되는 사람도 있다. 그러나 주목 효과를 극대화하려면 기존 문헌의 검토를 통해 전혀 문제가 없음을 언급한 후에 사실은 그런 믿음이 틀렸다고 말하는 것이다.

- 우리는 환경을 위협하는 요소가 무엇인지 연구하면서 산성비나 이산화탄소 축적 등과 같은 현상을 잘 이해하게 되었다. 또 이러한 화학적 과정이 생태계에 미치는 궁극적 영향이 무엇인가도 좀 더 깊게 이해하였다 (공감대)(일 리가 있는 말이다). **그러나 최근 오존층이 어떤 화학적 반응을 거쳐서 얇아지고 있는가에 대한 우리의 지식은 사실 매우 빈약하다는 것이 알려졌다. 이제까지 오존층 파괴의 주요 요인이 플루오르화 탄소라고 생각하였는데** (안정을 교란시키는 상황) 그것은 사실이 아닐 수도 있다. (결론)

이제 독자는 이 문제에 대한 개인적 관심 이유 이외에 학계 전체가 완벽하지 못한 지식을 갖고 있다는 또 다른 이유 때문에도 관심을 갖게 된다. 사람들이 잘못 이해하고 있는 점을 지적함으로써 연구 배경을 설정할

수도 있다:

• 십자군 원정은 기독교의 성지를 되찾고자 하는 종교적 열정 때문에 발생한 것이 통설이다. (안정적 상황) 그러나 사실은 십자군 원정은 종교적 동기도 있었지만 정치적 동기도, 적어도 부분적으로는, 존재하였다.

혹은 기존 연구의 오류를 나열할 수도 있다:

사회학 개념 중에는 천주교가 자살을 억제하는 종교라는 주장처럼 쉽게 사라진 것도 별로 없다. 한 때 사회학의 기본 이론으로 간주되었지만, 개신교와 천주교가 자살에 미치는 영향이 다르다는 이론은 최근 유럽과 북미 학자들이 수행한 일련의 연구 결과에 의하여 문제가 있는 것으로 밝혀졌다. (공감대) 그러나 아직도 종교의 영향을 인정하는 연구도 존재한다.

혹은 연구 문제 자체에 대하여 인식을 잘못하다는 점을 지적할 수 있다.

미국의 교육은 어린이가 비판적 사고를 하도록, 질문을 던지고 응답을 검증하는 능력을 키우는데 초점이 맞춰져 있다. (안정적 상황) 그러나 비판적 사고의 영역은 이미 유행이나 특별한 이해집단에 의해 점령당한지 오래이다.

경험이 미천한 연구자 중에는 공감대 형성을 무시하고 서론을 시작하는 사람도 있다. 이것은 지난 강의에서 마지막으로 나누던 이야기를 이어가면서 다시 논의를 시작하는 느낌을 주는데, 그 강의를 듣던 사람들 이외에는 이해할 수가 없다.

홉스태터가 수학, 음악 그리고 미술의 차이점을 인정하지 않는 실수를 저질렀다는 점을 상기할 때 《실물화된 정신》이란 책에 대한 독자의 반응은 예상대로 아주 부정적이었다. 그러나 이러한 논란을 일으킨 이유는 분명하지 않다. 내가 주장하는 요지는 인간의 정신을 설명하려면 반드시 학제적 접근이 필요하다는 것이다.

서론은 연구자가 참고한 문헌을 독자도 어느 정도 읽었으며, 또 관심 분야가 거의 비슷한 사람을 머리에 떠올리면서 쓰면 좋다. 그러나 그 독자가 바로 앞에 강의실에서 구체적으로 논의한 것에 대한 배경을 설명해 주면서 이야기를 풀어나가는 식이 되어야 한다.

이와 정반대의 실수를 저지른 연구자도 있는데 주제와는 전혀 연관성이 없음에도 자신이 읽었던 문헌을 모두 망라하는 것이다. 문헌의 검토는 주제에 직결되고 논문에서 직접 비판하는 것만 포함시켜야 한다. 그 외에 추가할 것이 있다면 연구의 문제를 둘러싸고 있는 좀 더 넓은 배경을 밝혀주는 정도에 국한한다.

16.3 제2단계: 연구문제의 진술

안정적 상황 혹은 공감대가 설정되면 문제를 제기하여 파문을 일으킨다. 이미 언급하였듯이 연구문제의 진술은 다음 두 요소가 포함된다(제4장 참조):

- 지식이 완전하지 않거나 혹은 현상 이해가 충분하지 않은 상황이다.
- 이런 상황으로 인하여 현상 이해에 있어 커다란 지식의 공백이 존재한다.

상황을 직접적으로 진술할 수 있다:

> ... 그러나 모토다인사는 설명이 없어도 되는 아이콘이 무엇인지 구별해낼 수 있는 자료가 없다.

혹은 간접 질문으로 상황을 암시할 수도 있다:

> 진짜 중요한 질문은 왜 이들 인물은 항상 백인이며 남자인가 하는 점이다.

무지의 상황이나 이해의 오류를 전체 연구문제의 일부로서 진술하는 것은 독자 중에 "그래서 그게 무슨 큰 문제인가?"라고 반문할 때만 적절하다. 그렇게 반문하는 독자에게는 이해의 오류 때문에 야기되는 결과를 자세히 설명하면 좋다. 결과를 설명할 때는 지불해야 되는 대가가 무엇인지 밝히면 좋다:

> 그런 자료가 없이는 재설계가 필요한 아이콘이 무엇인지 알 수가 없다. (대가)

혹은 지불 대가를 얻을 수 있는 혜택으로 바꿔서 말할 수도 있다:

> 그런 자료가 있다면 재설계가 필요한 아이콘이 무엇인지 결정할 수 있다. (혜택)

지불 대가를 언급할 것인지 아니면 혜택을 말할 것인지 결정하는 것은 단지 스타일의 문제가 아니다. 한 연구 결과에 따르면, 감당해야 할 대가를 제시하는 것이 예상 혜택보다는 동기부여의 면에서 더 효과적이다. 우리는 연구문제를 제시할 때는 대가를 강조하고, 해결책을 언급할 때는 혜택을 강조하는 것을 권장하고 싶다.

이것은 연구문제를 직접적으로 제시하는 경우에 해당되며, 다른 경우에는 여러 변형이 존재한다.

16.3.1 언제 연구문제의 조건상황을 명시적으로 밝혀야 하는가?

연구문제가 해당 분야의 사람들에게 너무 익숙하여 배경 상황이나 파급 효과까지도 잘 알려져 있는 경우가 종종 있다: **DNA가 성격형성에 미치는 영향, 셰익스피어의 외국어 지식** 등. 이와 마찬가지로 수학이나 자연과학의 분야에서도 연구문제가 이미 넓게 알려져 있어서 연구가 필요하다는 상황만 언급해도 그 파급효과는 연구자들의 머리에 자동으로 떠오르는 경우가 많이 있다. 다음은 크릭과 워츤이 발표한 세기적 연구인 DNA의 이중나선 구조에 대한(축약된) 설명이다:

> 우리가 제안하고자 하는 것은 염산 디옥시리보오스 핵산(DNA) 구조이다. 이 구조는 생물학적 특성도 띠는 독특한 성질이 있다. 핵산의 구조는 폴링과 코레이가 먼저 제안하였다. 이들은 논문을 출판하기 전에 그 구조에 관한 정보를 우리에게 제공하였다. 그들이 생각하고 있었던 구조는 세 개의 연결고리로 형성되어 있고, 인산이 섬유 축에 놓여 있고, 인산 기는 바깥쪽에 놓여 있다. 우리는 이 모델이 다음과 같은 측면에서 만족스럽지 못하다고 생각한다. …

크릭과 워츤은 DNA 구조를 "제안하겠다"고 말하는 것으로 충분하며 굳이 상황 조건을 말할 필요가 없다고 믿었다. 그 이유는 이미 모든 사람들이 알고 싶어 하는 것이 분명하기 때문이다(하지만, 연구자들은 폴링과 코레이의 **부정확한** 모델을 언급하면서 문제를 제기를 하고 있음을 유의할 것).

그러나 흔히 독자들은 당신의 연구문제를 자신들이 잘못 이해하고 있거나 지식이 부족하다는 점을 모르고 있다. 따라서 독자들에게 이러한 점을 알려줄 필요가 있다. 연구자 중에서 관련 분야의 모든 사람들이 기대하는 해답을 내놓을 수 있는 사람은 그다지 많지 않다. 당신도 아마 이러한 거대한 연구문제에 도전하기보다는 조그만 연구문제에 매달리게 될 가능성이 높다. 그렇다면 당신은 독자들에게 당신의 문제가 시사점이 있으며 시간을 투자하고 경청해볼 가치가 있다고 설득시켜야 한다. 그러기 위해서는 당신의 연구문제가 발생된 상황조건, 즉 특정의 문제에 대한 무지, 오류, 의문, 모순, 착오, 차이 등, 독자의 입장에서 볼 때 궁금한 점을 해소시켜 주겠다는 식으로 구체적으로 설득해야 한다.

자연과학이나 대부분의 사회과학의 연구자들은 통상적으로 이미 독자가 잘 알고 있는 연구질문을 중심으로 탐구를 시작한다. 이런 경우, 연구문제를 장황스럽게 설명할 필요는 없다고 생각할 수 있다. 그러나 독자가 자신의 지식에 어떤 특정 부분에 문제가 있어서 그런 연구가 필요한 것인지 알지 못하기 때문에 그 내용을 짚어 주어야 할 필요가 있다.

인문학이나 사회과학 일부에서는 연구자 자신만의 연구문제를 찾아냈거나 혹은 만들어 제시하는 때도 있다. 독자는 이런 연구문제를 보면 신선하고 놀랍다는 반응을 보일 수 있다. 이들에게는 지식의 공백이나 잘못된 해석이 무엇인지 명시적으로 밝혀주어야 한다.

16.3.2 문제의 해결에 따른 혜택과 미해결의 결과를 명시해야 하는가?

연구자는 연구문제가 독자에게 중요하다는 점을 인식시키기 위해서

문제의 해결 혹은 미해결에 따라 독자에게 생기는 결과가 무엇인지 설명한다. 연구 중에는 독자가 피할 수 있는 가시적 대가 지불이 무엇인지 자세하게 기술하는 때도 종종 있다(4.1 참조):

> 지난해 리버시티 당국자는 베이사이드 개발이 시재정의 증대에 기여할 수 있다는 주장을 수용하였다. 그러나 이것은 경제적 분석을 하지 않고 내놓은 주장이다. 베이사이드를 시에 편입하면 리버시티의 예산지출이 증가하는 점을 충분히 고려하지 않고 있다. 만일 위원회가 편입하기로 결정하면 이미 부실한 재정은 더욱 악화될 위험이 있다. 편입 후 베이사이드 학교 시설이나 상하수도의 서비스를 현재 리버시티 수준으로 끌어 올리는 데에는 상당한 비용이 든다. 위원회가 가정하고 있는 것과는 다르게 베이사이드 합병은 시에 아무런 도움이 되지 않을 것이다.

이런 연구문제는 **응용** 연구의 과제에서 흔히 볼 수 있는 특징으로서 무지(부실한 경제 분석)로 인하여 발생하는 가시적 결과(비용의 증가)를 언급하고 있다.

순수 연구에서는 동일하게 연구문제를 제기하지만 금전적 피해의 규모가 아니라 지식의 결여나 해석의 오류 등과 같은 추상적 차원의 대가를 설명한다:

> 1972년부터 미국 도시는 주변의 부유한 지역을 시에 흡수하여 조세기반의 확장을 꾀하였다. 이러한 정책은 시의 경제에 큰 도움을 주지 못한 것으로 나타났다. 기초적인 경제 분석을 하였더라면 예측이 가능한 것이었다. 전문가들이 제공하는 정보를 무시하는 가운데 지역도시 정부가 인근지역을 흡수하는 정치적 정책결정이 이루어지고 있

다. 그러나 우리가 궁금하게 생각하는 것은 지방 도시들이 전문가의 조언을 구하지 않는 이유이다. 만일 지방도시가 경제 분석에 기초하여 결정을 내리지 않는 이유가 무엇인지 밝혀낼 수 있다면, 지방도시의 정책 결정 실패가 왜 그렇게 자주 생기는지 그 이유를 알 수 있을 것이다. 이 논문은 경제적 분석을 수행하지 않고 인근지역을 흡수한 3개 지방도시에 대한 정책결정 과정을 분석하고자 한다.

16.3.3 상황 조건과 결과에 대한 검토

앞의 제3장 및 제4장에서는 연구문제가 해결되지 않았을 때 지불해야 하는 대가가 무엇인지 설명하는 방법을 제시하였다. 무지와 이해결여의 상황조건을 가장 명확하게 표현한 문장을 찾아 그 뒤에 '그래서?'(so what? 무엇이 대수인가?)라는 질문을 삽입한다.

> '모토다인사'는 어떤 아이콘이 설명 없이도 사용할 수 있는가를 판별할 수 있는 자료를 갖고 있지 않다. (그래서?) 만일 그러한 자료가 있다면 우리는 그대로 사용할 수 있는 아이콘은 무엇이고 새롭게 설계해야 하는 아이콘은 무엇인지 판단할 수 있을 것이다.

> 앨라모 설화는 미국과 멕시코에서 각각 다르게 나타날 뿐만 아니라 미국 내에서도 시기별로 다른 형태로 나타난다. 우리는 왜 이러한 차이점이 생겨나는 것인지 잘 모르고 있다. (그래서?) 그것은 ...

"그래서?"라는 질문을 받으면 선뜻 응답하기가 곤혹스럽고 심지어 기분이 잡치는 느낌을 받을 수도 있다. 앨라모 설화가 좋아서 그에 대한 연구를 한다는데 무슨 이유가 필요한가? 나의 호기심이 충족되고 지적 욕구가 만족이 되면 그것으로 족한 것이 아닌가? 그러나 다른 사람이 당신의 연구의 가치를 충분히 이해하기 위해서는 일정의 홍보가 필요하다. 독자가 시간을 내어 당신의 논문을 읽는 이유가 무엇인가?

독자가 당신의 연구에 관심을 갖도록 설득하려면 지금 당신이 다루고 있는 연구문제가 당신만의 문제가 아니라는 점을 설명해야 한다. 설령 독자가 그 내용을 아직 모르더라도 당신의 문제만은 아니라고 설득해야 한다. 독자가 무지한 상황에서 그대로 남아있는다면, 예를 들어, 할리우드 산업이 앨라모 사건을 신화로 바꿔어 놓은 것을 모른다면, 국가적 정체성을 제대로 이해할 수가 없다고 설득하는 것이다. 아마 독자 중에는 "그래? 난 국가적 정체성이 뭐고 간에 관심이 없어요."라고 반문하는 사람도 있을 것이다. 이런 반응은 당신이 청중을 잘못 선정한 것으로 판단하고 설득을 포기하면 된다. 훌륭한 연구자는 흥미로운 연구문제를 찾아 성공적으로 해답을 제시하는 사람이며 동시에 자신의 연구를 충분히 인정해줄 수 있는 관중도 찾는 (만드는) 방법도 잘 안다.

독자가 당신이 제기하는 문제의 심각성을 충분히 알고 있다는 확신이 서면 굳이 자세하게 설명하지 않는 것이 좋다. 크릭과 워츤의 경우 연구문제의 상황조건이나 지불대가를 명시하는 것을 생략하였는데, 그것은 독자들이 DNA의 구조를 이해하지 못하면 유전학을 논할 수 없다는 점을 잘 알고 있기 때문이다. 만일 크릭과 워츤이 지불대가를 세밀히 열거하였다면 독자들은 잘 알려진 사실을 되풀이하고 있다거나, 혹시 자신들을 얕잡아 보는 것으로 느꼈을지 모른다.

처음으로 연구논문을 쓰는 사람에게 연구문제의 제기배경에 대하여 이렇게 구체적으로 설명하라고 요구하는 것은 무리일 수 있다. 초보자들은 해당분야에서 연구가치가 높은 것이 무엇인지 아직 모르고 있기 때문이다. 그러나 만일 당신의 지식이 어떤 면에서 불완전한 지식, 이해의 오류 등의 원천을 구체적으로 밝히고, 그것을 향상시키겠다는 열의를 성공적으로 표현할 수 있다면 당신은 훌륭한 연구자로 성장하기 위한 커다란 첫발을 내디딘 것이다. 한 걸음 더 나아가 그러한 이해의 오류를 바로잡는 것이 왜 중요한 것인가, 그 이유를 설명할 수만 있다면, 즉, 한 가지 사실에 대한 이해를 얻음으로써 다른, 훨씬 더 중요한 사실을 이해할 수 있다는 점을 설득할 수 있다면, 비록 그것이 당신 자신에게만 흥미로운 것이라 할지라도, 당신은 연구자로서 크게 진보한 것이다.

16.4 제3단계: 해결책을 제시한다

안정 상황을 문제의 제기로 흔들어 놓았으면 독자는 다음 둘 중 한 방법으로 문제에 대한 해답을 제시해주길 기대한다: 해결책 혹은 핵심 주장을 진술하거나, 혹은 앞으로 논의를 진행하면서 그 해답을 약속하는 것이다. 독자는 서문의 마지막 부분에서 핵심 주장의 진술이나 혹은 약속의 문장을 찾는다.

16.4.1 해답의 요체를 진술한다

논문의 서론 끝 부분에 논문의 핵심 주장이나 연구문제의 해답을 명시적으로 제시한다.

> 우리는 환경을 위협하는 요소가 무엇인지에 대한 연구를 해오면서 산성비나 이산화탄소의 축적 등과 같은 화학적 현상에 대한 이해를 하게 되었고, 이러한 화학적 과정이 궁극적으로 생태계에 미치는 영

향이 무엇인가도 좀 더 깊게 이해하였다. 안정적 상황[좋아, 이해가 된다] 그러나 최근 오존층이 어떤 화학적 반응을 거쳐 그 두께가 얇아지고 있는가에 대한 기존의 이해는 사실은 잘못된 것으로 판명되었다. 상황 조건 [그래서?] 이제까지 오존층 파괴의 주요 요인으로 플루오르화 탄소를 지목하였는데, 사실 이것은 정확하지 못한 것이다. 잘못된 이해의 결과 우리가 이번에 발견한 것은 탄소 결합의 주요 원인은 해결의 핵심/핵심 주장 ....

16.4.2 해결을 약속한다

위와는 대조적으로 서론의 말미에 문제의 해답을 미리 드러내지 않고 논의의 방향만 제시하기도 한다. 결론에서 제시하겠다고 암시하는 것이다. 이런 접근법은 논의를 시작하지만 결론은 맨 나중에 제시하는 것이다.

과학자들이 환경을 위협하는 요소에 관해 연구를 지속한 결과 이제 우리는 산성비나 이산화탄소의 축적 등과 같은 현상을 설명할 수 있게 되었다. 그러나 최근 오존층이 왜 얇아지는가에 대한 새로운 해석이 나오고 있다. [그래서?] 이제까지 오존층 파괴의 주요 요인을 플루오르화 탄소라고 지목하였는데, 사실 이것은 정확하지 못한 것이다. [그래, 당신이 발견한 것은 무엇인가?] 이 논문에서는 이제까지 이해하지 못했던 탄소결합 과정을 제시하고자 한다. … 해결책의 약속

이 서론에서는 논문의 주요 결론을 밝히는 것이 아니라 문제 해결을 약속함으로써 독자를 논문 속으로 안내한다.

다음은 독자의 몰입을 유도하는 예로서 논의 의제만 막연하게 언급하고 있다:

> 이 논문은 오존층 고갈의 화학적 과정에 관한 것이다.

결론을 논문의 맨 뒤에 놓을 때에는 독자에게 결론에 이르는 과정도 중요하다는 것을 강조해야 한다. 독자가 이것을 신뢰하려면 그저 일반적으로 의제만 언급할 것이 아니라 당신의 해결책을 요약하거나 혹은 핵심 주장의 개요를 제시해 주어야 한다(혹은 둘 다 제시).

> 수력발전기의 터빈 흡입 매니폴드나 다이버전 스크린은 여러 가지 설계모델이 있다. 이들 모델의 평가는 모두 현장에서 이루어져야 한다. 그러나 이 과정을 컴퓨터 시뮬레이션으로 대치하면 비용 효율성이 높다. 이 연구에서는 수력발전기의 다이버전 스크린의 유압적 효율성을 평가하기 위하여 Quattro, AVOC 및 Turboplex 등 세 가지 컴퓨터 시뮬레이션 모델을 사용하여 어느 것이 안정성, 속도, 사용 편이성의 측면에서 가장 좋은가 밝힐 것이다.

이런 방법은 사회과학에서 흔하게 쓴다. 인문과학에서는 그렇게 많이 쓰지 않는데 그 이유는 사람들의 눈에는 좀 위압적으로 느껴지는 경향이 있기 때문이다.

16.5 적절한 문제 제기의 속도

마지막으로 서론을 쓸 때 결정해야 할 것은 연구의 문제제기를 어느 시점에서 얼마나 빨리 해야 할 것인가이다. 이것은 독자가 가진 지식이 어느 정도인가에 따라 다르다. 다음에서는 문제제기를 매우 빠르게 하고 있다. 먼저 학계에서 일반화되어 있는 공감대를 언급하고 바로 두 번 째 문장에서 교란을 시도하고 있다.

> 스퀴즈 필름 댐퍼(SFD)의 유체 박막력은 대개 고전적 윤활이론인 레이놀즈 등식으로 설명할 수 있다. 그러나 로터리 엔진은 크기가 증가하기 때문에, SFD를 설계할 때 유체의 관성효과를 고려하지 않으면 안 된다. 이것을 포함시키지 않으면...

(이런 논의가 무슨 의미인가 감을 잡기 어렵게 느껴질 수 있지만 아무튼 **배경상황 + 연구문제** 구조라는 점은 명확하다.)

다음 저자는 위와 비슷한 기술적 논의를 하고 있지만, 기술적 지식이 없는 독자를 위해 이미 잘 알려진 쉬운 개념부터 천천히 설명하면서 문제 제기를 하고 있다.

> 수력발전기로부터 회귀 어류를 보호하려면 터빈 흡입 스크린을 장착하여 물고기를 우회시키는 방법을 쓴다. (이 스크린을 설명하기 위하여 약 110단어가 더 쓰임) 스크린은 유속에 따라 어류의 행동이 달라지기 때문에 스크린의 유체학적 성능이 좋게 설계되어야 효율적이다. (유체학적 성능을 설명하기 위하여 40단어가 더 쓰임) 이 연구는 스크린의 유체학적 특성을 고찰하여 앞으로 스크린의 설계를 발전시키는 데 일조하고자 한다.

서론의 진행 속도는 분야마다 다르다. 연구문제가 학계에 이미 잘 알려진 경우는 신속하게 시작할 수 있다; 연구문제가 널리 공유되지 않는 분야에서 작업하는 연구자는 좀 더 서서히 진행한다. 그러나 서론의 진행 속도는 다른 것을 의미할 수도 있다. 빠르게 진행하는 서론은 독자는 연구자 동료임을 암시한다. 본론에 천천히 들어갈 때는 독자들이 알고 있는 것이 당신보다 훨씬 적은 경우를 암시한다. 만일 독자가 상당한 지식을 갖고 있음에도 불구하고 당신이 너무 천천히 본론에 들어가면, 독자는 당신이 알고 있는 것이 별 것 아니구나 하는 생각을 갖게 된다. 너무 빨리 서둘러 본론으로 들어가면 독자들의 입장을 무시한다는 인상을 준다.

16.6 서문의 전체 구성

서론의 구조는 여러 형식이 있다. 어떤 형식을 선택할지 결정하는 것이 다소 혼돈스럽게 느낄 수도 있지만 사실은 그렇게 복잡한 것이 아니다. 모든 형식은 단순한 "문법"에 모두 충실하고 있다:

- 상황 배경 + 연구문제 + 대응

이 세 요소는 논문에 모두 다 필요한 것은 아니다:

- 연구문제가 이미 잘 알려진 경우 공감대 부분은 생략한다.
- 문제의 해결이 되지 않아서 생기는 결과가 이미 잘 알려진 경우 대가의 지불은 생략한다.
- 독자에게 결론을 제시하기 전 그 결론에 이르기까지의 사고 과정을 충분하게 알려주고 싶을 때는 서론의 끝부분에서는 논제를 거론만 하고 그 핵심은 결론에서 제시한다.

너무 공식적으로 비쳐질지 모르지만 사실은 독자는 그것을 원한다. 그리고 이러한 수사적 기법을 습득한다는 것은 글쓰기를 배운다는 것을 넘어 사고의 도구를 배운다는 의미가 있다. 공감대를 설정하고 연구문제를 제시하기 전에 독자가 알고 있는 것, 모르고 있는 것, 그리고 특히, 알고 있어야 할 것과 그 이유 등등에 대하여 아주 깊은 고민을 하지 않으면 안 된다.

16.7 서문을 시작하는 첫 문장

논문의 첫 한두 문장을 쓰는 것이 힘들게 느껴지는 연구자가 많은데, 이들은 그냥 진부한 표현에 의존해버리고 만다.

- 논문의 시작을 과제를 그대로 복사하면서 시작하지 않는다. 전혀 실마리가 풀리지 않는다면 풀어쓰기한 후, 나중에 교정의 단계에서 삭제해 버리도록 한다.
- 사전 정의로 시작하지 않는다: "**웹스터 사전에 의하면 윤리란 … 라고 정의되어 있다.**" 단어가 정의를 내려야 될 정도로 중요하다면 아마 사전적 정의로는 불충분할 것이다.
- 너무 거창하게 시작하지 않는다: "**인류 역사상 가장 저명한 철학자들이 수세기에 거쳐 고민해온 중요한 질문으로서...**" 논제가 진정 거창하다면 굳이 말을 하지도 스스로 그 면모를 드러낼 것이다.

이러한 잘못된 관행은 좋은 의도에서 출발한다: 독자층과 공감대를 형성하거나 혹은 배경 상황을 설정하려는 시도이다. 그러나 모두 독자층을 잘못 선정하였다. 첫 번째의 경우, 독자층의 범위를 너무 좁게 잡고 있다: 독자를 단지 학생의 지도교수로 국한하고 있다. 다른 예는 독자층이 너무

넓다: 인간 전체가 공유할 수 있는 배경 상황을 찾아내려고 애를 쓰고 있다. 이러한 실수를 피하려면 당신이 염두에 두고 있는 특정 계층의 독자에게 어필해야 한다.

다음은 논문의 첫 한두 문장을 쓰는 모범적 유형이다.

16.7.1 연구문제와 관련된 어떤 특이한 사실로 시작한다

부자를 위한 세금감면이 경제의 활성화에 필요하다고 생각하는 사람은 미국인의 상위 1%가 미국 전체 부의 1/3을 통제한다는 사실을 깊게 생각해봐야 한다.

16.7.2 주의를 집중시키는 인용으로 시작한다

이 방식은 인용문의 주요 단어가 서문의 핵심 주제어와 쉽게 연결될 경우에만 사용한다.

> "정통 얀 반 에이크(Jan van Eyck) 작품에는 육감적 아름다움이란 묘한 마법적 요소가 들어있다. 마치 아주 귀한 보석을 보고 최면에 걸렸을 때 느끼는 그런 마법이 있다." 이곳에서 에드윈 패노프스키는 얀 반 에이크 작품 속에는 마술적 요소가 있음을 암시하고 있다. 그의 작품은 보석의 이미지가...

16.7.3 관련 일화로 시작한다

이런 시작은 논문의 주제를 암시하고 시각적으로 잘 묘사할 수 있는 일화가 있을 때만 사용한다. 다음은 시카고의 한 조폭의 부침 역사를 다루는 논문의 첫 문장들이다:

1996년 7월 신씨아, 로리 그리고 시카고의 최대 "소녀갱단"인 흑인자매연맹(Black Sisters United)의 두목이 공원의 벤치에 앉아 향후 시카고의 젊은 흑인 여성을 대표하고 대변하는 기구를 재건할 방법에 대한 논의하고 있다. 신씨아가 "정말 거의 다 된 일이었는데"라고 말하면서 괴로워했다. 그녀는 허리를 똑바로 세우면서 주위를 둘러보고 혹시 누가 자신의 말을 몰래 듣고 있는지 확인하였다.

16.8 결론 쓰기

논문에 **결론**이라는 절을 따로 두지 않더라도 논문을 매듭짓는 한 두 문단은 반드시 있게 마련이다. 결론이란 부분은 논문의 주장을 종합하는 곳이자, 또, 다른 중요한 역할을 수행하는 곳으로서, 이제 수행한 연구를 토대로 향후 필요한 새로운 연구를 제안하여 학계의 논의를 확장시키는 곳이다. 결론의 내용은 서문에서 논의한 것을 다시 옮기면 되는데 순서는 그 반대가 된다.

16.8.1 핵심 요지로 시작한다

핵심 주장을 결론의 초반부에 제시하는 것으로 시작한다. 서문에서 이미 언급한 경우 이곳에서는 좀 더 충분하게 설명하면서 반복한다. 그냥 동일하게 반복하지는 않는다.

16.8.2 새 시사점이나 혹은 응용 가치를 보탠다

핵심 논지를 제시하고 그 시사점을 말한다. **그래서?** 라는 질문에 대한 새로운 답을 제시하면 더 좋다. 예를 들면, 다음 저자는 대법원의 결정이 추가적으로 군법 사형제에 미치는 영향을 소개하고 있다:

> 최근 대법원에서 의무적 사형제를 뒤엎는 판결을 내렸는데 이것은 반역죄는 반드시 사형에 처한다는 법은 위헌이며 따라서 의회는 군 사형법을 수정해야 될 가능성이 있다. 그러나 이보다 중요한 것은 만일 군법이 바뀌면 이제까지 군에서 최고의 죄는 반드시 최고의 죄로 다스려야 한다는 군문화의 근본을 뿌리째 흔들게 된다는 점이다. 그리고 군 생활에서 법적 정의가 무엇인지에 대해 다시 정리해주어야 할 것이다.

이러한 추가적 내용은 서론보다는 결론에서 다루어야 할 문제이다. 그 이유는 논문에서 본격적으로 다루지 않은 앞으로의 질문을 제시하기 때문이다: 군은 현존하는 군문화의 근본적 가치 체계를 뒤흔드는 이 판결을 어떻게 받아들일 것인가? 의회는 어떻게 이 문제를 해결해야 하는가? 서론에서도 그랬듯이 결론에서는 연구문제의 파급효과를 언급하고 저자의 해결책이 갖는 추가적 시사점을 암시하여 논문의 중량감을 한층 높일 수 있다.

16.8.3 추후의 연구 과제

논문을 시작하면서 기존에 수행된 연구를 검토하듯, 결론에서는 아직 더 필요한 연구과제가 무엇인지 밝혀준다:

> 초급 진단 전문의와 고급 진단 전문의의 이러한 차이점은 기술적 성숙과 발전의 정도를 의미한다. 그러나 초급 전문의와 고급 전문의가 다르게 사고하고 있다는 것은 알지만, 초급 전문의의 사회적 경험 중에서 어떤 요소가, 어떤 방법으로, 기술적 발전에 기여하는지에 대해서는

잘 알지 못한다. 앞으로 우리는 장기적 연구를 통하여 멘토와 코칭 제도가 기술의 습득에 어떤 영향을 주는지, 또 적극적 설명과 비판이 초보자가 숙련 전문의로 좀 더 빠르게 성장하는데 도움이 되는지 등을 조사해봐야 할 필요가 있다.

앞으로 필요한 연구를 언급할 때는 대화를 지속하는 어조여야 한다. 따라서 마지막으로 끝맺음하기 전에 당신의 연구에 매료되어 그 방향에서 추후 연구를 이어가고 싶어 하는 연구자를 머릿속에 떠올리면서 질문을 던진다: 내가 더 알고 싶은 사실은 무엇인가? 어떤 연구를 수행해주었으면 좋겠는가? 아마도 당신도 연구문제를 찾을 때 이런 글을 읽고 찾았을지도 모른다.

요령

제목

독자가 가장 처음 읽는 것—저자가 마지막 쓰는 것—은 제목이다. 초급 연구자는 논문의 주제를 암시하는 단어를 몇 개 적는 것으로 제목을 단다. 이것은 잘못 생각하는 것이다: 제목은 독자로 하여금 논문에 들어 있는 내용을 구체적으로 파악하는데 도움되게 신중하게 써야 유용하다. 다음 세 제목을 비교해보라:

- 미시금융
- 미시금융과 경제발전
- 경제발전의 전략으로서의 미시금융: 여성 지위의 향상의 도구로서의 활용 가능성

제목에는 핵심 주장에서 쓰고 있는 주제어를 포함해야 한다. 주제어는 개념적 일관성을 점검할 때 동그라미를 친 단어를 의미한다(6.6.1, 8.2.1, 12.1.1, 12.3.2, 13.4 참조). 독자는 이런 개념들이 주요 논점 진술에서 언급되고 논문의 본론에서도 다시 발견되면 논문이 그들의 기대에 부응하고 있다고 느끼게 된다(두 줄짜리 제목은 주제어를 더 많이 넣을 수 있는 공간이 있다. 첫 번째 줄을 콜론으로 마치고 두 번째 줄에는 좀 더 구체적 내용을 넣는다).

제 17 장

문장의 수정

분명한 의사 전달

이제까지 우리는 논술 체계와 논문의 구성에 초점을 두고 논의를 진행하였다. 이 장에서는 독자가 논문의 내용을 명확하게 이해할 수 있도록 논문의 문장을 다듬는 방법에 대해서 논의할 것이다.

독자가 당신의 주장을 수용하려면 논술 체계에 대한 이해가 선행되어야 한다. 그러나 독자가 논문의 논술 내용을 이해하려면 당신이 쓴 문장을 우선 이해해야 한다. 독자가 보기에 논리 전개가 분명하고 그 체계가 탄탄하다고 여길 수 있게 논문을 수정했다면, 마지막으로 논문의 문장을 다듬는 시간을 내야 한다. 문장은 개념적으로 복잡하더라도 가능한 한 쉽게 읽을 수가 있도록 고쳐야 한다. 그러나 문제는 수정이 필요한 난해한 문장을 찾아내는 것이 쉽지가 않다는 데 있다. 문장이 그냥 읽으면 어떤 문장이 난해한지 눈에 띄지 않는데 그것은 문장이 독자에게 전달해야 될 의미를 잘 알고 있기 때문에 그것을 문장에 보태서 읽기 때문이다. 따라서 저자 자신뿐만 아니라 독자에게도 명확한 전달이 되도록 문장을 쓰기 위해서는 수정이 필요한 어려운 문장을 식별해내는 방법을 찾아야 한다.

17.1 문장 스타일의 판단

다음과 같은 세 개의 논문 문장 스타일 중 어느 것이 가장 쉽게 읽어지는 문장 스타일인가?

1a. 경영관리의 관행에 따르면 상호작용과 상호협력은 종사자의 생산성과 창조능력을 증대하여 조직의 능률성을 향상시킨다. 그러나 상호 협력은 종종 종사자가 고립의 시간이 있어야 하고, 공간적으로도 독립적으로 작업할 수 있는 기회가 부여되어야 하는데, 그렇지 못할 경우에는 조직의 능률성은 향상되기보다는 오히려 감소하는 결과가 발생되기도 한다.

1b. 경영자는 일을 하는 사람들이 서로 상의하고 협력할 것을 희망한다. 그런 식으로 일을 하면 사람들은 창의성과 생산성이 높아진다. 이에 따라 조직의 성과도 향상된다. 그러나 혼자서 일하는 시간과 공간을 가질 수 있는 기회를 주어야 한다. 그렇지 않을 경우 조직의 효율성은 오히려 떨어진다.

1c. 경영자는 종사자들이 상호 작용하고 협력하면 창의성과 생산성을 높이고 전체 조직의 성과가 향상되는 것으로 오랫동안 믿었다. 그러나 종사자들이 혼자서 일을 할 수 있는 기회를 주지 않거나 혹은 혼자서 작업할 수 있도록 공간적으로 배치해주지 않거나 하면 조직의 효율성은 오히려 더 떨어질 수도 있다.

독자 중에서 지문 1a를 선택하는 사람은 거의 없을 것이다: 이것은 답답하고, 추상적이며, 분명하지 않은 글이다. 지문 1b를 선택하는 사람도 있을 것 같은데, 이 글은 내용을 너무 단순화한 글이다. 마치 어른이 어린 애한테 말하는 투이다. 대부분 독자는 1c를 택할 것이다: 이 글은 학자가 동료에게 말하는 어투이다. 오늘날 학계의 가장 큰 문제점 중에 하나는 글 1a와 같이 글을 쓰는 학자가 너무 많다는 점이다.

학자 중에 글 1a의 스타일을 선호하는 사람은 이들은 내용이 중후해서 그에 걸맞게 글쓰기도 무거운 스타일을 쓸 수밖에 없다고 주장한다. 이들은 본질적으로 복잡한 개념을 쉽게 이해하기 위하여 사고 논리의 복잡성이나 뉘앙스까지 희생하면서 단순화할 수가 없다고 주장한다. 독자가 이해하지 못하면 미안한 일이지만 독자 측에서도 좀 더 노력해야 되지 않겠는가 반문한다.

그럴 수도 있다. 임마누엘 칸트나 프리드리히 헤겔의 글을 읽는 독자는 모두 그 복잡한 산문 스타일과 힘겨루기를 해야 한다. 적어도 처음 읽는 사람은 누구나 그렇다. 문제는 우리 중에 칸트나 헤겔처럼 사고를 잘하는 사람은 없다는 점이다. 우리가 쓰는 복잡한 글은 천재적 작품이 보이는 선천적 난해성이 아니라 대부분은 표현이 세련되지 못하거나 독자의 편의성을 배려하지 못했기 때문이다. 그리고 설령 복잡한 사고의 결과는 복잡한 스타일이 필요하다고 하더라도(실제 우리가 생각하듯 이런 경우는 거의 없다) 문장을 한 번 더 손질하면 그만큼 좋아질 수 있다(사실 칸트나 헤겔도 유능한 편집인을 만나 도움을 받았어야 한다고 진정으로 믿는다).

저자 중에는 복잡한 문장 스타일을 아예 쓰지 않고 위의 1b와 같은 너무 단순화시킨 글을 고집하는 사람도 있다. 우리는 당신이 이런 고집을 부리거나 문법/스펠링 점검도 별로 필요 없다는 식으로 주장할 것으로 생각하지는 않는다(만일 그렇게 주장한다면 아마 당신은 글쓰기 상담사를 만나보기 바란다). 이곳에서 논의의 초점은 너무 "학술적인" 문체를 고집하는 것으로 실제는 그럴 필요가 없는데도 지나치게 어렵게 쓰려는 태도를 말한다. 훌륭한 연구자가 추구해야 할 글 스타일은 비비꼬이고 구름을 잡는 식으로 글을 쓰는 것이 아니다. 그런 글은 사려가 깊지 못한 연구자나 하는 일이다.

이런 문제는 학술적 논문을 처음으로 쓰기 시작하는 사람에게 많이 나타나는 현상이다. 그 이유는 이들이 이중의 고통 속에서 작업하기 때문이다. 먼저, 우리는 이해가 어려운 낯설고 복잡한 개념을 다룰 때 보통 때보다 훨씬 더 어렵게 글을 쓰는 경향이 있다. 이것은 경험이 아주 많은 연구자들도 겪는 문제이다. 그러나 문제가 더욱 심각해지는 것은 초보 연구자 중엔 복잡하게 쓰는 글이 학문적 성공을 상징하는 것으로 믿는 사람이 있는데, 이들은 자신이 어렵게 읽었던 꼬이고 꼬인 문장 스타일을 모델로 삼아서 논문을 쓰는 것이다. 이것은 피해갈 수 있는 문제이다.

17.2 명확한 문장 쓰기의 첫 번째 두 원칙

17.2.1 원인으로부터 인상을 구분해내기

당신에게 위의 세 지문 중 1a와 1c를 비교하면서 차이점을 설명하라고 하면, 아마 당신은 1a는 **명확하지 않다**, **간결하지 않다**, **답답하다**고 말하며, 1c는 **분명하다**, **간결하다**, **직설적이다** 라고 말할 것이다. 그러나 이들 표현은 종이 위에 있는 이들 문장의 특성을 언급한 것이 아니라 당신이 글을 읽으면서 느낀 감정을 기술한 것이다. 당신이 1a는 **답답한** 글이라고 말했다면 그 말의 진정한 뜻은 그 글을 읽으면서 전혀 그 의미를 이해하지 못했다는 뜻일 것이다. 당신이 1c의 글은 **분명하다** 라고 말했다면 그것은 그 글을 읽으면서 내용을 쉽게 이해하였다는 뜻일 것이다.

느낌을 표현함에 있어 인상적 단어를 사용하는 그 자체로는 아무런 문제가 없다. 그러나 이런 인상적 단어는 그 뜻이 분명하지 않아 문장을 수정하는 데는 도움이 되지 않는다. 그 이유는 그것은 **종이나 화면의 내용 속성**을 기술하는 것이 아니라 그 속성을 대하고 **느끼는 감정**을 기술하기 때문이다. 이 문제를 해결하기 위해서는 문장의 어떤 것이 혼돈스럽게 느껴지게 만드는지 그 원인을 찾아내는 것이다. 더욱 중요한 것은 당신에게는 아주 분명하지만 독자에게는 그렇지 않은 문장들을 식별해내서 수정하는 방법을 찾아내야 한다.

위의 예문 1a의 인지된 복합성(felt complexity)과 1c의 완벽한 간결성(mature clarity)을 구별하는 몇 가지 원칙이 있다. 이들 방법은 문장의 두 구성요소에 주목하면 된다: 문장의 처음 6~7개의 단어와 마지막 4~5개 단어가 그것이다. 이들 두 요소가 문제가 없도록 수정하고 나면 나머지 요소들은 (보통) 자동으로 정리된다. 이 방법을 사용하려면 문법 용어 5개를 알고 있어야 한다: 단순 주어, 복합 주어, 동사, 명사, 그리고 절 등이 그것이다(이 용어들을 한동안 쓰지 않았다면 문법책을 한번 읽어 본 후에 다음을 읽기 바란다). 이것은 매우 중요한 주문이다: 이들 원리는 문장을 처음 쓸 때에 적용하는 것은 아니다. 초안을 쓰면서 이들 원리를 적용하려 한다면 아마 스스로를 꼼짝 못하게 가두어 버릴 수 있다. 따라서 이들 원리는 이미 작성을 완료한 문장을 수정할 때만 참고로 해야 한다.

17.2.2 주어와 인물

첫 번째 원칙은 아마 중학교 때 문법시간에 배운 것을 연상시킬 것이다. 모든 문장의 중심에는 주어와 동사가 있다. 이야기의 중심에는 항상 인물과 행위가 있다. 아마도 중학교 때는 주어는 행위를 하는 사람(doers) 혹은 행위의 주체라고 배웠을 것이다. 그러나 이 말은 항상 옳은 것은 아니다. 그 이유는 주어는 사람 이외의 다른 물건 혹은 행위가 될 수도 있다. 다음의 두 문장을 비교해 보자(주어는 밑줄을 침).

2a. 로크는 자주 말을 반복하는데 그 이유는 그가 말이 사물을 정확하게 지칭하지 못한다고 믿었기 때문이다.

2b. 로크가 자주 말을 반복하는 이유는 말의 지칭 능력의 정확성에 대한 그의 불신 때문이었다.

문장 (2a)는 중학교의 문법에 맞아떨어진다. 주어—'로크'와 '그는'은 모두 인물이다. 반면 문장 (2b)—**로크가 자주 말을 반복하는 이유**—는 주어가 사람이 아니다. 이 문장의 '이유'가 무슨 행위를 수행하지는 않는다. 실제로 행위를 수행하는 것은 역시 로크이다.

초등학교 6년의 정의를 넘어 논의를 진행하려면 문법의 요소—주어와 동사—를 뛰어 넘어 이들 요소가 들려주는 이야기의 차원에서 행위자와 행위를 생각해봐야 한다. 다음은 열대우림과 생태계에 관한 이야기이다.

3a. 만약 열대우림이 단기적 경제이익을 추구하기 위해 계속 파괴되면 지구의 생태계가 손상을 입을지 모른다.

3b. 단기적 경제이익을 추구하기 위한 열대우림의 계속적 파괴는 지구의 생태계 손상을 야기할 수도 있다.

명확성이 상대적으로 높은 3a에서 각 절의 주어에 주목하기 바란다:

3a. 만약 열대우림이 (주어) 단기적 경제이익을 추구하기 위해 계속 파괴되면 (동사) 지구의 생태계가 (주어) 손상을 입을지 모른다.

이들 주어는 이야기의 주인공 인물을 몇 개의 짧고 구체적 단어 — '열대우림'과 '지구의 생태계' — 를 통해 적시하고 있다. 그러나 3b의 문장은 다르다:

3b. 단기적 경제이익을 추구하기 위한 열대우림의 계속적 파괴는 (주어) 지구의 생태계 손상을 야기할 (동사) 수도 있다.

지문 3b에서는 주어 (파괴)가 인물을 구체적으로 적시하는 것이 아니라 행위를 지칭하고 있다. 이 행위는 길고 추상화된 주어절의 일부일 뿐이다: 단기적 경제이익을 추구하기 위한 열대우림의 계속적 파괴.

이제 초등학교 때 배운 문법적 정의가 언어학 이론으로서는 엉성하지만 글을 명확하게 쓰는 데 있어서는 아주 훌륭한 안내자라는 것을 알 수 있을 것이다. 명확하게 글을 쓰는 첫 번째 원칙은 다음과 같다:

독자가 당신이 쓴 글을 명확하고 독이성이 높다고 평가하려면 문장에서 말하는 이야기의 인물을 주어가 구체적으로 지정해주어야 한다. 주어가 이렇게 인물을 적시하면, 주어는 짧고, 명확하며, 구체적이다.

17.2.3 동사, 명사, 그리고 행위

명확한 글과 명확하지 못한 글의 두 번째 차이는 저자가 이야기 속의 주요 **행위**를 표현하는 방식과 관련된 것인데, 동사로 혹은 명사로 행위를 표현할 수 있다. 예를 들면, 아래의 2와 3의 지문을 살펴보자(행위를 지칭하는 단어는 짙은 글씨체로 했는데, 동사로 표현되는 행위이면 짙은 색이고, 명사로 표현했으면 중간 밑줄을 쳤다).

2a. 로크는 자주 말을 **반복하는데** 그 이유는 말이 사물을 정확하게 **지칭하지** 못하다고 그는 **믿었기** 때문이다.

2b. 로크의 잦은 말 **반복** 이유는 그가 말의 **지칭** 능력에 대한 **믿음**이 없었기 때문이다.

3a. 만약 열대우림이 단기적 경제이익을 **추구하기** 위해 계속 **파괴되면** 지구의 생태계가 **손상될지** 모른다.

3b. 단기적 경제이익의 **추구**를 위한 열대우림의 계속적 **파괴**는 지구의 생태계 **손상**을 야기할 수도 있다.

문장 (2a)와 (3a)는 문장 (2b)와 (3b)보다 더 명확한데 그 이유는 주어가 인물이기 때문이다. 그리고 이들 주어의 행위를 명사가 아니라 동사로 표현하였다.

동사의 수동태 형태(파괴되다, 손상되다) 등과 관련된 내용은 나중에 17.4에서 논의할 예정이다.

이렇게 동사나 형용사를 명사로 전환하는 하는 것은 기술적 용어로 표현하면 명사화한다(nominalize)고 말한다. 동사인 nominalize라는 동사형을 명사화하면 nominalization이 된다. 이렇게 명사화는 대부분 -tion, -ness, -ment, -ence, -ity 등과 같은 접미어를 붙이면 된다.* 어떤 명사는 동사와 명사가 같은 철자이다: 변화하다 change, 지체하다 delay, 보고하다 report.

동 사	명사화	형용사	명사화
결정하다 decide 실패하다 fail 저항하다 resist	결정 decision 실패 failure 저항 resistance	정확한 precise 빈번한 frequent 현명한 intelligent	정확성 precision 빈도 frequency 현명함 intelligence

* [역주] 한국어에서는 동사에서 접미사를 빼거나('-하다', '-한다' 등) '-하기' '-함' 등의 접미사를 추가하면 동사가 명사화된다.

행위를 동사가 아니라 명사를 써서 추상적으로 표현하면 부정관사나 전치사를 첨가하기 때문에 문장의 간결성이 떨어진다. 아래 문장 4b는 4a에서 쓰이지 않는 부정관사나 전치사가 많이 들어가 있다.*

4a. 이제 우리는 사고장애증을 측정하는 지표를 표준화시켰기 때문에 환자가 여러 치료방법에 어떻게 반응하는가를 정량적으로 측정할 수 있게 되었다.

4b. 이제 사고장애증의 측정은 지표의 표준화를 통해 여러 치료방법에 대한 환자의 차별화된 반응의 정량적 측정이 가능하게 되었다.

지문 (4b)에서는 **표준화하다, 측정하다, 정량화하다, 반응하다** 등의 동사가 **표준화, 측정, 정량화, 반응** 등으로 명사화되었기 때문에 **–의, –를, –통해, –가능하게 되었다** 등의 말이 추가되었다.

형용사나 명사를 명사화하면서 문장을 쓰면 다음 2가지 면에서 문장이 복잡해진다:

- 원래 명확한 의미를 갖는 동사보다는 이해가 어려운 새로운 동사를 추가해야 된다. 위의 4b에서는 **표준화하다, 측정하다, 정량화하다, 반응하다** 등과 같은 동사 외에 **가능하게 되다** 라는 동사가 들어갔다.
- 이야기의 주인공인 주어가 명사의 수식어가 되거나 아예 문장에서 생략된다. 위의 4b에서는 **우리**라는 주어가 생략되었고 **환자**라는 주어도 **환자의 반응**이라고 표현되어 수식어가 되어 버렸다.

* [역자 주] 한국어에서는 전치사나 부정관사가 없고 그 대신 명사화된 단어를 받기 위해서 '–의,' '–을', '–를' 등의 조사가 추가되는 것을 유사한 개념으로 볼 수 있다.

따라서 글쓰기를 명확하기 위한 두 번째 원칙은 다음과 같이 표현할 수 있다:

- 주요 핵심 행위는 동사로 표현한다.
- 이야기의 주인공을 동사의 주어로 표현한다. 이들 주어는 짧고 간결하고 그리고 구체적이어야 한다.

17.2.4 진단과 수정

독자가 문장을 판단하는 기준을 고려하여, 당신이 쓴 문장에서 어떤 문제점이 있고 그에 대한 수정은 어떻게 하면 좋을지에 대해 다음과 같이 제안한다.

진단:

1. 모든 절의 처음 6-7 단어에 밑줄을 긋는다. 주절이던 부절이던 상관이 없다.
2. 두 개의 검사를 수행한다:
   - 밑줄 친 주어는 구체적 사람인가 아니면 추상화된 주어인가?
   - 밑줄 친 동사는 구체적 행위를 지칭하는가? 아니면 **되다**, **하다**, **만들기** 등의 일반적 동사인가?
   - 문장이 이 두 검사를 통과하지 못하면 아마도 수정이 필요할 것이다.

수정:

1. 이야기의 대상이 되는 주인공이 누구인지 살펴본다. 인물을 찾을 수 없다면 그것을 만들어 넣어야 한다.
2. 이들 인물이 무슨 행동을 하고 있는지 살펴본다. 행동이 명사로 표현되었다면 동사로 바꾼다.
3. 주인공이 주어가 되도록 하고 주인공의 행위가 동사로 표현되도록 해당 절을 수정한다.

수정하는 과정에서 **X라면 Y이다; 비록 X일지라도, Y는 사실이다; X라면, Y도 사실이다** 등의 형태로 문장을 재구성해야 할 수도 있다.

답답한 문장을 수정하여 그 뜻이 명확하게 전달되도록 하는 방법을 매우 단순화하여 설명하였다. 아래에서는 좀 더 복잡한 방법을 설명한다.

17.2.5 누가 혹은 무엇이 주인공 인물이 되는가?

아마 당신은 **열대우림**이나 **생태계** 등을 인물(characters)이라고 부르는 것에 대해 좀 의아하다는 생각을 했을지 모른다. 통상 인물이라 하면 피와 살이 있는 사람을 연상하기 때문이다. 이곳에서 인물이란 일련의 문장 속에 들어있는 여러 동사의 주어가 되는 모든 것을 뜻한다. 이 말은 **열대우림**이나 혹은 **사고장애증** 등과 같은 추상화된 개념도 이야기를 풀어가는 데 있어 주어로 사용할 수 있음을 의미한다. 전공분야에 따라서는, **인구 변화, 사회계층 이동, 등고선,** 혹은 **유전자 풀** 등과 같은 이야기의 주어도 있을 수 있다.

선택이 가능할 때도 종종 있다. 경제학 논문에서는 **소비자**나 **연방준비제도이사회**와 같은 실제 사람 혹은 가상의 사람을 대상으로 이야기를 하거나 혹은 **저축**, **화폐정책** 등과 같은 연관된 추상적 주체에 대한 이야기를 할 수도 있다. 그러나 중요한 것은 비록 이렇게 추상화된 주체를 이야기에 동원하더라도 행위 동사를 쓸 수가 있다는 점이다:

5a. <u>소비자</u>가 더 많이 **저축하면**, <u>연방준비제도이사회</u>는 화폐정책을 **변화시켜** <u>은행</u>이 **대출하는** 데 개입한다.

5b. <u>소비자 **저축**</u>**이 증가하면**, <u>연방준비제도이사회의 화폐정책</u>이 **조절되어** 은행 **대출** 관행이 **조정된다**.

문장의 내용은 실제의 사람 혹은 그들과 관련된 추상화된 용어를 언급할 수 있다: **은행** 대 **대출 관행**, **저축예금자** 대 **미시경제학**, 혹은 **분석가** 대 **예측전망** 등. 조건이 같다면 독자는 구체적 사물을 더 쉽게 이해하며, 가능하다면 피와 살이 붙어있는 사람이면 더욱 좋다. 그러나 학술 연구자는 추상화시켜 이야기하는 것을 즐기는 경향이 있다(짙은 글씨체; 주어는 밑줄이 쳐짐).

6. <u>사고장애를 측정하는 표준화된 지표</u>는 환자가 각기 다른 치료에 어떻게 반응하는지 계량화하는데 도움이 된다. <u>이들 계량 수치</u>는 <u>장기간의 입원 치료</u>가 대부분 외래환자로서의 **진료**보다 그다지 효과적이지 못하다는 것을 보여준다.

독자는 위의 두 번째 문장에서 명사화된 세 단어 — **계량수치**, **입원**, **진료** — 를 의사나 환자라는 용어처럼 매우 익숙한 개념으로 받아들일 수도 있다. 이렇게 예상 독자가 잘 이해한다면 두 번째 문장의 명사화된 용어는 수정하지 않아도 된다.

어떤 의미에서 보면, 이 예는 명사화 단어를 쓰지 않아야 된다는 우리의 충고에 배치된다. 우리가 충고하는 것은 명사화 단어를 모두 동사로 바꾸라는 것이 아니다. 어떤 경우는 바꾸고 어떤 경우는 그대로 명사로 놔두는지 결정을 해야 된다는 뜻이다. 예를 들면, 위의 6 문장에서 두 번째 문장에 쓰이고 있는 추상화된 용어는 7a와 같다:

7a. 적절한 치료가 없는 환자의 **입원**은 성과의 측정에 있어 불안정적인 결과를 낳을 수 있다.

이 문장은 추상화된 명사를 동사로 수정하면 다음과 같이 한결 좋아진다.

7b. 우리가 적절하게 치료하지 않고 환자를 **입원시키면** 성과를 안정적으로 측정하지 못할 수도 있다.

따라서 이곳에서 제안하는 것은 글쓰기의 철칙이기보다는 진단과 수정의 원칙이며 그 적용은 상황에 맞게 사용해야 한다. 일반적으로 독자는 주어가 짧고, 구체적인 것을 선호한다. 그리고 그런 주어는 대개는 피와 살이 붙어 있는 사람을 의미한다.

17.2.6 지나친 추상화를 피하는 방법

독자를 최악의 상황으로 몰아넣는 상황은 추상적 명사를 이야기의 주체로 삼고, 그것을 동사의 주어로 사용하여 곳곳에 명사화 단어를 몇 개 만들어 넣는 것이다. 다음 지문은 추상 개념인 '민주주의'와 '제도화'를 이야기의 주인공으로 하고 있다. 주어가 무엇을 대상으로 하는지 모호하지만, 그런대로, 적어도 예상된 독자에게는, 의미 전달은 잘 되는데, 글쓴이가 주제의 인물에 초점을 잘 맞추고 있으며 더 이상의 추상화, 특히 명사화를 자제했기 때문이다(주인공은 이탤릭체; 주어는 밑줄; 동사는 짙은 글씨체로 했다).

8a. 우리는 *민주주의 역사가 긴 국가*는 정치 영역에서 제도화를 진척시켜 여러 **혜택을 보고 있다고 추정한다**. 정치적 *제도화*를 정의하기는 어렵지만, 다음과 같은 합의점이 **있는 것 같다**: 제도화가 잘 이루어진 정치 체제에서 절차는 기능적으로 **분화되고**, **정례화되고** (따라서 예측가능하며), **전문화되고**(인력의 충원과 승진 등의 인사고과를 포함하여), **합리화되었으며**(설명가능성이 있고, 규정이 준수되고, 그리고 자의성이 배제되는), 그리고 가치관이 **융화되어 있다**. 이 기술은 대부분의 민주주의 역사가 긴 *나라*의 경험에 **부합된다**.

글은 주어가 주인공 인물이 아니라 추상화된 개념으로 바뀌고 핵심적 추상화 개념인 제도화가 다른 추상 명사로 수식되면서 그 뜻을 이해하기가 점점 어려워진다(주인공은 이탤릭체; 주어는 밑줄; 추가 명사화는 짙은 글씨체):

8b. 우리의 **추정**은 오래된 민주주의 국가에서 정치 영역에 제도화의 증가는 여러 **혜택을 가져온다**는 것이다. 정치적 *제도화*의 **정의**는 어렵지만, 다음과 같이 합의하고 있는 것 같다: 제도화가 잘 이루어진 정치 체제에서 절차는 기능적 **분화**, **정례화**(따라서 예측 가능하며), **전문화**(인력의 충원과 승진 등의 인사고과를 포함하여), **합리화**(설명 가능성, 규정 준수, 자의성 배제), 그리고 가치관의 융합 등의 특성이 있다. 이 기술은 긴 민주주의 역사가 있는 **나라**의 경험에 부합된다.

우리가 주문하는 것은 모든 추상 명사를 동사로 전환하라는 것이 아니다. 위의 민주주의와 제도화에 대한 글에서 주인공을 피와 살이 있는 사람, 즉, **시민** 혹은 **당신** 등과 같은 주어로 바꾸는 것은 어려운 작업이다(믿어지지 않는다면 실제로 한번 해보기 바란다). 어차피 주인공이 실제로 추상 개념일 수밖에 없다면 그대로 쓸 수밖에 없다. 그러나 그 외의 다른 추상 명사를 보태지 말아야 한다. 언제나 중요한 것은 당신에게 필요한 것과 필요하지 않은 것을 판단하는 것이다(필요한 것은 항상 예상보다 적은 법이다). 필요한 것과 불필요한 것을 구별하는 능력은 오랜 기간의 훈련—그리고 비판—을 통해서 얻어지는 것이다.

17.2.7 주인공 인물의 창조

이제까지 우리가 제시한 원칙들은 단서조항을 첨부하면서 다소 복잡해졌는데 이곳에서는 또 한 가지 단서를 보탠다. 독이성이 있는 문장이 되려면 인물이 동사의 주어가 되며, 동사는 그 인물이 수행하는 행위를 표현한다. 그러나 대부분 이야기 속에는 여러 인물이 있게 마련인데, 당신이 해야 할 일은 그 중 하나를 선정하여 문장의 주어로 만들면 된다. 다음 열대우림에 대한 문장을 보자.

9. 만약 열대우림이 단기적 경제이익을 달성하기 위해 계속 파괴된다면, 지구의 생태계가 손상을 입을지도 모른다.

이 문장에는 여러 주체가 언급되고 있는데 구체적으로 표현하지는 않고 있다. 파괴하는 사람은 누구인가? 더욱 중요한 물음은 이것을 밝히는 것이 중요한가? 이야기는 초점을 그 사람으로 잡을 수도 있다. 그럼 그들은 누구인가?

9a. 만일 **개발업자**들이 단기적 경제이익을 취하기 위해 열대우림을 계속해서 파괴한다면, 그들은 지구의 생태계를 손상할지 모른다.

9b. 만일 **벌목업자**들이 단기적 경제이익을 취하기 위해 열대우림을 계속해서 파괴한다면, 그들은 전 생태계를 손상할지 모른다.

9c. 만일 **브라질**이 단기적 경제이익을 취하기 위해 열대우림을 계속해서 파괴한다면, 그 나라는 전 생태계를 손상할지 모른다.

어느 것이 가장 좋은가? 그것은 독자가 누구에 관한 이야기이길 기대하고 있느냐에 따라 다르다. 문장을 수정할 때는 가능한 한 주인공을 주어로 놓고 행위를 동사로 표현해야 한다. 그러나 그 인물은 해당 문장에서 뿐만 아니라 이야기 전체의 핵심 주체가 되어야 한다.

17.3 세 번째 원칙 : 익숙한 것을 낯선 것 앞에 제시한다

문장을 읽고 수정할 때 염두에 두어야 할 원칙으로 이제까지 논의한 두 가지보다 훨씬 중요한 원칙이 있다. 다행히 이들 원칙은 서로 관련되어 있다. 아래의 글 (a)와 (b)를 비교하면, 어떤 것이 더 명확한가? 그 이유는 무엇인가? (힌트 : 문장의 시작 부분을 살펴보기 바란다. 이번에는 인물이 주어로 되어 있는가에 초점을 맞추는 것이 아니라 주어가 표현하는 정보가 익숙한 내용인지, 아니면 새롭고 낯선 내용인지 생각해보기 바란다.)

10a. 로크는 말의 명명능력을 불신하였기 때문에, 그는 말을 자주 반복하였다. 17세기의 언어학 이론, 특히 윌킨스의 이론은 무수한 의미를 표현하기 위해서는 그에 상응하는 무수한 기호의 창출이 필요하다는, 즉 단어의 명명 능력에 초점이 맞추어져 있다. 의미와 그 대상 지칭과의 애매한 관계를 규명하는 언어 연구는 로크의 명명능력에 대한 불신으로부터 시작되었다.

10b. 로크는 자주 말을 반복하였다. 그 이유는 그가 단어의 명명능력을 불신하였기 때문이었다. 말의 명명적 능력은 17세기 언어이론의 중심 과제였는데 무수한 의미에 무수한 기호의 창출이 필요하다는 것이었다. 로크의 단어의 지칭 능력에 대한 불신은 언어이론의 새로운 장이 태동하는 모태가 되었다. 감각과 지시물에 대한 애매모호한 관계가 조명되기 시작한 것이다.

대부분의 독자는 (10b)를 선호할 것이다. 이유로서, 지문 (10a)는 너무 '복잡하다', '부풀려졌다'라고 말할 것이며 '매끄럽지 못하다' '연결이 잘 되지 않는다'라고 말할 것이다. 이런 평가는 다시 문장의 속성을 기술하는 것이 아니라 독자들이 글로부터 받는 인상을 표현한 것이다.

독자가 왜 그런 느낌을 받는지 설명하려면 문장의 '첫 6~7 단어 검사법'을 사용하는 것이다. 위의 매끄럽지 못한 지문(a)은 그렇지 않은 지문(b)과 비교할 때, 독자가 익숙하지 않은 정보로 시작하고 있다.

- 단어의 명명능력
- 17세기 언어이론
- 언어이론의 새로운 장

이와는 대조적으로 두 번째 지문(10b)은 독자에게 이미 익숙한 정보를 언급하며 시작한다.

- 로크
- 이 명명적 능력(앞의 문장에서 나온 것을 반복한다)
- 로크의 불신(추상적 명사이지만 앞에 나온 것을 반복하고 있기 때문에 익숙한 정보이다)

지문(10a)의 모든 문장은 예측할 수 없는 내용으로 시작하고 있으며, 따라서 전체 지문의 주제가 무엇인지 알아낼 수가 없다. (10b)에서는 매 문장이 독자가 앞 문장으로부터 기억해 낼 수 있는 단어를 언급하면서 시작한다.

문장을 쓸 때는 앞에서 언급한 것이나 혹은 독자가 스스로 자연스럽게 기대하는 것, 즉 익숙한 개념이나 인물을 언급하면서 다음 문장을 이어가면 독이성이 높아진다. 이로부터 다음과 같은 진단과 수정의 원칙을 유도해낼 수 있다.

진단:

1. 모든 문장의 처음 6~7개 단어에 밑줄을 친다.
2. 밑줄을 친 문장에는 독자가 익숙하고 이해하기 쉬운 정보(대개 이미 언급된 말을 반복하는 것)가 포함되는가?
3. 아니라면, 수정이 필요하다.

수정:

1. 처음 6~7개 단어는 독자가 익숙하게 아는 정보, 대개 앞에서 언급한 것을 포함시킨다(가장 전형적인 예는 주인공 이름)
2. 독자가 예상하지 못하거나 혹은 복잡한 것, 즉 이해하기 난해한 것은 문장의 끝머리에 놓는다.

다행히 '익숙한 것을 낯선 것 앞에 놓는' 원칙은 주인공 인물의 원칙과 일맥상통한다. 그 이유는 익숙한 정보란 대개 사람 인물을 지칭하는 것이기 때문이다(인물은 직전 문장의 끝 부분에서 소개한다). 만일 문장을 시작할 때 인물로 할 것인지 아니면 익숙한 정보로 할 것인지 선택해야 한다면 항상 선구후신의 원칙을 선택해야 한다.

17.4 능동태와 수동태의 선택

당신은 아마 동사가 수동태인데도 불구하고 문장의 뜻이 명확하게 전달되는 것을 본 적이 있을 것이다. 이것은 영어 선생님이 수동태는 피하는 것이 좋다는 충고에 반하는 내용이다. 영어 선생님의 충고는 아무 생각이 없이 따르면 문장의 뜻이 오히려 덜 명확하게 된다. 수동태를 쓸 것인가, 능동태를 쓸 것인가를 고민하는 것보다는 오히려 다음과 같이 질문을 던지면 된다: 문장이 독자가 익숙한 정보로, 더 좋은 것은, 주인공으로 시작하고 있는가? 주인공을 주어로 삼으면 수동태와 능동태의 동사가 적절하게 쓰이게끔 된다.

예를 들면, 다음 두 지문 중 어느 것이 더 자연스럽게 "흐르는가?"

11a. 우리가 마시는 공기의 깨끗함과 심지어 세계의 기후도 아시아, 아프리카, 그리고 남아메리카의 열대우림의 건강에 달려 있다. 그러나 농경을 위한 토지 수요와 전 세계적으로 발생하는 건축을 위한 목재 수요의 증가 때문에 열대우림은 이제 파괴될 위험에 처해 있다.

11b. 우리가 마시는 공기의 깨끗함과 심지어 세계의 기후도 아시아, 아프리카, 그리고 남아메리카의 열대우림의 건강에 달려 있다. 그러나 이들 열대우림은 이제 파괴될 위험에 처해 있는데 농경을 위한 토지 수요와 전 세계적으로 건축을 위한 목재의 수요가 증가했기 때문이다.

사람들은 대부분 11b가 더 자연스럽게 흐르는 문장이라고 생각할 것이다. 왜 그런가? 지문에서 두 번째 문장은 첫 번째 문장에서 소개된 인물을 이어받는 것으로 시작하고 있다는 점에 주목하기 바란다.

11b. 아시아, 아프리카, 그리고 남아메리카의 열대우림 ... 이들 열대우림은 ...

그러나 그 반대로, 지문 11a의 두 번째 문장은 첫 번째 문장과 전혀 관련이 없는 정보로 시작하고 있다.

11a. ...아시아, 아프리카, 그리고 남아메리카의 열대우림...
그러나 농경지에 대한 수요의 증가는...

다르게 말하면, 수동태 문장을 사용하여 이미 앞 문장에서 소개된 정보를 다음 문장의 처음에 놓을 수가 있게 되었다.* 즉, 수동태 동사가 이미 알려진 익숙한 정보로 다음 문장을 시작할 수 있게 해주는 것이다. 이렇게 수동태를 써야 할 때 안 쓰려고 노력하면 오히려 문장의 흐름이 막힌다.

영문법 강의 시간에 학생들은 동사는 항상 능동형을 취해야 한다고 배웠지만, 과학, 공학 그리고 사회과학의 일부 분야에서는 그와 정반대의 충고를 듣게 된다. 이 충고는 논문이 과학적 객관성을 띠기 위해 필요한 것이라고 알려져 있는데 이것은 사실 근거가 없는 말이다. 다음 수동태(12a)의 문장과 능동태(12b)의 문장을 대조해 보자.

* [역자 주] 영어의 어순으로 볼 때 목적어로 문장을 시작하려면 동사는 수동태가 되어야 한다는 뜻임.

13a. 눈동자의 움직임은 1/10초 간격으로 측정되었다.

13b. 우리는 눈동자의 움직임을 1/10초 간격으로 측정하였다.

이 두 문장은 똑같이 객관적이지만 전달하는 이야기는 사뭇 다르다. 한 문장은 눈동자의 움직임에 관한 것이며, 다른 하나는 측정하는 사람, 즉, 문장을 쓴 저자에 관한 것이다. 첫 번째 문장은 '과학성'이 더 높은 것으로 생각되는데 그 까닭은 기술의 초점이 전류의 측정이며 사람은 무시되기 때문이다. 그러나 우리는, 나는 등의 단어를 생략했다고 문장의 객관성이 생기는 것이 아니라 단지 이야기의 초점이 바뀔 뿐이다.

사실, 수동태의 쟁점은 이보다 좀 더 복잡하다. 어느 과학자가 수동태를 사용하여 어떤 **과정**을 기술했다면 그녀는 누구라도 그 과정을 반복할 수 있다는 것을 암시하고 있는 것이다. 이런 경우, 수동태의 사용은 올바른 선택이다. 그 이유는 누구든 이 연구를 반복한다면 눈동자의 움직임을 측정해야 하기 때문이다.

반면, 다음 문장의 짝을 비교해 보자.

13a. 높낮이 변화는 번즈 효과(Burnes effect)에 기인한다고 결론을 내릴 수 있다.

13b. 우리는 높낮이가 번즈 효과에서 기인한다고 결론을 내렸다.

지문 (13b)에서 능동형 동사인 결론내리다와 1인칭 주어 우리는 과학 논문에서 흔하게 볼 수 있는 예일 뿐만 아니라 사용법 또한 적절하다. 무슨 차이가 있는가? 그것은 동사가 명명하고 있는 행위의 종류와 연관되어 있다. 능동태는 (그리고 1인칭 주어는) 연구자/학자가 실험실에서 스스로 수행하는 행위를 지칭하기 때문에 적절하다. 수사적인 용어인 **제안하다**, **결론짓다**, **주장하다**, **증명하다**, 등도 그렇고, 학자로서 업적을 인정받는 실험을 **설계하다**, 문제를 **해결하다**, 혹은 결과를 **증명하다** 등의 경우도 능동태 동사를 써야 한다. 모든 사람이 측정할 수는 있지만, 그러나 연구의 결과에 따른 공을 인정받을 수 있는 자격을 가진 사람은 연구자/저자뿐이기 때문이다.

과학자는 논문을 시작할 때 1인칭과 능동태 동사를 쓰는 것이 일반적이다. 논문에서 **연구자는** 문제를 어떻게 발견하였는지를 기술하고 또 논문의 끝에는 그 연구문제에 대한 그의 답을 기술한다. 이 두 단계의 중간의 과정에서는 누구나 수행하는 내용을 기술하기 때문에 대개 수동태 동사를 쓰는 것이 일반적이다.

17.5 마지막 원칙 : 복합적 개념은 마지막에

이제까지 우리의 논의는 논문을 시작하는 문장에 초점을 맞췄다. 지금부터는 종결 문장을 살펴본다. 아마 당신은 이 원칙을 쉽게 예상할 수 있을 것이다: 익숙한 정보는 먼저 쓰고, 가장 최신의, 혹은 가장 복합적인, 정보는 문장 끝에 쓴다. 이 원칙은 다음과 같은 세 가지 상황에서 매우 중요하다.

- 새로운 기술적 용어를 소개할 때
- 내용이 길고 복합적인 일단의 정보를 제시할 때
- 앞으로 발전시켜 나갈 개념을 소개하고자 할 때

17.5.1 기술적 용어의 소개

독자에게 새로운 기술적인 용어를 소개할 때는 문장의 끝에 위치하도록 해야 한다. 다음 두 예를 비교해 보자.

14a. 모노아민 가설은 우울증에 대한 생물학적 설명으로서 지난 30여 년간 대표적 이론이었다. 이 가설에 의하면, 도파민, 에피네프린, 노레핀프린 그리고 세로토닌 등을 포함한 모노아핀의 결핍은 우울증과 관련성이 있다. 신경세포의 자극전달부에 축적된 모노아민은 항우울증의 유형에 따라 다양한 방식으로 조절된다.

14b. 지난 30여 년 동안 우울증의 생물학적 설명을 대표적으로 제시한 것은 모노아민 가설이다. 이 가설에 따르면, 우울증은 신경전달부에서 모노아민이라는 물질의 결핍과 관련성이 있는 것으로, 포함되는 물질은 도파민, 에피네프린, 노레핀프린, 그리고 세로토닌 등이 있다. 항우울제는 유형에 따라 조절 방식이 다른데, 신경세포 전달부에 축적된 모노아민을 조절하는 것이다.

지문(14a)에서는 기술적으로 난해한 용어가 문장의 초반부에 등장한다; 반면 지문(14b)에서는 기술 용어는 모두 문장의 끝에 위치한다.

17.5.2 복합적 개념의 소개

복잡한 개념을 잘 표현하기 위해서는 긴 구절이나 절이 필요한데, 이들은 항상 문장의 끝 부분에 위치하는 것이 좋다. 복합적 개념으로 문장을 시작하는 일은 없어야 한다. 다음 지문 (11a)과 (11b)을 비교해 보자.

16a. 우리가 마시는 공기의 청결성, 심지어 세계의 기후까지도 아시아, 아프리카, 그리고 남아메리카의 열대우림의 건강에 달려있다. 그러나 전 세계적으로 농경을 위한 토지 수요와 건축을 위한 목재 수요의 증가로 인하여 열대우림은 이제 완전 파괴될 위험에 처해 있다.

16b. 우리가 마시는 공기의 청결성, 심지어 세계의 기후까지도 아시아, 아프리카, 그리고 남아메리카의 열대우림의 건강에 달려있다. 그러나 이들 열대우림은 이제 완전 파괴될 위험에 처해 있다. 농경을 위한 토지의 수요와 건축을 위한 목재의 수요가 전 세계적으로 증가되었기 때문이다.

위의 (11a)에서 두 번째 문장은 길고 복잡한 정보를 소개하기 시작하는데 주어가 한 줄 이상 계속되고 있다. 반면 지문(11b)의 주어, 이들 **열대우림**은 짧고 간단하며 쉽게 이해할 수 있는데, 그 까닭은 수동태의 동사(**처해 있다**)를 적절히 이용하여 짧고 이미 알려진 정보를 앞에 설정하고, 길고 복잡한 내용을 후미로 옮기는 것이 가능해졌다.

간단히 말해, 문장은 복합적인 개념으로 시작하지 않는 것이다. 복합적 개념은 문미로 보내야 한다. 불행하게도 이것을 실천하기가 그렇게 쉽지 않다. 그 이유는 당신이 다루고 있는 개념이 당신에게 너무 익숙한 나머지 독자가 알고 있거나 이해하기 쉬운 것과 독자가 잘 이해하지 못하는 것을 구별하지 못하기 때문이다.

17.5.3 다음 이야기의 소개

문단을 새롭게 시작할 때는 핵심적 개념을 문단의 끝 부분에, 첫 번째 혹은 두 번째 문장의 말미에 소개하는 것이 좋다. 다음 두 예문 중에서 이어지는 문단을 더 부드럽게 안내하는 것이 어느 것인가?

15a. 정치적 상황이 변화되었다. 로마노프 혈통의 8세대 중 7세대가 왕위계승을 둘러싼 분쟁에 휘말렸는데 이것은 피터 대제가 죽은 후에 일어났다.

15b. 정치적 상황이 변화되었다. 그 이유는 피터 대제가 죽은 후 왕위계승을 둘러싼 분쟁으로 로마노프 혈통의 8세대 중에서 7세대가 혼란을 겪었기 때문이다.

문제는 1722년에 발생하였다. 피터 대제가 왕위계승법을 만들어서 상속에 의한 계승을 중단하고, 군주가 차기 후계자를 임명하도록 했다. 그러나 피터 대제를 포함한 많은 차르는 후계자를 임명하지 못하고 사망하였기 때문에 후계자는 임명의 권위를 인계받을 수 없었고, 왕위 계승에 대한 하층 귀족들의 도전이 자주 일어났다. 심지어 왕위를 정식으로 인계받은 계승자도 혼란에 휩싸인 때도 있었다.

독자는 대부분 지문 (11b)가 이어지는 본문에 더 밀접하게 연결된다고 생각할 것이다. 지문(11a)는 마지막 몇 개의 단어는 문맥상 별로 중요하지 않기 때문이다(물론 문맥이 달라지면 그 중요성도 달라질 수도 있다).*

그러므로 모든 문장의 처음의 단어 6~7개를 점검한 후, 마지막 문장의 5~6개 단어도 유심히 살펴봐야 한다. 이들 5~6개의 단어가 별로 중요하지 않거나 복합성과 중요도 등의 면에서 약하다 여겨지면 수정을 해야 한다. 특히 문장의 끝부분을 살펴서 새로운 문단이나 소절을 소개할 때는 더욱 주의해야 한다.

17.6 마지막 광내기

이제까지 우리는 연구논문을 쓰는 데 적절한 문장 스타일을 살펴봤고, 독이성을 높일 수 있는 문장의 진단과 수정의 원칙을 논의하였다. 물론 다른 고려사항도 많다: 문장의 길이, 적절한 단어의 선택, 간결성 등이 그런 내용이다. 그러나 이러한 내용은 모든 문서의 작성과 관련된 사항이며 이와 관련된 참고 서적도 많이 있다. 또한 독이성만 갖추어진다고 해서 모든 것이 끝나는 것도 아니다. 문체, 구조, 논술 등을 수정한 후에 문법, 철자법, 구두점, 인용방식 등도 손질해야 한다. 그리고 숫자, 외국어, 고유명사 등의 표기를 정해진 관행에 따라 수행했는지 점검해야 한다. 이들이 중요한 것임에는 틀림없지만 이 책의 목적에는 부합되지 않기 때문에 제외한 것뿐이다.

* [역자 주] 영어의 지문에서는 '피터 대제가 죽은 후'가 문장의 맨 뒤에 위치하고 있으며, 이 정보는 주변적 내용이라는 의미에서 한 말로 추정된다.

요령

신속한 수정의 전략

논문의 수정에 관한 우리의 충고가 지나치게 까다롭다고 생각될 수 있다. 그러나 단계별로 나누어 수정을 진행하면 그다지 어렵지 않을 것이다. 첫 단계가 가장 중요하다. 초안을 쓰기 시작할 때는 나머지 단계는 신경쓰지 말기 바란다(물론 이곳에서 논의하는 기억에 대한 것은 제외). 맨 먼저 할 일은 우선 수정할 수 있는 재료를 만드는 것이다. 동사를 쓸 것인가 명사를 쓸 것인가 하는 식의 시시콜콜한 문제에 매달리면서 아무 것도 쓰지 못한다면 수정할 원재료가 준비되지 않는다.

모든 문장을 세밀하게 점검할 수 있는 시간적 여유가 없는 경우에는 우선 당신이 개념적으로 가장 어려워했던 부분을 중점적으로 수정한다. 내용적 문제에 매달리게 되면 항상 문체는 엉망이 될 가능성이 높다. 난해한 내용을 쓸 때는 독자가 읽기 어려운 식으로 글을 쓰게 되는 경향이 있다.

글의 명확성과 흐름의 점검

진 단

1. 모든 문장의 첫 6~7단어에 신속하게 밑줄을 친다. 말의 실마리를 풀기 위한 '먼저', '대부분' 등과 같은 소개 단어는 무시한다.
2. 눈으로 페이지 전체를 훑어내려 가면서 밑줄 친 일련의 단어에만 주목한다. 이들 단어들이 일관성이 있는지 살핀다. 여러 문장이 모두 똑같은 단어로 시작할 필요는 없지만, 이들 단어는 동일한 사람이나 개념을 지속적으로 지칭하여 독자가 서로 연

관된 내용으로 인지해야 한다. 만일 일관성이 분명하지 않으면 수정이 필요하다.

3. 매 문장의 밑줄을 친 단어를 살펴본다. 주어는 인물을 지칭해야 하고 행동을 나타내는 동사가 있어야 한다. 그렇지 않을 경우 수정이 필요하다.

수 정

1. 실제 사람이거나 혹은 개념이거나 이야기의 주인공을 식별해낸다. 이들 주인공은 동사의 주어가 되어야 한다.
2. '-하기,' '-함,' 등의 어미로 끝나는 명사를 찾아낸다.* 이들 단어가 동사의 주어라면 모두 동사의 형태로 바꿔준다.
3. 모든 문자를 익숙한 정보로 시작해야 하며, 가능하면 앞에서 언급한 주인공이면 좋다.

글의 강조점의 점검

진 단

1. 모든 문장의 마지막 5~6단어에 밑줄을 친다.
2. 다음과 같은 내용에 밑줄이 쳐져 있어야 한다.
   - 기술적 용어의 냄새가 나는 단어를 처음으로 쓸 때
   - 낯선 정보, 난해한 개념
   - 가장 강조하고 싶은 정보
   - 추후 몇 개의 문장 속에서 발전시키려고 하는 개념
3. 이런 내용이 없다면 수정이 필요하다. 이들 단어는 문장의 끝에 위치한다.

---

* [역자 주] 영어로는 -tion, -ment, -ence 등과 같은 접미사로 끝나는 단어.

제5부 최후에 고려할 몇 가지 사항들

연구의 윤리

지난 수백 페이지 속에서 우리는 실제적인 충고를 아주 많이 하였다. 대부분이 독자와 사회적 계약 맺기, 독자의 신뢰를 얻는 정신적 자세, 자료의 수집과 보고 과정에서 생기는 왜곡을 피하는 방법, 표절을 피하는 방법 등에 대해서도 많은 이야기를 하였다. 이제 우리는 이와 같은 충고의 저변에 깔려있는 윤리적 쟁점에 대해 이야기를 나누고 싶다. 그래서 당신이 이 책을 다 읽은 후에는 이런 쟁점들에 관해 더 많은 생각을 해주기를 희망한다.

우리가 연구에 대해 말한 모든 것은 연구가 근본적으로 **사회적** 행위라는 우리의 믿음을 바탕에 깔고 있다. 당신은 이 연구라는 행위를 통해 당신의 연구를 이용하는 사람들과 연구를 통해 어떤 혜택을 누리거나 혹은 고통을 받는 사람들과 연결되고 있다는 믿음이다. 또 이것은 당신과 당신의 독자를 기존 문헌에서 언급된 연구자들과 연결시켜 주기도 하며, 그들 연구자들이 이용한 더 많은 연구의 저자들까지도 연결시켜 준다. 우리는 이 네트워크 안에 있는 많은 사람들에게 책임이 있으며 그것은 현재뿐만 아니라 미래까지 포함한다. 따라서 우리는 단순한 기술적 문제를 넘어 사회 시민으로서 지켜야 할 윤리에 대해 생각해 보아야 한다.

우리는 **윤리**라는 단어가 갖는 2개의 넓은 의미를 생각하는 것으로 시작한다. 그것들은 공동체를 이루는 유대감의 형성과 그 공동체 내에서 우리가 행동할 때 직면하는 도덕적 선택들이다. **윤리적**이라는 말은 그리스어 **이토스**(ethos)에서 유래하였으며, 그 뜻은 공동체의 공유된 **습관**이나, 개인의 선하거나 악한 **성격**을 의미한다. 지금까지 우리는 연구공동체 형성의 측면, 즉 우리가 독자와 자료들과 맺는 유대 형성에 초점을 맞추었다. 그러나 어떤 사회적 행위와 마찬가지로, 연구행위는 우리 개인의 윤리적 원칙을 정의하고 그것을 파기하거나 존중하는 선택이 무엇인지를 생각해 보기를 요구한다.

얼핏 보기에는 순수 학술연구자가 상대적으로 윤리적 입장이 더 안전한 것 같다. 다시 말해 우리는 이익을 추구하기 위해 윤리적 원칙을 포기하려는 충동을 덜 받는다. 예를 들어, 월스트릿의 분석가는 회사에서 강요하는 대로 투자자에게 어떤 주식의 구매를 추천하거나 혹은 제약회사로부터 연구비를 받아 어떤 제품의 안정성을 “증명해야 하는”것 보다는 유리하다. 학교 교사가 당신에게 자신의 주장을 지지하는 논문을 쓰라고 돈을 대주는 일은 없을 것이고, 또 명성을 얻으려고 가짜 자료를 만들어야 하는 상황은 없을 것이다. 미국의 한 연구자처럼 프랑스의 한 실험실에서 “빌려 온” 정보를 가지고 HIV 바이러스를 발견했다고 주장해서 유명해졌던 (그리고 정치적 힘도 커졌던) 사람이 있기는 하지만 당신에게는 아마도 그런 일은 없을 것이다.

그렇다 하더라도 당신은 연구과제가 시작되면 바로 그러한 선택을 해야 할 것이다. 다음은 윤리적 연구자라면 **절대로 하지 말아야 할 사항들**이다.

- 윤리적 연구자는 표절을 하거나 다른 사람의 업적을 자기 것으로 주장하지 않는다.
- 그는 원전의 내용을 틀리게 보고하거나, 데이터를 조작하거나, 결과를 속이지 않는다.
- 그는 정확성에 의심이 가는 자료는, 그렇다는 사실을 말하지 않으면서, 제시하지 않는다.
- 자신이 반박할 수 없는 반론이 있다는 사실을 숨기지 않는다.
- 반대 입장을 왜곡하여 제시하거나 희화화하지 않는다.
- 다른 사람이 볼 수 없도록 원전이나 근거자료를 파기하지 않는다.

이런 원칙들은 적용하기도 쉽고 대상도 분명하다. 예를 들어, 실험대상의 쥐를 잉크로 염색하여 "유전적" 표시를 하는 생물학자, 원전 자료를 파기한 엔론사의 회계담당자와 변리사, 이 메일을 삭제한 정치보좌관, 혹은 인터넷에서 구매한 논문을 제출하는 학생은 확실한 예이다.

그러나 이런 상황보다 더 어려운 윤리적 경우는 단지 **하지 말라**가 아니라 우리가 적극적으로 **해야 할** 경우이다. 윤리적 선택을 이런 방식으로 생각하면 원칙을 지킨다는 것은 자신의 이익을 추구하는 것과 정직한 진리의 추구 사이의 갈등, 혹은 우리 자신에게 좋은 것과 다른 사람에게 좋거나 적어도 해롭지 않은 것 사이에서 일어나는 단순한 갈등을 훨씬 뛰어넘는 것이다. 연구 활동이 서로 관심을 갖고 있는 공동의 문제에 해답을 얻기 위한 독자와 저자 사이의 진정한 협력활동이라면 윤리적 선택이 가능한 협력관계[우리가 전통적으로 도덕적 **품격**(character)이라 부르는 것]를 구축하는 것이며, 이것은 윤리적인 공동체 형성의 초석이 된다.

이러한 도전은 해답을 주기보다는 더 많은 질문들을 야기한다. 이런 질문들 중에는 우리 모두가 합의하는 해답을 가진 것도 있지만, 의견이 분분한 것들도 있다. 우리 다섯 명의 저자들도 몇 개는 다르게 답할지도 모른다. 그러나 우리가 동의하는 한 가지는 연구 활동은 모든 연구자에게 윤리적 결정을 제공한다는 것이다. 그 결정은 단지 의무적으로 지켜질 뿐만 아니라 자발적으로 수용되었을 때, 연구자와 독자 모두의 이익에 최고로 도움이 될 수 있다는 것이다.

- 만일 당신이 일시적이라도 공동의 지식과 관심을 추구하는 공동체를 만들 때는 당신 자신만을 위해서 설정한 기준보다는 더 높은 기준을 설정한다.
- 당신의 연구가 왜 다른 사람들의 이해와 신념을 바꿔야 하는지를 그들에게 주장할 때는 당신 자신의 지식과 관심사는 물론이고, 당신의 주장에 따라 지식을 바꾸게 되는 그들에 대한 당신의 책임의식도 살펴보아야 한다.
- 당신이 독자들의 가장 강한 반론과 예외 조항을 포함하여 그들의 대안적 견해를 인정할 때, 당신은 더 신뢰할만한 지식, 더 나은 이해와 더 견고한 사고에 근접하는 것이며 또 독자의 존엄성과 인간적 욕구를 존중하는 것이다.

다른 말로 하면, 당신이 연구하고 보고할 때 다른 동료와 동등한 관계에서 지식과 이해의 폭과 깊이를 높이는 대화를 하는 것으로 여긴다면 당신이 자신에게 부과한 윤리적 의무는 모든 사람의 이익을 실현하게 된다. 이것은 합의점을 찾지 못한 경우에도 마찬가지이다.

학계에서 표절행위를 그렇게 강하게 비난하는 이유도 바로 이러한 학문사회에서 이루어지는 공동작업의 정직성을 지키기 위해서이다. 표절은 도둑질이며, 단지 단어 몇 개를 훔치는 것이 아니다. 출처를 밝히는 것을 생략함으로써, 표절자는 정직한 연구자가 받아야 할 작은 인정을 훔쳐가는 것이다. 연구자가 평생토록 애쓰면서 얻은 존경을 말이다. 이런 일은 연구의 가치를 감소시킴으로써 공동체 사회 전체를 약화시킨다.

이것은 모든 연구공동체에 적용되는 것이며 학부 강의실도 예외가 아니다. 학생 표절자는 인용된 자료만 훔치는 것이 아니다. 훔치거나 구매한 논문을 제출함으로써 동료 학생의 논문의 가치를 상대적으로 떨어뜨리는 것이다. 이러한 지적 절도가 만연하면, 공동체는 의심으로 가득하게 되며, 불신을 조장하게 되고 나중에는 냉소적이 된다 — **모두 다 표절하는데, 나만 하지 않으면 뒤떨어진다.** 그러면 교수는 강의와 학습에 대해 신경을 쓰는 만큼 표절에 속지 않으려고 걱정해야 한다. 더 나쁜 일은 표절한 학생은 자신의 교육을 망치게 되고, 자신과 자신의 세대를 훈련시키는 공동체의 자원을 도둑질하여 그 결과로 학문 후속 세대의 양성이 어려워진다.

간단히 말해, 당신이 당신의 연구를 윤리적으로 보고할 때 공동의 선을 추구하는 공동체에 속하게 되는 것이다. 출처의 저자들을 존중하고, 예상과 어긋나는 자료들도 버리지 않고 인정하며, 증거가 허락하는 정도까지만 주장하며, 확실성의 한계를 인정하고, 보고서 작성의 모든 다른 윤리적 규정을 준수하면, 당신은 단지 학점을 얻거나 다른 물질적 보상을 받는 것 이상을 얻게 된다. 그것은 당신의 독자와 유대관계를 형성하는 것에서 얻는 훨씬 큰 이득이다. 당신이 깨닫는 것은 다른 사람의 최대의 이익에 초점을 맞추는 연구는 당신 자신에게도 역시 도움이 된다는 것이다.

교사를 위한 안내서

이제까지는 암시만 했던 것을 이곳에서 분명하게 밝히고 싶다. 우리는 당신도 전국적 '연구현장'의 개선 노력에 합류해주길 희망한다. 학부생 교수님 중에 **연구논문 작성법 강의는 포기했다**고 말하는 분이 너무 많다. 동료들에 따르면, 논문 강의를 포기한 교수들이 하는 말은 학생들이 모두 짜깁기 논문이나 제출하고 열심히 하는 모습은 보이지 않는다고 한다. 디지털 시대가 오기 전 종이에 쓴 논문 같은 것은 이제는 받아 볼 수 없는 과거 유물이며, 진짜 연구하는 사람은 상아탑의 학자에 국한될 뿐이라는 것이다.

물론 우리는 다르게 생각한다. 연구를 수행하는 것이야말로 논문 읽기에 가장 좋은 방법이며 비판적 사고를 배우는 데도 좋다고 생각한다. 우리가 알기에 대다수 학생들이 직업을 갖게 되고, 그들 자신이 연구를 하지 않는다면 다른 사람이 한 연구를 평가하고 그것에 의존하게 될 것이다. 그리고 그러한 연구의 대부분이 논문의 형태로 보고되며, 설령 온라인으로 배포되어도 마찬가지다. 우리가 생각하기에 논문을 평가하는 책임을 잘 수행하려면 자신의 연구를 직접 하고 써보는 것이 가장 좋은 방법이다.

이 책은 다음 두 제안에 동의하거나, 혹은 고려해 볼 의향이 있는 사람들을 위해 쓰여 졌다.

- 학생들이 연구를 성공적으로 수행하고 논문을 명료하게 쓰려면 유능한 연구 수행과 보고를 소중히 여기며 실천하는 독자와 연구공동체의 관점을 따라야 한다.
- 학생들은 독자가 논문을 읽고 저자를 평가하는데 있어 논문의 주요한 형식적 요소가 중요한 역할을 한다는 것을 배운다. 형식이 논문 평가에 어떻게 영향을 미치는지를 알면 독자의 입장에서 사고하는 정신적이고 사회적 과정의 중요한 부분을 이해할 수 있다.

이 두 제안은 서로 밀접한 관련이 있다고 믿는다. 읽기와 쓰기의 상호 보완적 과정을 이해할 때, 학생들은 그들의 연구를 더 잘 계획하고, 수행하며, 보고할 수 있다. 학생들은 독자가 기대하는 형식을 준수함으로써 초안을 작성하는 과정뿐만 아니라 과제 수행의 전체 과정 속에서 커다란 도움을 받을 것이다. 독자가 논문에서 찾아내고자 하는 것이 무엇인지 알게 되면 다른 사람의 논문을 좀 더 비판적으로 읽고 소화할 수 있게 된다. 읽기와 쓰기라는 두 과정은 상호 보완적이다.

형식적 규칙의 강요에 따른 위험들

형식적 측면을 지나치게 강조하다 보면 위험이 따르는데, 특히 초보 연구자들이 그렇다. 논문쓰기를 익히면서 그저 형식적 구조만 갖추는 것은 공허한 연습으로 변할 수 있다. 무용이나 피아노를 가르치는 교사들이 단지 박자나 맞추고 올바른 건반의 키를 누르는 법을 가르친다는 것은 학생들에게 춤과 음악의 가장 깊은 즐거움을 박탈하는 것과 같다. 연구하는 것을 마치 주석 달기나 인용 요령을 터득하는 것으로 생각하는 교사는 훌륭한 연구를 하여 세계에 축복을 가져올 수 있는 학생들에게서 탐구의 진짜 즐거움을 박탈하는 것이다.

학생들에게 연구의 형식을 올바른 정신으로 접근하도록 가르쳐주면, 논증의 형태들은 별 생각 없이 채워지는 공허한 형태가 아니라 깊은 사고를 격려하는 질문들에 대한 답이 되는 것이다. 연구의 형식들은 학생들이 연구자와 그의 자료들, 동료 연구자와 독자들 사이의 관계에서 중요한 것을 깨닫게 하는데 도움이 되며, 이것은 독창적이고 창의적인 연구의 전제 조건이다.

의미를 모르고 형식만 따르는 것은 공허한 모방을 가져온다. 특히 교수가 강의실에서 연구자로서 사회적 역할을 수행하는 것이 중요하다는 것을 인식시키지 못할 때 일어난다. 그래서 교수는 처음에는 가상적 연습이나 역할놀이라 하더라도 창의적 배경을 설정하도록 노력해야 한다. 이것은 교과서가 대신해 줄 수 없고, 상상력이 풍부한 교수만이 할 수 있다.

오직 교사만이 학생들의 독특함을 이해하고 좋은 연구 과제를 설정할 수 있다. 그 연구 과제는 연구의 동기와 목적이 사회적으로 목적이 있으며, 학생들이 인정하고 납득할 수 있는 연구의 요구조건을 부과하는 것이다. 학생이 경험이 적으면 적을수록, 교사는 더 많은 사회적 지지를 주어야 학생들이 연구의 형식적 구조를 생산적으로 이용할 수 있다.

과제의 상황 설정: 호기심의 기반을 창조하기

학생들에게 이러한 지지를 충족시킬 수 있는 연구 과제를 구성하는 다양한 방법들이 교사들에 의해 고안되었다. 가장 성공적인 과제들은 다음과 같은 특징들을 지닌다.

1) 좋은 과제는 단지 평가만을 위한 생산물을 넘어서는 결과물을 만들게 한다.

좋은 교사는 학생들에게 질문이나 문제 제기를 하게 만들며, 학생들이 그런 질문이나 문제를 즐겁게 해결하고 또 적절한 증거를 찾도록 유도한다. 좋은 연구과제는 학생의 사적 관심을 공적인 관심으로 변화시키는 것이다. 학생들은 과제를 수행하면서 오로지 자신들만이 독자의 궁금증을 풀어주는 것을 경험하게 된다. 그것이 어려우면 적어도 상상은 해볼 수가 있는 것이다.

최고의 과제는 학생들이 자발적으로 해답을 찾고 싶게 만드는 문제가 들어있거나, 혹은 뭔가 더 많은 지식을 얻으려는 독자를 위해 연구하고 논문을 쓰게 만드는 과제이다. 이러한 독자들은 어떤 연구문제를 중심으로 임시로 형성되는 연구자 공동체일 수 있다. 혹은 강의실 밖에 있는 고객을 위해 연구를 수행하는 상황일 수도 있다. 예를 들어, 고학년 디자인 강의에서 지역의 회사나 공공기관의 문제점을 해결할 수도 있다. 음악 수업에서는 프로그램 악보를 쓸 수가 있다. 또 역사 강의에서는 학생이 다니는 대학이나 지역사회 내 특정 기관의 생성 배경을 조사하고 연구할 수도 있다.

연구 경험이 부족하면 동료학생을 독자로 생각하고 연구하고 글을 쓸 수 있다. 그러나 다른 수업을 듣는 수강생이 대상이 된다면 아마 그들은 이 초보 연구자의 연구 결과물을 활용할 수도 있을 것이다. 고학년의 디자인 강의를 듣는 학생이나 대학원 학생을 위한 예비적 연구를 수행할 수도 있다. 혹은 아직 고등학교를 다니고 있는 학생들을 위해 연구보고서를 작성할 수도 있다.

다음으로 좋은 연구과제는 실제 상황의 시뮬레이션이다. 다른 학생이나, 고객, 혹은 다른 연구자가 제기할 만한 문제를 가상으로 만들어 해답을 찾아주는 것이다. 수강생이 많은 수업에서는 소규모 집단으로 나누어 일부는 독자가 되고, 다른 일부는 독자의 관심사에 대한 연구를 수행할 수도 있다.

2) 좋은 과제는 학생들이 독자에 대한 지식을 얻는데 도움을 준다.

학생들은 대부분 독자를 상상하기 어려워하는데 그 이유는 만난 적도 없고, 독자가 처한 상황을 경험하지도 못했기 때문이다. 어떤 생물학도가 정부의 기관을 위해 연구해 본 적도 없고 아는 바가 전혀 없다면, 주정부 환경청장의 관심사를 적절하게 고려한 연구보고서를 만들 수 없을 것이다. 그러나 교수는 학생들에게 이러한 먼 곳의 독자를 상상하도록 격려하면 도움이 된다. 대안으로 학생들에게 해결이 필요한 문제를 찾도록 하고 스스로 연구보고서의 독자가 되도록 하는 것이다. 만일 학생이 자신들이 흥미로워하는 문제 중에서 연구 소재를 택하면 스스로 최고의 독자가 될 수 있을 것이다.

3) 좋은 과제는 상황 정보가 풍성한 시나리오를 창조한다.

학생들이 알고 있거나 혹은 접촉이 가능한 독자들을 위해 연구를 수행하고 해답을 제시할 경우, 배경 정보는 아주 풍부하고 구체적이다. 학생들은 시간과 능력이 허락하는 한 그런 상황을 조사하고 탐색하며 분석하고 싶은 충동을 느낀다.

그러나 프로젝트의 설정이 비현실적이어서 현장감이 없을 경우에는 많은 상황적 세부사항이 인위적으로 설정되어야 한다. 이런 경우 학생들이 세부정황을 어떻게 예상할지 곤란해 한다. 보고서를 쓸 때는 그런 정황요소에 대해 자세하게 소개를 해야 분석과 논의가 가능해진다. 학생들은 사회적 상황에서 작업할 때 의미 있는 선택을 할 수 있으며 그런 선택의 이유도 제시할 수 있다. 그리고 수사적으로 의미 있는 선택을 할 수 있는 경우에만, 논문쓰기의 핵심은 역시 독자 반응을 예측하는데 있음을 이해할 것이다. 이러한 수사적 의미를 갖는 선택을 할 수 없는 연구 현장에서는 연구란 단지 기계적 연습훈련으로 끝나게 되며, 연구를 하고 보고서를 쓰는 것이 독자나 저자에게 단순히 놀리지 않기 위해 만드는 불요불급한 일이 되는 것이다.

다시 강조하는 것은 학생들 사이에서 활발한 토론의 중요성이다. 수강생이 작거나 혹은 많은 경우에는 여러 그룹으로 나누어서 하는 토론이 매우 중요하다.

4) 좋은 과제는 중간 임시 독자가 있다.

전문 연구자는 독자들의 반응을 공식적으로 얻기 전까지는 논문 보고서가 완성되었다고 하지 않는다. 학생의 경우는 더 많은 반응과 피드백이 필요하다. 학생들로 하여금 동료, 친구, 가족, 심지어 교수에게까지 접근하여 반응을 얻도록 격려하라. 독자의 반응 얻기를 과제의 일부로 포함시키면 이 과정이 잘 수행될 수 있다. 다른 학생이 독자 역할놀이를 하는 것은 일반적으로 잘 되지만, 때로는 그 역할을 단지 "편집하기"로 생각해서 한 두 문장의 위치를 바꾸고 철자가 잘못된 것을 바로 잡는 정도로 그치는 경우가 있다. 이럴 때는 학생 반응자들에게 제12~17장에서 제시한 절차를 단계적으로 밟아 가도록 하거나, 혹은 팀을 구성하여 논문의 구체적 측면에 대하여 피드백 책임을 부과하는 방법도 있다. 중간 반응을 제공하는 학생들은 상상하는 독자의 입장에서 이 시나리오에 참여해야 한다.

5) 좋은 과제는 실제 상황처럼 학생에게 작업시간과 중도 마감시간을 준다.
연구는 일사불란한 것이 아니라서 (1) 소재를 선정하고, (2) 문제를 제기하고, (3) 개요를 쓰고, (4) 관련문헌을 수집하고, (5) 읽고 노트하며, (6) 보고서를 쓰는 일정을 일률적으로 따르도록 하는 것은 좋은 방법이 아니다. 그러나 학생들은 어떤 틀이 필요하며, 그들의 진전 상황을 점검할 수 있는 임무 수행의 일정이 필요하다. 그들에게는 잘못된 출발과 진퇴양난의 과정, 수정과 재고를 위한 시간이 필요하다. 그들은 또 중도 마감시간과 그들의 진전 과정을 나누고 비판하는 단계가 필요하다. 그런 단계들은 이 책에서 논의하는 다양한 연구과정을 반영할 수 있다.

학습과정의 불가피한 혼란을 인정하고 인내하기

학생들은 격려가 꼭 필요하며—때로는 절대적으로—성과에 적합한 인정을 해주고, 또 경험 많은 연구자조차도 할 수 있는 실수를 했을 때는 관용이 필요하다. 초보 연구자는 불안감을 떨치지 못하며, 권장 사항이나 원칙을 불문율로 여겨 꼭 준수해야 하는 것으로 안다. 소재를 선정하고 질문을 만든 후에, 도서관 온라인 카탈로그에서 몇 개의 웹사이트들을 뒤지며 계속해서 전진하지만 결론은 초라할 수가 있다. 이것은 그들이 상상력이 없거나 창의력이 부족해서가 아니고, 그들에게 매우 생소한 기술을 습득하느라 고군분투하기 때문이다. 그러한 어색함은 새로운 기술을 배울 때 나타나는 불가피한 단계이다. 그것은 결국은 사라지는데, 그 시점은 다음에 다른 수업을 들을 때가 되어서야 사라지는 경우가 매우 많다.

우리는 초보 학생들 전체가 모두 비슷하게 보이는 연구 보고서를 제출할 때, 교사인 당신에게 너무 괴로워하지 말라고 권유한다. 우리는 학생들을 대할 때 인내심을 가져야 한다는 것을 배워야 했다. 학생들이 정말로 창의적인 단계에 도달한 것을 보는 만족감을 기대하지만 그때는 이미 우리가 자리를 떠난 후일지도 모른다.

우리가 학생들에게 권유하는 것은, 비록 그들이 그들의 문제를 해결하지 못해도 그 문제의 제기가 — 적어도 그들에게는 — 새롭고, 또 논란이 있을지언정 해결이 필요하다는 것을 우리에게 설득시킬 수 있다면 그들은 성공한 것이라고 말이다. 해결해야 하는 연구문제가 있음을 설득력 있게 주장하려면 그 문제에 대한 답을 찾는 것보다 더 많은 창의력과 비판적 능력이 필요하다. 확실히 그것은 학생이 단순한 질문을 묻고 답하는 것보다 더 값진 것이다.

어떤 학생들은 연구 과제를 어떤 주제에 대한 정보를 수집하는 것으로 여기면서 문헌 섭렵을 통해 해당 분야에 대한 통제권을 확보하려고 한다. 이들은 중요한 연구문제를 요구하는 것은 인위적이라고 생각한다. 이런 학생에게는 지적 수준이 높고, 관심사가 자신과 비슷하지만 연구를 할 시간이 없어서 대신 연구를 해주기를 부탁하는 독자를 상상하면서 논문을 써보라고 할 수 있다.

마지막으로, 학생들은 다양해서 당신이 가르치는 연구 실습에 대해 다양한 입장에 서있다. 상급 학생이라면 당신의 학계에서 통하는 높은 수준을 목표로 해야 한다. 그러나 초보자로서 어떤 연구 공동체나, 이 책에서 주장하는 가치관에 관심을 보이지 않는 경우가 있다. 어떤 학생들은 일찍 관심을 보이지만, 대부분은 그렇지 않다. 또 몇 명은 절대로 관심을 갖지 않는 경우도 있다.

요약하면, 연구 작업을 잘 가르치기 위해서는, 우리 교수들이 이 책에서 설명하는 연구의 여러 단계들을 지금 우리 앞에 있는 학생들의 특별한 상황에 맞게 조절하고 그들 개인의 필요를 충족시켜야 한다는 것이다. 우리는 모든 수준의 학생들이 이러한 연구의 단계들을 배우고, 다른 연구자의 논문을 읽으면서 그런 단계를 식별하고, 스스로 그런 단계를 시험해 보는 연구를 수행하기를 희망할 뿐이다. 그러면 그들은 우리 사회가 절실하게 필요로 하지만 제대로 제공되지 않는 훌륭한 연구를 수행하고 합리적인 결정을 내리는 다음 단계로 성장할 수 있을 것이다.